U0862803

中華古籍保護計劃

ZHONG HUA GU JI BAO HU JI HUA CHENG GUO

·成 果·

（南朝梁）釋僧祐 撰

宋思溪藏本弘明集

第一册

國家圖書館出版社

圖書在版編目(CIP)數據

宋思溪藏本弘明集:全四册/(南朝梁)釋僧祐撰.-- 北京:國家圖書館出版社,2018.6

(國學基本典籍叢刊)

ISBN 978-7-5013-6398-8

Ⅰ.①宋… Ⅱ.①釋… Ⅲ.①佛教史-中國-古代 Ⅳ.①B949.2

中國版本圖書館 CIP 數據核字(2018)第 061266 號

書　　名	宋思溪藏本弘明集(全四册)
著　　者	(南朝梁)釋僧祐　撰
責任編輯	袁宏偉
封面設計	徐新狀
出　　版	國家圖書館出版社(100034　北京市西城區文津街7號) (原書目文獻出版社　北京圖書館出版社)
發　　行	010-66114536　66126153　66151313　66175620 66121706(傳真)　66126156(門市部)
E-mail	nlcpress@nlc.cn(郵購)
Website	www.nlcpress.com→投稿中心
經　　銷	新華書店
印　　裝	北京市通州興龍印刷廠
版　　次	2018年6月第1版　2018年6月第1次印刷
開　　本	880×1230(毫米)　1/32
印　　張	25
書　　號	ISBN 978-7-5013-6398-8
定　　價	78.00 圓

《國學基本典籍叢刊》編委會

《國學基本典籍叢刊》前言

國家圖書館出版社(原書目文獻出版社 北京圖書館出版社)成立三十多年來,出版了大量的中國傳統文化典籍。由於這些典籍的出版往往採用叢書的方式或綫裝形式,供公共圖書館和大學圖書館典藏使用,普通讀者因價格較高、部頭較大,不易購買使用。爲弘揚優秀傳統文化,滿足廣大普通讀者的需求,現將經、史、子、集各部的常用典籍,選擇善本,分輯陸續出版單行本。每書之前均加簡要説明,必要者加編目録和索引,總名《國學基本典籍叢刊》。歡迎讀者提出寶貴意見和建議,以使這項工作逐步完善。

國家圖書館出版社

二〇一六年四月

序言

在中國文化史上，第一次大規模接受外來宗教文明，應始自印度佛教的東傳。兩漢之際，佛教最早從西域傳入中土，歷經六七百年的發展，至隋唐，終於建立了中國自己的宗派，基本完成佛教的華化歷程。回望兩千多年的中國佛教史，中古隋唐是特別重要的時段，因爲最著名的四大譯師、最具影響力的佛典和開宗立派的大師，以及佛教文獻學、佛教史學的奠基人等，此時如雨後春筍般的涌現。而僧祐律師（四四五—五一八），就是當時最杰出的佛學大師之一。其著述宏富，《釋僧祐法集總目録序》即夫子自道曰『總其所集，凡有八部』〔一〕，可惜完整流傳至今者僅剩三部，即《弘明集》《出三藏記集》和《釋迦譜》。其中，涉及内容最廣泛的是《弘明集》，凡研究中古宗教史、哲學史、文化思想史、文學史、藝術史及中外文化交流史之學人，無不要充分利用其保存的珍

〔一〕（南朝梁）釋僧祐撰，蘇晋仁、蕭鍊子點校：《出三藏記集》，中華書局，一九九五年版，第四五八頁。又，《出三藏記集》一書，初撰爲十卷，至梁，僧祐增訂至十五卷，此即現今流通本（但《永樂北藏》分十七卷，形式稍异）。

貴史料。爲方便讀者更好地瞭解其學術價值，玆略述幾個較爲重要的問題如下。

一、編撰目的與原則

在佛教文獻史上，《弘明集》主要有兩個内容不一的版本：一是《出三藏記集》卷十二所説蕭齊撰出的十卷本〔一〕（後文稱『初編本』），二是入梁後纔定型的十四卷本〔二〕（後文稱『定本』）。唐以後歷代藏經目録所載，都是第二種〔三〕。但無論哪一種，其編撰原則始終如一，因爲二者開篇、結

〔一〕《出三藏記集》，第四五九頁。又，十卷本所收篇目的詳細名單，見同書第四九三—四九五頁。

〔二〕宋慧寶注《北山録》卷二時謂《弘明集》是『十六卷』，德珪《北山録注解隨函》則説：『《弘明集》二十卷。注誤。』（參（唐）神清撰，富世平校注：《北山録校注》，中華書局，二〇一四年版，第一一一頁），則知宋代《弘明集》可能還存在過十六卷本或二十卷本。

〔三〕隋法經等撰《衆經目録》卷六『此方諸德傳記二』云『《弘明集傳》十卷，釋僧祐撰』（《大正藏》第五十五册，第一四六頁中欄。『傳』字，疑涉前而衍），可知隋代尚有十卷本《弘明集》行於世。不過，《舊唐書》卷四七《經籍志下》、《新唐書》卷五九《藝文志三》所載《弘明集》，皆爲十四卷，這説明十四卷本最爲通行。另，道宣以《弘明集》爲樣本撰出的《廣弘明集》，其卷一序則説『昔梁鍾山之上定林寺僧祐律師，學統九流，義包十諦，情敦慈救，志存住法，詳括梁晋，列辟群英，留心佛理，構敘篇什，撰《弘明集》一部一十四卷』（《大正藏》第五十二册，第九七頁上欄），則知無論教内教外，《弘明集》流行的都是十四卷本。

尾時所用的序文完全相同。

初編本開篇之序，叫《弘明集目録序》〔二〕，其文字也見於定本卷首，後者藏内多稱爲《弘明集序》，偶爾也説《弘明序》〔三〕。兩者最大的不同，就在於卷數有別。僧祐在《弘明集目録序》中講是書編撰目的與原則時自述云：

> 祐以末學，志深弘護，静言浮俗，憤慨于心。遂以藥疾微間，山棲餘暇，撰古今之明篇，總道俗之雅論。其有刻意剪邪，建言衛法，製無大小，莫不畢採。又前代勝士，書記文述，有益三寶者，亦皆編録，類聚區分，列爲十卷。夫道以人弘，教以文明，弘道明教，故謂之《弘明集》。兼率淺懷，附《論》於末，庶以涓埃，微裨瀛岱。但學孤識寡，愧在褊局，博練君子，惠增廣焉。

「列爲十卷」之「十」，現存定本或作「一十四」，或作「十四」，後者恰與歷代大藏經目録所載卷數相同。「附《論》於末」所説的「《論》」，依據初編本目録，它是指最後一卷（第十卷）所收的《弘

〔二〕《出三藏記集》，第四九二頁。

〔三〕如北宋智圓《維摩經略疏垂裕記》卷一説「如僧祐《弘明序》云『祐以末學』」（《大正藏》第三十八册，第七一四頁下欄）。

明論》〔一〕。後來的定本，僧祐用它作爲後序，稱《弘明論後序》〔二〕，置於全書收尾之處。《弘明論》開頭又説：

> 余所集《弘明》，爲法禦侮。通人雅論，勝士妙説；摧邪破惑之衝，弘道護法之塹：亦已備矣。然智者不迷，迷者乖智。若導以深法，終於莫領，故復撮舉世典，指事取徵。言非榮華，理歸質實，庶迷塗之人，不遠而復。總釋衆疑，故曰《弘明》。

結合《弘明集目録序》之『志深弘護』『弘道明教』云云，則知《弘明集》的編撰目的就是站在釋家立場來回應當時社會對外來佛教的種種質疑，旨在弘法護教。其選編的作品，從時間上看，儘量貫穿古今（從東漢至梁初，跨度近五百年）；從作者所處的社會階層言，則涵蓋僧俗，并且是以俗世的王公大臣、文人學士爲主，在全部作者一百二十三人中，僧人僅有十九位。

定本在卷十二之前，僧祐又撰有小序〔三〕一篇，曰：

〔一〕蘇晋仁、蕭鍊子點校的《出三藏記集》作『《弘明論後序》，釋僧祐』（第四九五頁），《校勘記》又説『「後序釋僧祐」五字各本脱，據《大正藏》本《弘明集》補』（第五〇六頁）。筆者以爲，就《出三藏記集》原文而言，『後序』等五字不必補。

〔二〕《大正藏》第五十二册，第九十五頁上欄—九十六頁中欄。

〔三〕《大正藏》第五十二册，第七十六頁中欄—下欄。

余所撰《弘明》，并集護法之論。然爰録書表者，蓋事深故也。尋沙門辭世，爵禄弗縻，漢魏以來，歷經英聖，皆致其禮，莫求其拜。而庾君專威，妄起异端；桓氏疑陽，繼其浮議。若何公莫言，則法相永沈；遠上弗論，則僧事頓盡。望古追慨，安可不編哉？《易》之《蠱爻》『不事王侯』，《禮》之《儒行》『不臣天子』，在俗四民，尚有不屈，況棄俗從道，焉責臣禮？故不在於休明，而頻出於季運也。至於恒、標辭略，遠公距玄，雖全已非奇，然亦足敦勵。《法要》〔二〕《日燭》，既寤俗之談，吊仙《三檄》〔三〕，亦摧魔之説，故兼載焉。

此篇小序，筆者以爲，當是僧祐把初編本增補爲定本時所作。一方面，僧祐對初編本所涉及的佛教史上的重要事件、重要人物如庾冰與何充、桓玄與慧遠關於沙門是否致敬王者之争有所點

〔二〕『法要』二字，過往標點時多與『敦勵』連讀。但筆者認爲，它們是郄超《奉法要》的略稱。

〔三〕『吊仙』，底本原爲『予作』，《校勘記》指出『宋、元、明、宫』作『即仙』，『即仙《三檄》』句意不通，『予作《三檄》』則與事實相違，因爲檄文并非僧祐自己所作，皆不取。五代可洪《新集藏經音義隨函録》卷二九《弘明集》第十二卷音義中引有原文『吊仙《三檄》』四字（《中華大藏經》第六十册，中華書局，一九九三年版，第五四〇頁下欄—五四一頁上欄），并注『吊』曰『了叫反』，故改。由於『吊』用俗體，後人不識，纔引起種種訛誤（參韓小荆《〈可洪音義〉研究——以文字爲中心》，巴蜀書社，二〇〇九年版，第三〇—三一頁）。

評；另一方面，他又對初編本和定本所選重要作品的性質有所歸納，如說初編本卷九所録郄超《奉法要》、王該《日燭》是『悟俗』之作，定本卷十四所録竺道爽《檄太山文》、釋智静《檄魔文》、釋寶林《破魔露布文》等三篇作品，都是檄文，故全稱『三檄』，它們重在破外道和异教（包括神仙道教）之魔。

總之，僧祐在三篇序中念兹在兹、反反復復説的都是『弘道明教』和『護法禦侮』，這八字，既是《弘明集》的編撰目的，又是其編撰原則。

二、主要内容

《弘明集》的主要内容，僧祐在《後序》中有相當清晰的表述。他指出，世人對佛教有六種懷疑：

> 一疑經説迂誕，大而無徵；二疑人死神滅，無有三世；三疑莫見真佛，無益國治；四疑古無法教，近出漢世；五疑教在戎方，化非華俗；六疑漢魏法微，晉代始盛。以此六疑，信心不樹，將溺宜拯，故較而論之。

顯而易見，這『六疑』是當時儒、道兩家以華夏文明爲本位的思想來質疑外來佛教的關鍵所在。其中，前二疑，主要在説世人對佛教因果報應、三世輪回、精神不滅等外來宗教思想的懷疑；

後四疑，則是説世人對佛教之用的懷疑，認爲它對國家治理無益，不適宜於華夏民族，且認爲其來歷不正，在華興盛的歷史也不長。

若從中古思想史的角度看，《弘明集》討論最集中者無非是三教關係問題，它大致包括三個層面：

一曰因果報應與形神之争，尤其是神滅與否之論。因爲神不滅論是中國佛教最根本的世界觀，祇要承認了它，因果報應纔有理論的支撑。東晋史學家袁宏《後漢紀》即一針見血地説：

浮屠者，佛也，西域天竺有佛道焉。佛者，漢言覺，將悟群生也。……又以爲人死精神不滅，隨復受形，生時所行善惡皆有報應，故所貴行善修道，以煉精神而不已，以至無生而得爲佛也。〔一〕

僧祐在這方面輯録的論文最多，雖以贊同者爲主，但持反對意見的重要論文（或片斷）也一并輯録。前者如宗炳《明佛論》、鄭道子《神不滅論》、慧遠《明報應論》《三報論》等，後者如范縝《答曹録事難〈神滅論〉（并啓詔）》（題目又作《答曹舍人（并啓詔）》）等。尤其在卷九和卷十，僧祐收

〔一〕 張烈點校：《兩漢紀（下）》，中華書局，二〇〇二年版，第一八七頁。

録了梁武帝蕭衍的《立神明成佛義記》及其敕臣下與范縝《神滅論》〔一〕往來論戰的文獻，具有極其重要的史料價值。

二曰夷夏之辨。它主要表現的是佛、道兩教之間的論争，同時，它又與化胡説、佛道先後、佛道優劣等問題相互關聯。《弘明集》這方面輯録的論文也不少，代表性的有未詳作者的《正誣論》、明僧紹《正二教論》、朱昭之《難顧道士〈夷夏論〉》、釋慧通《駁顧道士〈夷夏論〉》、劉勰《滅惑論》等。究其論争實質，是道教利用其得天獨厚的本土文化優勢來抵禦、壓製外來佛教的一種鬥争策略。

三曰沙門與王權之争。它主要是儒佛的論争，同時也牽涉二教禮儀製度上面的差异。僧祐輯録的論文主要有何充《奏沙門不應盡敬》、慧遠《沙門不敬王者論》《沙門袒服論》《答桓玄勸罷道書》《與桓玄論料簡沙門書》、桓玄《與八座書論道人敬事》《與王令書論道人應敬王事》等〔二〕。

僧祐編撰《弘明集》時，往往把正反兩方的觀點都加以輯録，這就較好地保存了佛教東傳華夏及其華化進程中一些重大理論論争事件所發生的緣由、經過及結局的原始文獻（當然，僧祐對相

〔一〕《神滅論》全文，見姚思廉撰《梁書》卷四八之范縝本傳（中華書局，一九七三年版，第六六五—六七〇頁）。

〔二〕這方面的詳細分析，可參劉立夫著《弘道與明教：〈弘明集〉研究》，中國社會科學出版社，二〇〇四年版，第二〇四—二四三頁。

關文字間有加工），故它自問世以來就備受重視，特别是對早期中國佛教史、佛教傳播史和中古三教關係史的研究，有很大的參考價值。

三、歷史影響

在佛教文獻史上，《弘明集》的歷史影響，最直接的表現是啓迪了唐代道宣律師（五九六—六六七）《廣弘明集》的撰集，因爲後者是有意繼承前者而作。當然，道宣在體製上也有一些變通：一者，《弘明集》分卷不分類，而《廣弘明集》除了分卷外，還按照所輯論文性質分成十篇，即《歸正篇》《辯惑篇》《佛德篇》《法義篇》《僧行篇》《慈濟篇》《誡功篇》《啓福篇》《悔罪篇》和《統歸篇》，每篇之前，都撰有小序。而且，道宣在《廣弘明集》中還用這十種分類法給《弘明集》所選作品分類列目，并把它們收在除《誡功》《悔罪》之外的八類論文目録中。比如，道宣把僧祐所輯明僧紹《正二教論》、釋僧敏《戎華論》等八篇論文歸在《梁弘明集歸正目録》〔一〕中。二者，《弘明集》定本在選輯古今論文時，僧祐自撰的序文祇有三篇，即開頭的《弘明集序》、末尾的《弘明論後序》以及卷十二開頭的一篇小序，而《廣弘明集》每篇都配有道宣自撰的小序，加上

〔一〕《大正藏》第五十二册，第九八頁上欄。

總序共有十一篇之多。由此可見，《廣弘明集》比《弘明集》的編輯觀念更明晰，對當時佛教思想的發展動態展示得更全面。當然，道宣書名不叫『續』而稱『廣』，旨在突出自我創新之處。不過，總體説來，就兩書涉及的思想内容而言，相同點依然多於不同點，如化胡説、夷夏論、精神不滅論、沙門與王者關係論，都是僧祐、道宣共同關心的重要話題。

《弘明集》除了直接影響《廣弘明集》的撰集外，還保留了許多珍貴的歷史文獻。《四庫全書總目》卷一四五評述《弘明集》時即説：『然六代遺編，流傳最古，梁以前名流著作，今無專集行世者，頗賴以存，終勝庸俗緇流所撰述。』〔二〕其所輯一百二十三位作者中，除了慧遠、蕭衍、孫盛等少數人有專集行於後世外，大多數人的作品，若非《弘明集》所收吉光片羽式的文字，早就銷聲匿迹、湮没無聞了。特別是卷一所輯《牟子理惑論》，是研究中古佛教史及早期中外宗教文化交流史的必備資料，具有特別重要的文獻價值。

四、版本及流傳

前文已言，《弘明集》有初編本、定本之分，前者自南齊末至隋初有所流傳，而唐以後的經藏目

〔二〕（清）永瑢等撰：《四庫全書總目》，中華書局，一九六五年版，第一二三六頁。

録所載都是十四卷本。蔡運辰、童瑋兩位先生曾就其藏内著録情況做過梳理，現以之爲基礎，略作增删〔二〕，列表如下：

歷代《大藏經》收録《弘明集》一覽表

大藏經名稱	《弘明集》所在千字文編號（或册數）	備注
《開寶藏》	「集」「墳」	
《崇寧藏》	同上	
《毗盧藏》	同上	
《圓覺藏》	同上	
《資福藏》	同上	
《普寧藏》	同上	

〔二〕 參蔡運辰編著：《二十五種藏經目録對照考釋》，臺灣新文豐出版公司，一九八三年版，第二四一頁；童瑋編：《二十二種大藏經通檢》，中華書局，一九九七年版，第三一〇頁。又，蔡氏對照表中同時著録了《指要》《標目》《至元》《義門》《知津》《緣山》所載《弘明集》的情況，此處删之。

大藏經名稱	《弘明集》所在千字文編號（或册數）	備注
《磧砂藏》	同上	
《趙城藏》	同上	
《洪武南藏》	同上	其中，一—六卷爲鈔補
《弘法藏》	同上	
《永樂南藏》	「車」「駕」	是《洪武南藏》之重刻本，編次略有改動
《永樂北藏》	「八」「縣」	
《嘉興藏》	同上	
《清藏》	「千」「兵」	
《高麗藏》	「集」「墳」	
《天海藏》	同上	
《縮刻藏》	「露四」	
《頻伽藏》	同上	

大藏經名稱	《弘明集》所在千字文編號（或册數）	備注
《卍字藏》	『集』『墳』	
《大正藏》	第五十二册	
《中華大藏經》	第六十二册	底本爲《趙城藏》之影印，缺者補以《高麗藏》，同時校以《資福藏》《磧砂藏》《普寧藏》《永樂南藏》《徑山藏》《清藏》《高麗藏》，《校勘記》附在各卷之後。

《弘明集》除了爲表中二十一種《大藏經》所收録外，還有單行本流通，如日本寬永十四年（一六三七）的活字印刷本和近代的金陵刻經處本，後者雖有認真的校勘，但未出校勘記，所以，使用起來有不便之處。而教外最流行的是明萬曆十四年（一五八六）吴惟明刻本，吴氏以《永樂北藏》爲底本，將十四卷本《弘明集》與四十卷本《廣弘明集》合刊，當時大學者汪道昆有序，此本後被收入《四部叢刊》《四部備要》，故廣爲學人所知。

此次國家圖書館出版社影印《思溪藏》（即表中《圓覺藏》）中《弘明集》之舉，意義相當重大，它既是對清末從日本購回《思溪藏》的楊守敬的最好紀念方式之一，又有助於國內外學人充分挖掘《弘明集》所蘊含的豐富歷史文化信息，對研究新時代的宗教關係也不無啓示之用。

二〇一八年二月二十六日

李小榮識於福州夢枕堂

總目録

第一册

第二册

卷六

卷七

第三册

卷八

卷九

卷十

第四册

卷十一

卷十二

卷十三

卷十四

第一册目録

據國家圖書館藏宋紹興二年（一一三二）王永從刻安吉州思溪法寶資福寺大藏本影印原書版框高二十五厘米

弘明集

第一

晉七十四

集一

51347

元祿九年丙子二月日重脩

皇圖鞏固　帝道遐昌

佛日增輝　法輪常轉

山城州天安寺法金剛院置

弘明集序　　集

梁釋僧祐撰

夫覺海無涯慧境圓照化妙域中實陶鑄於堯舜理擅繫表乃埏埴乎周孔矣然道大信難聲高和寡須弥峻而藍風起寶藏積而怨賊生昔如來涖世化震大千猶有四魔稸忿六師懷毒況乎像季其可勝哉自大法東流歲幾五百緣各信否運亦崇替正見者敷讃邪惑者謗訕至於守文曲儒則爲距異教巧言左道則引爲同法距有拔本之迷引有朱紫之乱遂令詭論稍繁訛辝孔熾夫鶡旦鳴夜不翻白日之光精衛銜石無損滄海之勢

然以闇亂明以小罔大雖莫動毫髮而有塵
眡聽將令弱植之徒隨僞辯而長迷倒置之
倫逐邪説而永溺此幽塗所以易墜淨境所
以難陟者也祐以末學志深弘護靜言浮俗
憤慨于心遂以藥疾微閒山棲餘暇撰古今
之明篇摠道俗之雅論其有刻意翦邪建言
衛法製無大小莫不畢採又前代勝士書記
文述有益三寶亦皆編録類聚區分列爲十
四卷夫道以人弘教以文明弘道明教故謂
之弘明集兼率淺懷附論于末庶以涓埃微
裨瀛岱但學孤識寡愧在褊局博綜君子惠
增廣焉

弘明集卷第一

牟子理惑論 三十七篇

正誣論 未詳作者

牟子理惑論 一云蒼梧太守牟子博傳

牟子既修經傳諸子書無大小靡不好之雖不樂兵法然猶讀焉雖讀神仙不死之書抑而不信以爲虛誕是時靈帝崩後天下擾亂獨交州差安北方異人咸來在焉多爲神仙辟穀長生之術時人多有學者牟子常以五經難之道家術士莫敢對焉比之於孟軻距楊朱墨翟先是時牟子將母避世交趾年二十六歸蒼梧娶妻太守聞其守學謁請署吏

時年方盛志精於學又見世乱無仕官意竟還不就是時諸州郡相疑隔塞不通太守以其博學多識使致敬荆州牟子以爲榮爵易讓使命難辭遂嚴當行會被州牧優文處士辟之復稱疾不起牧弟爲豫章太守爲中郎將笮融所殺時牧遣騎都尉劉彦將兵赴之恐外界相疑兵不得進牧乃請牟子曰弟爲逆賊所害骨肉之痛憤發肝心當遣劉都尉行恐外界疑難行人不通君文武兼備有專對才今欲相屈之零陵桂陽假塗於通路何如牟子曰被秣服櫪見遇日久列士忘身期必騁効遂嚴當發會其母卒亡遂不果行久

之退念以辯達之故輒見使命方世擾攘非
顯己之秋也乃歎曰老子絕聖棄智修身保
眞万物不干其志天下不易其樂天子不得
臣諸侯不得友故可貴也於是銳志於佛道
兼研老子五千文含玄妙爲酒漿翫五經爲
琴簧世俗之徒多非之者以爲背五經而向
異道欲爭則非道欲默則不能遂以筆墨之
間略引聖賢之言證解之名曰牟子理惑云

或問曰佛從何出生寧有先祖及國邑不皆
何施行狀何類乎牟子曰富哉問也請以不敏
略說其要蓋聞佛化之爲狀也積累道德數千億
載不可紀記然臨得佛時生於天竺假形於白淨

王夫人晝寢夢乘白象身有六牙欣然悦之遂感而孕以四月八日從母右脅而生墮地行七步舉右手曰天上天下靡有踰我者也時天地大動宮中皆明其日王家青衣復産一兒廐中白馬亦乳白駒奴字車匿馬曰揵陟王常使隨太子太子有三十二相八十種好身長丈六體皆金色項有肉髻頰車如師子舌自覆面手把千輻輪頂光照万里此略說其相年十七王為納妃隣國女也太子坐則遷座寢則異牀天道孔明陰陽而通遂懷一男六年乃生父王珍偉太子為興宮觀妓女寶玩並列於前太子不貪世樂意存道德

年十九二月八日夜半呼車匿勒揵陟跨之
鬼神扶舉飛而出宫明日廓然不知所在王
及吏民莫不歔欷追之及田王曰未有尒時
禱請神祇今既有尒如王如珪當續禄位而
去何爲太子曰万物無常有存當亡今欲學
道度脱十方王知其弥堅遂起而還太子徑去
思道六年遂成佛焉所以孟夏之月生者不
寒不熱草木華英釋狐裘衣絺綌中吕之時
也所以生天竺者天地之中處其中和也所
著經凡有十二部合八億四千万卷其大卷
万言已下小卷千言已上佛教授天下度脱
人民因以二月十五日泥洹而去其經戒續

存履能行之亦得無爲福流後世持五戒者
一月六齋齋之日專心壹意悔過自新沙門
持二百五十戒日日齋其戒非優婆塞所得
聞也威儀進止與古之典禮無異終日竟夜
講道誦經不預世事老子曰孔德之容唯道
是從其斯之謂也問曰何以正言佛佛爲何
謂乎牟子曰佛者謚号也猶名三皇神五帝
聖也佛乃道德之元祖神明之宗緒佛之言
覺也恍惚變化分身散體或存或亡能小能
大能圓能方能老能少能隱能彰蹈火不燒
履刃不傷在污不染在禍無殃欲行則飛坐
則揚光故号爲佛也

問曰何謂之爲道道何類也牟子曰道之言導也道導人致於無爲牽之無前引之無後舉之無上抑之無下視之無形聽之無聲四表爲大綩綖其外毫釐爲細間關其内故謂之道問曰孔子以五經爲道教可拱而誦履而行今子説道虚無怳惚不見其意不指其事何與聖人言異乎牟子曰不可以所習爲重所希爲輕或於外類失於中情立事不失道德猶調絃不失宫商天道法四時人道法五常老子曰有物混成先天地生可以爲天下母吾不知其名强字之曰道道之爲物居家可以事親宰國可以治民獨立可以治身履

而行之究乎天地廢而不用消而不離子不
解之何異之有乎
問曰夫至實不華至辭不餝言約而至者麗
事寡而達者明故珠玉少而貴瓦礫多而賤
聖人制七經之本不過三万言衆事備焉今
佛經卷以万計言以億數非一人力所能堪
也僕以爲煩而不要矣牟子曰江海所以異
於行潦者以其深廣也五岳所以別於丘陵
者以其高大也若高不絶山阜跛羊淩其巔
深不絶消流孺子浴其淵麒麟不處苑囿之
中吞舟之魚不遊數仞之溪剖三寸之蚌求
明月之珠探枳棘之巢求鳳凰之鶵必難獲

也何者小不能容大也佛經前説億載之事却道万世之要太素未起太始未生乾坤肇興其微不可握其纖不可入佛悉弥綸其廣大之外剖析其寂窈妙之内靡不紀之故其經卷以万計言以億數多多益具衆衆益富何不要之有雖非一人所堪譬若臨河飲水飽而自足焉知其餘哉

問曰佛經衆多欲得其要而棄其餘直説其實而除其華牟子曰否夫日月俱明各有所照二十八宿各有所主百藥並生各有所愈狐裘備寒絺綌御暑舟輿異路俱致行旅孔子不以五經之備復作春秋孝經者欲博道

術恣人意耳佛經雖多其歸爲一也猶七典雖異其貴道德仁義亦一也孝所以說多者隨人行而與之若子張子游俱問一孝而仲尼荅之各異攻其短也何棄之有哉

問曰佛道至尊至大堯舜周孔曷不修之乎七經之中不見其辭子既耽詩書悅禮樂奚爲復好佛道喜異術豈能踰經傳美聖業哉竊爲吾子不取也牟子曰書不必孔丘之言藥不必扁鵲之方合義者從愈病者良君子博取衆善以輔其身子貢云夫子何常師之有乎堯事尹壽舜事務成旦學呂望丘學老聃亦俱不見於七經也四師雖聖比之於佛

猶白鹿之與麒麟鸞鳥之與鳳凰也堯舜周
孔且猶與之況佛身相好變化神力無方焉
能捨而不學乎五經事義或有所闕佛不見
記何足怪疑哉問曰云佛有三十二相八十
種好何其異於人之甚也殆富耳之語非實
之云也牟子曰諺云少所見多所怪覩馲駝
言馬腫背堯眉八彩舜目重瞳子皐陶鳥喙
文王四乳禹耳參漏周公背僂伏羲龍鼻仲
尼反頨老子日角月玄鼻有雙柱手把十文
足蹈二五此非異於人乎佛之相好奚足疑
哉問曰孝經言身體髮膚受之父母不敢毁
傷曾子臨没啓予手啓予足今沙門剃頭何

其違聖人之語不合孝子之道也吾子常好論是非平曲直而反善之乎牟子曰夫訕聖賢不仁平不中不智也不仁不智何以樹德德將不樹頑嚚之儔也論何容易乎昔齊人乘船渡江其父墮水其子攘臂捽頭顛倒使水從口出而父命得穌夫捽頭顛倒不孝莫大然以全父之身若拱手修孝子之常父命絕於水矣孔子曰可與適道未可與權所謂時宜施者也且孝經曰先王有至德要道而泰伯短鬚文身自從吴越之俗違於身體髮膚之義然孔子稱之其可謂至德矣仲尼不以其短鬚毁之也由是而觀苟有大德不拘

於小沙門捐家財棄妻子不聽音不視色可謂讓之至也何違聖語不合孝乎豫讓吞炭漆身聶政皮面自刑伯姬蹈火高行截容君子爲勇而有義不聞譏其自毀沒也沙門剔除鬚髮而比之於四人不已遠乎

問曰夫福莫踰於繼嗣不孝莫過於無後沙門棄妻子捐財貨或終身不娶何其違福孝之行也自苦而無奇自拯而無異矣牟子曰夫長左者必短右大前者必狹後孟公綽爲趙魏老則優不可以爲滕薛大夫妻子財物世之餘也清躬無爲道之妙也老子曰名與身孰親身與貨孰多又曰觀三代之遺風覽

乎儒墨之道術誦詩書修禮節崇仁義視清潔鄉人傳業名譽洋溢此中士所施行恬惔者所不恤故前有隋珠後有虓虎見之走而不敢取何也先其命而後其利也許由栖巢木夷齊餓首陽舜聖孔稱其賢曰求仁得仁者也不聞譏其無後無貨也沙門修道德以易遊世之樂反淑賢以貸妻子之歡是不爲奇孰與爲奇是不爲異孰與爲異哉

問曰黃帝垂衣裳製服餝箕子陳洪範貌爲五事首孔子作孝經服爲三德始又曰正其衣冠尊其瞻視原憲雖貧不離華冠子路遇難不忘結纓今沙門剃頭髮被赤布見人無

跪起之禮威儀無盤旋之容止何其違貌服之制乖搢紳之餝也牟子曰老子去上德不德是以有德下德不失德是以無德三皇之時食肉衣皮巢居穴處以崇質朴豈復須章黻之冠曲袠之餝哉然其人稱有德而敦厖之信而無爲沙門之行有似之矣或曰如子之言則黃帝堯舜周孔之儔棄而不足法也牟子曰夫見博則不迷聽聰則不惑堯舜周孔修世事也佛與老子無爲志也仲尼栖栖七十餘國許由聞禪洗耳於淵君子之道或出或處或默或語不溢其情不淫其性故其道爲貴在乎所用何棄之有乎

問曰佛道言人死當復更生僕不信此言之審也牟子曰人臨死其家上屋呼之死已復呼誰或曰呼其魂魄牟子曰神還則生不還神何之呼曰成鬼神牟子曰是也魂神固不滅矣但身自朽爛耳身譬如五穀之根葉魂神如五穀之種實根葉生必當死種實豈有終亡得道身滅耳老子曰吾所以有大患以吾有身也若吾無身吾有何患又曰功成名遂身退天之道也或曰爲道亦死不爲道亦死有何異乎牟子曰所謂無一日之善而問終身之譽者也有道雖死神歸福堂爲惡既死神當其殃愚夫闇於成事賢智預於未萌

道與不道如金比草善之與福如白方黑焉得不異而言何異乎

問曰孔子云未能事人焉能事鬼未知生焉知死此聖人之所紀也今佛家輒說生死之事鬼神之務此殆非聖喆之語也夫履道者當虛無淡泊歸志質朴何爲乃道生死以乱志說鬼神之餘事乎牟子曰若子之言所謂見外未識内者也孔子疾子路不問本末以此抑之耳孝經曰爲之宗廟以鬼享之春秋祭祀以時思之又曰生事愛敬死事哀慼豈不教人事鬼神知生死哉周公爲武王請命曰旦多才多藝能事鬼神夫何爲也佛經所

說生死之趣非此類乎老子曰既知其子復守其母沒身不殆又曰用其光復其明無遺身殃此道生死之所趣吉凶之所往至道之要實貴寂寞佛家豈好言乎來問不得不對耳鍾鼓豈有自鳴者桴加而有聲矣

問曰孔子曰夷狄之有君不如諸夏之亡也孟子譏陳相更學許行之術曰吾聞用夏變夷未聞用夷變夏者也吾子弱冠學堯舜周孔之道而今舍之更學夷狄之術不已惑乎

牟子曰此吾未解大道時之餘語耳若子可謂見禮制之華而闇道德之實闚炬燭之明未覩天庭之日也孔子所言矯世法矣孟軻

所云疾專一耳昔孔子欲居九夷曰君子居
之何陋之有及仲尼不容於魯衛孟軻不用
於齊梁豈復仕於夷狄乎禹出西羌而聖喆
瞽叟生舜而頑嚚由余產狄國而霸秦管蔡
自河洛而流言傳曰北辰之星在天之中在
人之北以此觀之漢地未必爲天中也佛經
所說上下周極含血之類物皆屬佛焉是以
吾復尊而學之何爲當舍堯舜周孔之道金
玉不相傷隨碧不相妨謂人爲惑時自惑乎
問曰蓋以父之財乞路人不可謂惠二親尚
存殺己代人不可謂仁今佛經云太子須大
拏以父之財施與遠人國之寶象以賜怨家

妻子匃與他人不敬其親而敬他人者謂之悖禮不愛其親而愛他人謂之悖德須大拏不孝不仁而佛家尊之豈不異哉牟子曰五經之義立嫡以長文王見昌之志轉季爲嫡遂成周業以致太平娶妻之義必告父母舜不告而娶以成大倫貞士須聘請賢臣待徵召伊尹負鼎干湯甯戚叩角要齊湯以致王齊以之霸禮男女不親授嫂溺則授之以手權其急也苟見其大不拘於小大人豈拘常也須大拏覩世之無常財貨非己寶故恣意布施以成大道父國受其祚怨家不得入至於成佛父母兄弟皆得度世是不爲孝是不

爲仁孰爲仁孝哉

問曰佛道崇無爲樂施與持戒兢兢如臨深淵者今沙門躭好酒漿或畜妻子取賤賣貴專行詐紿此乃世之僞而佛道謂之無爲耶

牟子曰工輸能與人斧斤繩墨而不能使人巧聖人能授人道不能使人履而行之也臯陶能罪盜人不能使貪夫爲夷齊五刑能誅無狀不能使惡人爲曾閔堯不能化丹朱周公不能訓管蔡豈唐敎之不著周道之不備哉然無如惡人何也譬之世人學通七經而迷於財色可謂六藝之邪婬乎河伯雖神不能溺陸地人飄風雖疾不能使湛水揚塵當

惡人不能行豈可謂佛道有惡乎
問曰孔子稱奢則不遜儉則固與其不遜也
寧固叔孫曰儉者德之恭侈者惡之大也今
佛家以空財布施爲名盡貨與人爲貴豈有
福哉牟子曰彼一時也此一時也仲尼之言
疾奢而無禮叔孫之論刺嚴公之刻楹非禁
布施也舜耕歷山恩不及州里太公屠牛惠
不逮妻子及其見用恩流八荒惠施四海饒
財多貨貴其能與貧困屢空貴其履道許由
不貪四海伯夷不甘其國虞卿捐万戶之封
救窮人之急各其志也僖負羈以壺飧之惠
全其所居之閭宣孟以一飯之故活其不貲

之軀陰施出於不意陽報皎如白日況傾家財發善意其功德巍巍如嵩泰悠悠如江海矣懷善者應之以祚挾惡者報之以殃未有種稻而得麥施禍而獲福者也

問曰夫事莫過於誠說莫過於實老子除華飾之辭崇質朴之語佛經說不指其事徒廣取譬喻譬喻非道之要合異爲同非事之妙雖辭多語博猶玉屑一車不以爲寶矣牟子曰事嘗共見者可說以實一人見一人不見者難與誠言也昔人未見麟問嘗見者麟何類乎見者曰麟如麟也問者曰若吾嘗見麟則不問子矣而云麟如麟寧可解哉見者曰

麟麐身牛尾鹿蹄馬背問者虛解孔子曰人不知而不慍不亦君子乎老子云天地之間其猶槖籥乎又曰譬道於天下猶川谷與江海豈復華餝乎論語曰爲政以德譬如北辰引天以比人也子夏曰譬諸草木區以別之矣詩之三百牽物合類自諸子讖緯聖人秘要莫不引譬取喻子獨惡佛說經牽譬喻耶

問曰人之處世莫不好富貴而惡貧賤樂歡逸而憚勞倦黃帝養性以五肴爲上孔子云食不厭精膾不猒細今沙門被赤布日一食閉六情自畢於世若茲何聊之有牟子曰富與貴是人所欲不以其道得之不處也貧與

賤是人之所惡不以其道得之不去也老子曰五色令人目盲五音令人耳聾五味令人口爽馳騁畋獵令人心發狂難得之貨令人行妨聖人爲腹不爲目此言豈虛哉柳下惠不以三公之位易其行叚干木不以其身易魏文之富許由巢父栖木而居自謂安於帝宇夷齊餓于首陽自謂飽於文武蓋各得其志而已何不聊之有乎

問曰若佛經深妙靡麗子胡不談之於朝廷論之於君父修之於閨門接之於朋友何復學經傳讀諸子乎牟子曰子未達其源而問其流也夫陳俎豆於壘門建旌旗於朝堂衣

狐裘以當蕤賓被絺綌以御黄鍾非不麗也
乖其處非其時也故持孔子之術入商鞅之
門賫孟軻之説詣蘇張之庭功無分寸過有
丈尺矣老子曰上士聞道勤而行之中士聞
道若存若亡下士聞道大而笑之吾懼大笑
故不爲談也渴不必待江河而飲井泉之水

何所不飽是以復治經傳耳
問曰漢地始聞佛道其所從出耶牟子曰昔
孝明皇帝夢見神人身有日光飛在殿前欣
然悦之明日博問羣臣此爲何神有通人傅
毅曰臣聞天竺有得道者号之曰佛飛行虚空
身有日光殆將其神也於是上悟遣使者張

寔爲羽林郎中秦景博士弟子王遵等十二人於大月支寫佛經四十二章藏在蘭臺石室第十四間時於洛陽城西雍門外起佛寺於其壁畫千乘萬騎繞塔三帀又於南宫清凉臺及開陽城門上作佛像明帝存時預修造壽陵陵曰顯節亦於其上作佛圖像時國豐民寧遠夷慕義學者由此而滋

問曰老子云知者不言言者不知又曰大辯若訥大巧若拙君子耻言過行設沙門有至道奚不坐而行之何復談是非論曲直乎僕以爲此德行之賊也牟子曰來春當大飢今秋不食黄鍾應寒蕤賓重裘備預雖早不免

於愚老子所云謂得道者耳未得道者何知之有乎大道一言而天下悦豈非大辯乎老子不云乎功遂身退天之道也身既退矣又何言哉今之沙門未及得道何得不言老氏亦猶言也如其無言五千何述焉若知而不言可也既不能知又不能言愚人也故能言不能行國之師也能行不能言國之用也能行能言國之寶也三品各有所施何德之賊乎唯不能言又不能行是謂賊也

問曰如子之言徒當學辯達修言論豈復治情性履道德乎牟子曰何難悟之甚乎夫言語談論各有時也璩瑗曰國有道則直國無

道則卷而懷之甯武子曰國有道則智國無道則愚孔子曰可與言而不與言失人不可與言而與言失言故智愚自有時談論各有意何爲當言論而不行哉

問曰子云佛道至尊至使無爲澹怕世人學士多譏毀之云其辭說廓落難用虛無難信何乎牟子曰至味不合於衆口大音不比於衆耳作咸池設大章發簫韶詠九成莫之和也張鄭衛之絃歌時俗之音必不期而拊手也故宋玉云客歌於郢爲下里之曲和者千人引商徵角衆莫之應此皆悅邪聲不曉於大度者也韓非以管闚之見而謗堯舜接輿以

毛氂之分而刺仲尼皆躭小而忽大者也夫聞清商而謂之角非彈絃之過聽者之不聰矣見和璧而名之石非璧之賤也視者之不明矣神虵能斷而復續不能使人不斷也靈龜發夢於宋元不能免豫沮之網大道無爲非俗所見不爲譽者貴不爲毀者賤用不用自天也行不行乃時也信不信其命也

問曰吾子以經傳理佛之說其辭富而義顯其文熾而說美得無非其誠是子之辨也牟子曰非吾辨也見博故不惑耳問曰見博其有術乎牟子曰由佛經也吾未解佛經之時惑甚於子雖誦五經適以爲華未成實矣吾

既覩佛經之說覽老子之要守恬惔之性觀無爲之行還視世事猶臨天井而闚溪谷登嵩岱而見丘垤矣五經則五味佛道則五穀矣吾自聞道已來如開雲見白日炬火入冥室焉

問曰子云佛經如江海其文如錦繡何不以佛經答吾問而復引詩書合異爲同乎牟子曰渴者不必須江海而飲飢者不必待敖倉而飽道爲智者設辯爲達者通書爲曉者傳事爲見者明吾以子知其意故引其事若說佛經之語談無爲之要譬對盲者說五色爲聾者奏五音也師曠雖巧不能彈無絃之琴狐

狢雖煴不能熱無氣之人公明義爲牛彈清角之操伏食如故非牛不聞不合其耳矣轉爲蚉蝱之聲孤犢之鳴即掉尾奮耳蹀躞而聽是以詩書理子耳

問曰吾昔在京師入東觀遊太學視俊士之所規聽儒林之所論未聞修佛道以爲貴自損容以爲上也吾子曷爲䖏之哉夫行迷則改路術窮則反故可不思歟牟子曰夫長於變者不可示以詐通於道者不可驚以怪審於辭者不可惑以言達於義者不可動以利也老子曰名者身之害利者行之穢又曰設詐立權虛無自貴修閨門之禮術時俗之際

會赴趣間隟務合當世此下士之所行中士
之所廢也況至道之蕩蕩上聖之所行乎杳
兮如天淵兮如海不合闚墻之士數仞之夫
固其宜也彼見其門我覩其室彼採其華我
取其實彼求其備我守其一子速改路吾請
覆之故禍福之源未知何若矣

問曰子以經傳之辭華麗之說褒讚佛行稱
譽其德高者陵青雲廣者踰地圻得無踰其
本過其實乎而僕譏刺頗得疥中而其病也

牟子曰吁吾之所褒猶以塵埃附嵩泰收朝
露投江海子之所謗猶握瓢瓠欲減江海蹋
耕耒欲損崐崘側一掌以翳日光舉土地以

塞河衝吾所褒不能使佛高子之毀不能令其下也

問曰王喬赤松八僊之籙神書百七十卷長生之事與佛經豈同乎牟子曰比其類猶五霸之與五帝陽貨之與仲尼比其形猶丘垤之與華恒涓瀆之與江海比其文猶虎鞹之與羊皮班紵之與錦繡也道有九十六種至於尊大莫尚佛道也神僊之書聽之則洋洋盈耳求其効猶握風而捕影是以大道之所不取無爲之所不貴焉得同哉

問曰爲道者或辟穀不食而飲酒啖肉亦云老氏之術也然佛道以酒肉爲上戒而反食

穀何其乖異乎牟子曰衆道叢殘凡有九十六種澹泊無爲莫尚於佛吾觀老氏上下之篇聞其禁五味之戒未覩其絶五穀之語聖人制七典之文無止糧之術老子著五千之文無辟穀之事聖人云食穀者智食草者癡食肉者悍食氣者壽世人不達其事見六禽閉氣不息秋冬不食欲效而爲之不知物類各自有性猶磁石取鐵不能移毫毛矣

問曰穀寧可絶不牟子曰吾未解大道之時亦嘗學焉辟穀之法數千百術行之無效爲之無徵故廢之耳觀吾所從學師三人或自稱七百五百三百歲然吾從其學未三載間

各自殞沒所以然者蓋由絕穀不食而啖百
果享肉則重盤飲酒則傾鐏精亂神昏穀氣
不充耳目迷惑婬邪不禁吾問其故何荅曰
老子云損之又損以至於無爲徒當日損耳
然吾觀之但日益而不損也是以各不至知
命而死矣且堯舜周孔各不能百載而末世

愚惑欲服食辟穀求無窮之壽哀哉

問曰爲道之人云能却疾不病弗御針藥而
愈信有之乎何以佛家有病而進針藥耶牟
子曰老子云物壯則老謂之不道不道早已
唯有得道者不生亦不壯不壯亦不老不老
亦不病不病亦不朽是以老子以身爲大患

焉武王居病周公乞命仲尼有疾子路請禱吾見聖人皆有疾矣未覩其無病也神農嘗草殆死者數十黄帝稽首受針於岐伯此之三聖豈當不如今之道士乎察省斯言亦足以廢矣

問曰道皆無爲一也子何以分別羅列云其異乎更令學者狐疑僕以爲費而無益也牟子曰俱謂之草衆草之性不可勝言俱謂之金衆金之性不可勝言同類殊性万物皆然豈徒道乎昔楊墨塞羣儒子路車不得前人不得步孟軻闢之乃知所從師曠彈琴俟知音之在後聖人制法冀君子之將覩也玉石

同匱猗頓爲之於悒朱紫相奪仲尼爲之歎
息日月非不明衆陰蔽其光佛道非不正衆
私掩其公是以吾分而別之藏文之智微生
之直仲尼不假者皆正世之語何費而無益乎
問曰吾子訕神僊抑奇恠不信有不死之道
是也何爲獨信佛道當得度世乎佛在異域
子足未履其地目不見其所徒觀其文而信
其行夫觀華者不能知實視影者不能審形
殆其不誠乎牟子曰孔子曰視其所以觀其
所由察其所安人焉廋哉昔呂望周公問於
施政各知其後所以終顏淵乘駟之日見東
野車之馭知其將敗子貢觀邾曾之會而照

其所以喪仲尼聞師曠之絃而識文王之操季子聽樂覽衆國之風何必足履目見乎

問曰僕嘗遊于闐之國數與沙門道人相見以吾事難之皆莫對而詞退多改志而移意子獨難改革乎牟子曰輕羽在高遇風則飛細石在谿得流則轉唯泰山不爲飄風動磐石不爲疾流移梅李遇霜而落葉唯松柏之難凋矣子所見道人必學未洽見未博故有屈退耳以吾之頑且不可窮況明道者乎子不自改而欲改人吾未聞仲尼追盜跖湯武法桀紂者矣

問曰神仙之術秋冬不食或入室累旬而不

出可謂澹泊之至也僕以爲可尊而貴殆佛道之不若乎牟子曰指南爲北自謂不惑以西爲東自謂不矇以鵄梟而笑鳳凰執螻蟻而調龜龍蟬之不食君子不貴蛙蟒穴藏聖人不重孔子曰天地之性以人爲貴不聞尊蟬蟒也然世人固有啖菖蒲而棄桂薑覆甘露而啜酢漿者矣毫毛雖小視之可察泰山之大背之不見志有留與不留意有銳與不銳曾尊季氏而卑仲尼吴賢宰嚭不肖子胥子之所疑不亦宜乎

問曰道家云堯舜周孔七十二弟子皆不死而僊佛家云人皆當死莫能免何哉牟子曰

此妖妄之言非聖人所語也老子曰天地尚不得長久而況人乎孔子曰賢者避世仁孝常在吾覽六藝觀傳記堯有殂落舜有蒼梧之山禹有會稽之陵伯夷叔齊有首陽之墓文王不及誅紂而没武王不能待成王大而崩周公有改葬之篇仲尼有兩楹之夢伯魚有先父之年子路有菹醢之語伯牛有亡命之文曾參有啓足之詞顔淵有不幸短命之記苗而不秀之喻皆著在經典聖人至言也吾以經傳爲證世人爲驗云而不死者豈不惑哉也

問曰子之所解誠悉備焉固非僕等之所聞

也然子所理何以止著三十七條亦有法乎

牟子曰夫轉蓬漂而車輪成窊木流而舟檝設蜘蛛布而罻羅陳鳥跡見而文字作故有法成易無法成難吾覽佛經之要有三十七品老氏道經亦三十七篇故法之焉於是惑人聞之踧然失色叉手避席逡巡俯伏曰鄙人矇瞽生於幽仄敢出愚言弗慮禍福今也聞命霍如湯雪請得革情洒心自勅願受五戒作優婆塞

正誣論

未詳作者

有異人者誣佛曰尹文子有神通者愍彼胡狄胡狄父子聚麀貪婪忍害昧利無耻侵害不

厭屠裂羣生不可遜讓厲不可談議喻故具諸事云云又令得道弟子變化云云又禁其殺生斷其婚姻使無子孫伐胡之術孰良於此云云

正曰誣者既云無佛復云文子有神通復云有得道弟子能變化恢廓盡神妙之理此眞有𠤎無心之語也夫尹文子即老子弟子也老子即佛弟子也故其經云聞道竺乾有古先生善入泥洹不始不終永存綿綿竺乾者天竺也泥洹者梵語晉言無爲也若佛不先老子何得稱先生老子不先尹文何故請道德之經耶以此推之佛故文子之祖宗衆聖

之元始也安有弟子神化而師不能乎且夫聖之宰世必以道莅之遠人不服則綏以文德不得已而用兵耳將以除暴止戈拯濟群生行小殺以息大殺者也故春秋之世諸侯征伐動杖正順敵國有釁必鳴鼓以彰其過惣義兵以臨罪人不以闇昧而行誅也故服則柔而撫之不苟婬刑極武勝則以喪禮居之殺則以悲哀泣之是以深貶誘執大杜絶滅之原若懷惡而討不義假道以成其暴皆經傳變文譏貶累見故會宋之盟抑楚而先晉者疾衰𧙃之詐以崇咀信之美也夫敵之怨惠不及後嗣惡止其身四重罪不濫此百

王之明制經國之令典也至于季末之將佳兵之徒患道薄德衰始任詐力競以譎詭之計濟殘賊之心野戰則肆鋒極殺屠城則盡坑無遺故白起刎首於杜郵董卓屠身於官門君子知其必亡舉世哀其厌黷兵之弊也遂至於此此爲可痛心而長歎者矣何有聖人而欲大縱陰毒翦絶黎元者哉且十室容賢而況万里之廣重華生於東夷文命出乎西羌聖哲所興豈有常地或發音於此默化於彼形教万方而理運不差原夫佛之所以夷跡於中岳而曜奇於西域者蓋有至趣不可得而縷陳矣豈有聖人疾敵之强而其欲

覆滅使無孑遺哉此何異氣厲殺流不簡良
淑縱火中原蘭蕕俱焚桀紂之虐猶乎不然
乎縱令胡國信多惡逆以暴易暴又非權通
之旨也引此為辭適足肆謗言眩愚堅豈允
情合義有心之難乎
又誣云尹文子歎之天有三十二重云云又
妄牽樓炭經云諸天之宮廣長二十四万里
面開百門門廣万里云云
荅曰佛經說天地境界高下階級悉條貫部
分敘而有章而誣者或附著生長狂造偽說
或顛倒淆亂不得要實何有二十四万里之
地而容四百万里之門乎以一事覆之足明

其錯謬者多矣臧獲牧豎猶將知其不然況有識乎欲以見博祇露其愚焉

又經云佛亦周遍五道備犯衆過行凶惡猶得佛此非怖爲惡者之法也又計生民善者少而惡者多惡人死輒充六畜尒則開闢至今足爲久矣今畜宜居十分之九而人種已應希矣

正曰誠如所言佛亦曾爲惡耳今所以得佛者改惡從善故也若長惡不悛迷而後遂往則長夜受苦輪轉五道而無解脫之由矣今以其能摒衆惡之栽滅三毒之燼修五戒之善盡十德之美行之累劫倦而不已曉了本

際暢三世空故能解生死之虛外無爲之場耳計天下蜫虫之數不可稱計人夲之在九州之内若毫末之在馬體十分之九豈可言哉故天地之性以人爲貴榮期所以自得於三樂達貴賤之分明也今更不復自頼於人類不醜惡於畜生以蒭水爲甘膳以覊絡爲非適安則爲之無所多難也

又諲云有無靈下經無靈下經妖怪之書耳非三墳五典訓誥之言也通才達儒所未究覽也三曾五祖之言又似解奏之文此殆不詰而虛妄自露矣今且聊復應之凡俗人常謂人死則滅無靈無鬼然則無靈則無天曹

無鬼則無所收也若子孫奉佛而乃追譴祖先祖先或是賢人君子平生之時未必與子孫同事而天曹便收伐之命顏舟之尸羅枉戮之痛仁慈祖考加虐毒於貴體此豈聰明正直之神乎若其非也則狐狢魍魎婬厲之鬼何能反制仁賢之靈而困禁戒之人乎以此爲誣鄙醜書矣

又誣云道人聚斂百姓大搆塔寺華飾奢侈靡費而無益云云

正曰夫教有深淺適時應物悉已備於首論矣請復伸之夫恭儉之心莫過堯舜而山龍華虫黼黻絺繡故傳曰錫鑾和鈴昭其聲也

三辰旌旗昭其明也五色比象昭其物也故王者之居必金門玉陛靈臺鳳闕將使異乎凡庶令貴賤有章也夫人情從所覩而興感故聞鼓鼙之音覩羽旄之象則思將帥之臣聽琴瑟之聲觀庠序之儀則思朝廷之臣遷地易觀則情貌俱變令悠悠之徒見形而不及道者莫不貴崇高而忽仄陋是以諸奉佛者仰慕遺跡思存髣髴故銘列圖像致其虔肅割捐珍玩以增崇靈廟故上士遊之則忘其蹄筌取諸遠味下士遊之則美其華藻玩其炳蔚先悅其耳目漸率以義方三塗汲引莫有遺逸猶器之取水隨量多少雖窮底無

當乃不受耳
又專誣以禍福爲佛所作可謂元不解矣聊復釋之夫吉凶之與善惡猶善惡之乘形聲自然而然不得相免也行之由己而理玄應耳佛與周孔但共明忠孝信順從之者吉背之者凶示其渡水之方則使資舟檝不能令步涉而得濟也其誨人之法救厄死之術亦猶神農唱粒食以充飢虛黄帝垂衣裳以禦寒暑若閉口而望飽裸袒以求温不能強與之也夫和鵲之所以稱良醫者以其應疾投藥不失其宜耳不責其令有不死之民也且扁鵲有云吾能令當生者不死不能令當死者

必生也若夫爲子則不孝爲臣則不忠乎守膏肓而不悟進良藥而不御而受禍臨死之日更多咎聖人深恨良醫非徒東走其勢投穽矣

又諺云沙門之在京洛者多矣而未曾聞能令主上延年益壽上不能調和陰陽使年豐民富消災却疫克靜禍亂云云下不能休粮絕粒呼吸清醇扶命度厄長生久視云云正曰不然莊周有云達命之情者不務命之所無柰何審期分之不可遷也若令性命可以智德求之者則發旦二子足令文父致千齡矣顏子死則稱天喪予惜之至也無以延之

耳且陰陽數度期運所當百六之極有時而臻故堯有滔天之洪湯有赤地之灾涿鹿有漂櫓之血坂泉有横野之屍何不坐而消之救其未然耶且夫熊經鳥曳導引吐納輟黍稷而御英蕊吸風露以代喉粮俟此而壽有待之倫也斯則有時可夭不能無窮者也

沙門之視松喬若未孩之兒耳方將抗志於二儀之表延祚於不死之鄉豈能屑心營近與消彭爭長哉難者苟欲騁餙非之辯立距諫之強言無節奏義無宮商嗟夫北里之亂雅思緑之奪黃也其餘噪之音曾無紀綱一遵先師不荅之章

又諺云漢末有笮融者合兵依徐州刺史陶謙謙使之督運而融先事佛遂斷盜官運以自利入大起佛寺云云行人悉與酒食云云後爲劉繇所攻見殺云云

正曰此難不待繩約而自縛也夫佛教率以慈仁不殺忠信不誑廉貞不盜爲首老子云兵者不祥之器逆者凶而融阻兵安忍結附殺逆犯殺一也受人使命取不報主犯欺二也斷割官物以自利入犯盜三也佛經云不以酒爲惠施而融縱之犯酒四也諸戒盡犯則動之死地矣譬猶吏人解印脫冠而横道肆暴五尺之童皆能制之矣笮氏不得其死

適足助明爲惡之獲殃耳

又諲云石崇奉佛亦至而不免族誅云云

荅曰石崇之爲人余所悉也憍盈躭酒放僭無度多藏厚斂不恤惸獨論才則有一割之利計德則盡無取焉雖託名事佛而了無禁戒即如世人貌清心穢色厲内荏口詠禹湯而行偶桀跖自貽伊禍又誰之咎乎

又諲云周仲智奉佛亦精進而竟復不蒙其福云云

正曰尋斯言似乎幸人之灾非通言也仲智雖有好道之意然意未受戒爲弟子也論其率情亮直具涉儁上自是可才而有强梁之

累未合道家嬰兒之旨矣以此而遇忌勝之
雄喪敗理耳縱如難者之言精進而遭害者
有矣此何異顏項夙夭夷叔餧死比干盡忠
而陷剖心之禍申生篤孝而致雉經之痛若
此之比不可勝言孔子云仁者壽義者昌而
復或有不免固知宿命之證至矣信矣又譬
云事佛之家樂死惡生屬纊待絶之日皆以
爲福禄之來無復哀慼之容云云
正曰難者得無隱心而居物不然何言之逆
乎夫佛經自謂得道者能玄同彼我渾齊脩
短涉生死之變泯然無槩步禍福之地而夷
心不恒樂天知命安時處順耳其未體之者

哀哉愼終之心乃所以增其篤也故有大悲
㢸誓之義讎人之喪猶如哀矜以德報怨不
念舊惡況乎骨肉之痛情隆自然者而可以
無哀慼之心者哉夫愛親者不敢惡於人恐
疇巳之深也逆情違道於斯見矣

弘明集卷第一　集

陶鑄桃注二音擅時扇反繫胡計反埏埴上詩然反下時力反峻
思潤反稸丑六反忿芳門反否皮美反詭過委反訛愚和反
鶡音曷皮可爲冠弱音若溺奴的反憤慨上房粉反下苦愛反暇音下
涓埃上俱玄反下音哀裨音卑瀛岱上音盈下音代褊必展反

第一卷

誣音無辟必亦反軻苦何反翟徒的反趾音止荆音京牧音目
笮音責彦魚箭反宍音肉秣音末攊音歷騁効上丑領反丨胡孝反
擾攘上汝小反下汝兩反鋭羊歲反篁音黄孕余證反脅虛業反
靡音美踰音俞廐音救匿尼力反頰古怙反妃音非偉無鬼反
跨苦化反歔欷上音虛下許既反珪音圭狐裘上音胡下音求衣
絺綌上去聲中丑知反下丘逆反謚音示緒音序怳惚上兄往反下音
忽蹈上音盜綩綖上紆阮反下音延頨音宇氂力之反絃音賢混胡本
反礫音歷潦音老阜音負跛必我反巔音顛涓俱玄反孺而注
反淵烏玄反麒麟音其隣囿音右仞音刃剖疋口反蚌蒲項
反枳棘上音只下紀力反鶵助于反肇音趙握於角反纖息廉
反析音昔窈煙曉反否比美反輿音余扭短字扁蒲犬反聃
土甘反殆音待諺魚箭反馲駞上音託下音陁瞳音同皐音高喙

凡反織僂呂主反膚音夫訕所晏反嚚音銀儔直留反攘臂
上而羊反下卑未反捽自沒反捐音緣聶尼輒反姬居之反剔他的
反拯蒸字上聲狹侯夾反綽昌約反媵孕音妾丨洋溢音亦羊
恬惔上徒添反下淡音爐呼交反淑音孰貿莫侯反箕音機䥈
音犯憲音獻縉紳音進申合用揞敦痝上都昆反下莫江反喆哲字泊延陌
延慼倉歷反桴音浮狄徒的反闇烏紺反闚傾弥反遅庭字
繑居小反羌苦良反瞽音古拏尼加反匃音蓋悖蒲沒反嫡
音的騁延政反鼎音頂寗奴定反叩苦候反溺古作尿字兢居陵
反紿音待斧音府閔音敏飄紕遥反湛宅減反侈昌尔反楹
音盈屢力具反僖羈羇上許之反下居宜反壺音胡貲子斯反嵩
息弓反悠音由祚才故反挾胡帖反屑先節反麟音隣曆俱闇
反慍烏運反橐籥上音託下音藥讖楚禁反緯音謂憚徒旦反

肴戶交反 鱠倶會反 聊音寮 爽霜兩反 馳騁上音持下丑領反

獵良輒反 組音阻 罍音雷 旍旗正作旌下音其 蕤而誰反 鞅於兩反

咲笑字 傅毅上音富下魚既反 鶱去乹反 訥奴骨反 薳瑗渠院

二音 澹怕上徒敢反下疋陌反 拊方武反 郢音影 氂力之反 豫沮

上音與去下子余反 垤田結反 敖吾高反 狐貉胡鶴二音 熅温字 操

七到反 蚉蝱上音文下莫庚反 犢音讀 掉徒弔反 奮方問反 蹀

躞上音牒下先怗反 隙丘逆反 杳煙曉反 襃博毛反 圻魚斤反

疹丑刃反 吁兄于反 握於角反 瓢觚上步遥反下音胡亦姑音 躡

尼輒反 耒郎對反 崑崙上音昆下音論 翳一計反 塊頃對反 喬

巨嬌反 僊仙字 籙音錄 恒胡登反 鞹苦郭反 紵音佇 啖音淡 悍

胡旦反 磁音慈 殞羽敏反 烹疋庚反 賁方未反 闢毗益反 匱

求位反 猗於離反又音奇 蔽必祭反 臧即郎反 訕所閒反 廋所愁

反駟音四馭音御邾音株塡音田谿音溪磐音盤浹子帖反跕
音隻桀紂上渠列反下直柳反鵄梟上尺之反下古堯反螻蟻上音樓下
語倚反蛙蟒上烏花反下毋朗反啜酢上尺悅反下七故反嚭疋彼反
肖音笑胥息徐反殂自胡反瞀音雞楹音盈菹醢上側单反下音
海窊烏瓜反膱音接蜘蟵上音知下音株罽羅上於貴反踧子六
反邍七旬反矇瞽上音蒙下音皷庂音側誣音無婪

郎含反恢苦回反莅音利綏音雖戈古和反舋許近反貶悲撿
反盟音明鉀音甲咀才占反譎音決刎武粉反詭過委反郵
音尤戮音六孑居列反蠲俱玄反淑音熟蕕音由虐魚卻反擢
苦角反眩音縣淆戶交反臧則郎反牧豎音目樹悛七全反
掘求勿反燼徐刃反埸音亦蜫音昆芻楚俱反羈覊居宜反
讁陟革反譴丘見反丨責也詰居昊反丨言也魍魎罔兩二音黼黻

上音甫下音弗錫鑾音羊鸞旂旗二音其陛音備鞞步迷反麾
許為反帥所類反筌七全反蔚音鬱裸玄瓦反扁蒲大反肓
音荒穽音淨醇音淳齡音靈滔土高反涿音卓漂櫓上足妙反下音
魯坂皮极反熊音雄曳羊逝反輟知劣反蘂汝水反夭於小
反抗口浪反噪蘇到反笮音責督音篤繇音摇愆去乹反沮
子呂反彀苦候反僭子念反恤思律反惸音瓊荏汝錦反桀

渠列反跖音隻雋俊字餧奴每反陷减字雉直至反纊苦況
泯免忍反槩古愛反讎音酬疇直流反

弘明集　第二
晋七十四
集二

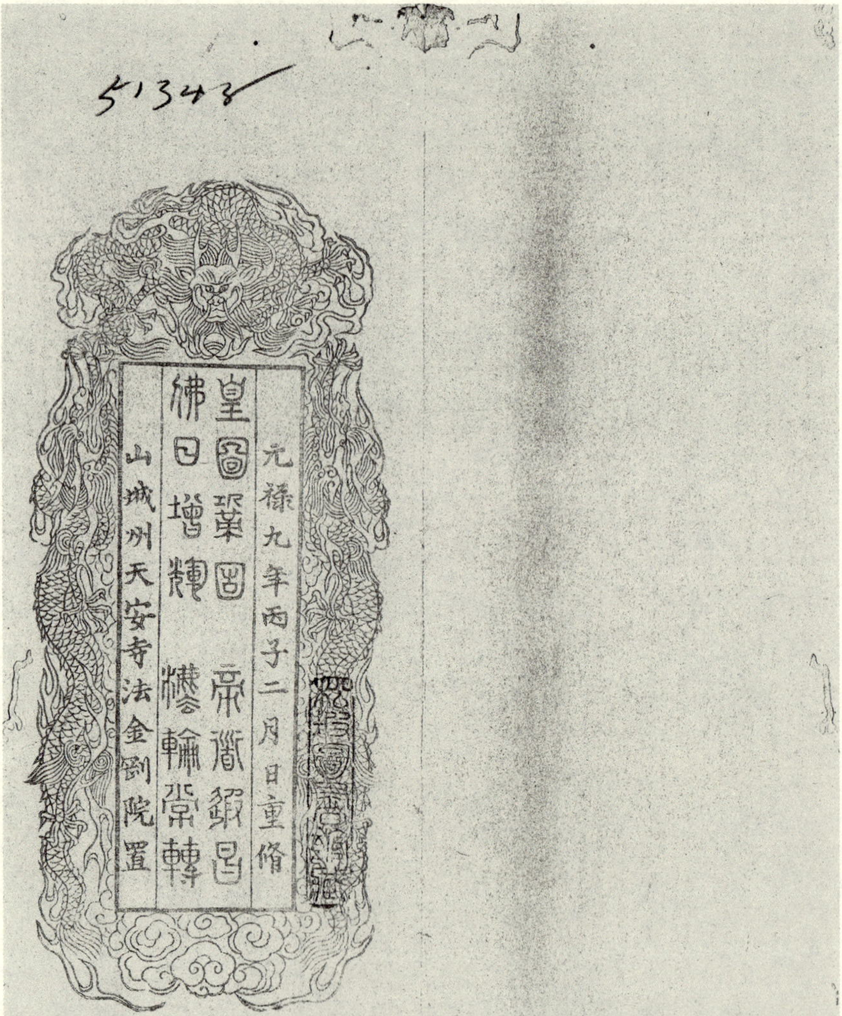
元祿九年丙子二月日重脩
皇圖鞏固 帝道遐昌
佛日增輝 法輪常轉
山城州天安寺法金剛院置

弘明集卷第二

梁釋僧祐撰

明佛論　一名神不滅論　弟子宗炳

夫道之至妙固風化宜尊而世多誕佛咸以我躬不閱遑恤于後萬里之事百年以外皆不以爲然況須弥之大佛國之偉精神不滅人可成佛心作萬有諸法皆空宿緣綿邈億劫乃報乎此皆英奇超洞理信事實黃華之聽豈納雲門之調哉世人又貴周孔書典自堯至漢九州華夏曾所弗暨殊域何感漢明何德而獨昭靈彩凡若此情又皆牽附先習不能曠以玄覽故至理匪遐而疑以自設悲

夫中國君子明於禮義而闇於知人心寧知佛心乎今世業近事謀之不臧猶興喪及之況精神作哉得焉則清昇無窮失矣則永墜無極可不臨深而求履薄而慮乎夫一局之弈形筭之淺而弈秋之心何嘗有得而乃欲率井蛙之見妄抑大猷至獨陷神於天穽之下不以甚乎今以浩昧之識燭幽冥之故既不能自覽鑒於所失何能獨明於所得唯當明精闇向推夫善道居然宜修以佛經為指南耳彼佛經也包五典之德深加遠大之實含老莊之虛而重增皆空之盡高言實理肅焉感神其映如日其清如風非聖誰說乎謹

推世之所見而會佛之理爲明論曰今會自
撫踵至頂以去陵虛心往而勿已則四方上
下皆無窮也生不獨造必傳所資仰追所傳
則無始也奕世相生而不已則亦無竟也是
身也既日用無垠之實親由無始而來又將
傳於無竟而去矣然則無量無邊之曠無始
無終之久人固相與陵之以自敷者也是以
居赤縣於八極曾不疑焉今布三千日月羅
万二千天下恒沙閡國界飛塵紀積劫普冥
化之所容俱眇末其未央何獨安我而疑彼
哉夫秋毫處滄海其懸猶有極也今綴彝倫
於太虛爲藐胡可言哉故世之所大道之所

小人之所遐天之所迹所謂軒轅之前遐哉邈矣者體天道以高覽蓋昨日之事耳書稱知遠不出唐虞春秋屬辭盡於王業禮樂之良敬詩易之温潔今於無窮之中焕三千日月以列照麗万二千天下以貞觀乃知周孔所述蓋於蠻觸之域應求治之麁感且寧乏

於一生之内耳逸乎生表者存而未論也若不然也何其篤於爲始形而略於爲神哉登蒙山而小魯登太山而小天下是其際矣且又墳典已逸俗儒所編專在治迹言有出於世表或散没於史策或絶滅於坑焚若老子莊周之道松喬列眞之術信可以洗心養身

而亦皆無取於六經而學者唯守救麁之闕
文以書禮爲限斷聞窮神積劫之遠化炫目
前而永忽不亦悲夫嗚呼有似行乎增雲之
下而不信日月者也今稱一陰一陽之謂道
陰陽不測之謂神者蓋謂至無爲道陰陽兩
渾故曰一陰一陽也自道而降便入精神常
有於陰陽之表非二儀所究故曰陰陽不測
耳君平之說一生二謂神明是也若此二句
皆以明無則以何明精神乎然群生之神其
極雖齊而隨緣遷流成麁妙之識而與本不
滅矣今雖舜生於瞽舜之神也必非瞽之所
生則商均之神又非舜之所育生育之前素

有麁妙矣既本立於未生之先則知不滅於
既死之後矣又不滅則不同愚聖則異知愚
聖生死不革不滅之分矣故云精神受形周
遍五道成壞天地不可稱數也夫以累瞳之
質誕于頑嚚均之身受體黃中愚聖天絕
何數以合乎豈非重華之靈始麁於在昔結
因往劫之先緣會万化之後哉今則獨絕其
神昔有接麁之累則練之所盡矣神之不滅
及緣會之理積習而聖三者鑒於此矣若使
形生則神生形死則神死則宜形殘神毀形
病神困據有腐則其身或屬纊臨盡而神意
平全者及自牖執手病之極矣而無變德行

之主斯殆不滅之驗也若必神生於形本非緣合今請遠取諸物然後近求諸身夫五岳四瀆謂無靈也則未可斷矣若許其神則岳唯積土之多瀆唯積水而已矣得一之靈何生水土之麁哉而感託巖流肅成一體設使山崩川竭必不與水土俱亡矣神非形作合而不滅人亦然矣神也者妙万物而爲言矣若資形以造隨形以滅則以形爲本何妙以言乎夫精神四達並流無極上際於天下盤於地聖之窮機賢之研微逮于宰賜莊嵇吴札子房之倫精用所之皆不疾不行坐徹宇宙而形之臭腐甘嗜所資皆與下愚同矣寧

當復禀之以生隨之以滅耶又宜思矣周公郊祀后稷宗祀文王世或謂空以孝即問談者何以了其必空則必無以了矣苟無以了則文稷之靈不可謂之滅矣齋三日必見所爲齋者寧可以常人之不見而斷周公之必不見哉嬴博之葬曰骨肉歸于土魂氣則無不之非滅之謂矣夫至治則天大乱滔天其要必神之爲也堯無理不照無欲不盡其神精也桀無惡不肆其神悖也桀非不知堯之善知己之惡惡己亡也體之所欲悖其神也而知堯惡亡之識常舍於神矣若使不居君位千歲勿死行惡則楚毒交至微善則少有所

寬寧當復不稍滅其惡漸修其善乎則向者神之所含知嵬之識必當少有所用矣又加千歲而勿己亦可以其欲都澄遂精其神如嵬者也夫辰月變則律吕動晦望交而蚌蛤應分至啓閉而鸞鳯龍虵飈焉出没者皆先之以冥化而後發於物類也凡厥群有同見陶於冥化矣何數事之獨然而万化之不盡然哉今所以殺人而死傷人而刑及爲縲紲之罪者及今則無罪與今有罪而同然者皆由冥縁前遘而人理後發矣夫幽顯一也疊遘於幽而醜發於顯既無怪矣行凶於顯而受毒於幽又何怪乎今以不滅之神含知嵬

之識幽顯於万世之中苦以創惡樂以誘善加有日月之宗垂光助照何緣不虛巳鑽仰一變至道乎自恐往劫之桀紂皆可除成將來之湯武況今風情之倫少而汎心於清流者乎由此觀之人可作佛其亦明矣夫生之起也皆由情兆今男女構精万物化生者皆精由情構矣情構於巳而則百衆神受身大似知情爲生本矣至若五帝三后雖超情窮神然無理不順苟昔緣所會亦必循俯入精化相與順生而數万族矣況今以情貫神一身死壞安得不復受一身生死無量乎識能澄不滅之本稟日損之學損之又損必至無

爲無欲欲情唯神獨照則無當於生矣無生
則無身無身而有神法身之謂也今黄帝虞
舜姬公孔父世之所仰而信者也觀其縱轡
外天龍潛鳥颺反風起禾絶粒絃歌亦皆由
窮神爲體故神功所應倜儻無方也今形絃
理雖外當其隨感起滅亦必有非人力所致
而至者河之出圖洛之出書蓂莢無栽而敷
玄珪不琢而成桑穀在庭倏然大拱忽尒以
三火流王屋而爲烏鼎之輕重大小皆翕欻
變化感靈而作斯實不思議之明類也夫以
法身之極靈感妙衆而化見照神功以朗物
復何奇不肆何變可限豈直御陵九天龍行

九泉吸風絶粒而已哉凡厥光儀符瑞之偉分身涌出移轉世界巨海入毛之類方之黃虞姬孔神化無方向者衆瑞之奄曖顯没旣出形而入神同惚怳而玄化何獨信此而抑彼哉冥覺法王清明卓朗信而有徵不違顔咫尺而昧者不知哀矣哉夫洪範庶徵休咎之應皆由心來逮白虹貫日太白入昴寒谷生黍崩城隕霜之類皆發自人情而遠形天事固相爲形影矣夫形無無影聲無無響亦情無無報矣豈直貫日隕霜之類哉皆莫不隨情曲應物無遁形但或結於身或播於事交賒紛綸顯昧渺漫聽覩其際哉衆變盈世

群象滿目皆万世已來精感之所集矣故佛經云一切諸法從意生形又云心爲法本心作天堂心作地獄義由此也是以清心潔情必妙生於英麗之境濁情滓行永悖於三塗之域何斯唱之迢遰微明有實理而直䟽魂沐想飛誠悚志者哉蹔然夫億等之情皆相緣成識識感成形其性實無也自有津悟已來孤聲豁然滅除心患未有斯之至也請又述而明之夫聖神玄照而無思營之識者由心與物絕唯神而已故虛明之本終始常住不可凋矣今心與物交不一於神雖以顏子之微微而必乾乾鑚仰好仁樂山庶乎屢空

皆心用乃識必用用妙接識識妙續如火之
炎炎相即而成爛耳今以悟空息心心用止
而情識歇則神明全矣則情識之構既新故
妙續則悉是不一之際豈常有哉使庖丁觀
之必不見全牛者矣佛經所謂變易離散之
法法識之性空夢幻影響泡沫水月豈不然
哉顏子知其如此故處有若無撫實若虛不
見有犯而不校也今觀顏子之屢虛則知其
有之實無矣況自茲已降喪眞弥遠雖復進
趍大道而與東走之疾同名狂者皆違理謬
感遁天妄行弥非眞有矣況又質味聲色復
是情僞之所影化乎且舟壑潛謝變速奔電

將來未至過去已滅見在不住瞬息之頃無一毫可據將欲何守而以爲有乎甚矣僞有之蔽神也今有明鏡於斯紛穢集之微則其照藹然積則其照朏然弥厚則照而昧矣質其本明故加穢猶照雖從藹至昧要隨鏡不滅以之辨物必隨穢弥失而過謬成焉人之神理有類於此僞有累神成精麁之識識附於神故雖死不滅漸之以空必將習漸至盡而窮本神矣泥洹之謂也是以至言雲富從而豁以空焉夫巖林希微風水爲虛盈懷而往猶有曠然況聖穆乎空以虛授人而不清心樂盡哉是以古之乘虛入道一沙一佛未

詳多也
或問曰神本至虚何故沾受万有而與之為
緣乎又本虚既均何故介為愚聖乎又既云
心作万有未有万有之時復何以累心使感
而生万有乎
答曰今神妙形麁而相與為用以妙緣麁則
知以虚緣有矣今愚者雖鄙要能處今識昔
在此憶彼皆有神功則練而可盡知其本均
虚矣心作万有備於前論據見觀實三者固
已信然矣但所以然者其來無始無始之始
豈有始乎亦玄之又玄矣莊周稱冉求問曰
未有天地可知乎仲尼曰古猶今也蓋謂雖

在無始之前仰尋先際初自茫渺猶今之冉求耳今神明始創及群生最先之祖都自杳漠非追想所及豈復學者通塞所預乎夫聖固凝廢感而後應耳非想所及即六合之外矣無以爲感故存而不論聖而弗論民何由悟今相與踐地戴天而存踐戴之外豈有紀極乎禹之弼成五服敷土不過九州者蓋道世路所及者耳至於大荒之表暘谷濛汜之際非復人理所預則神聖巳所不明矣況過此弥往渾瀚冥滓豈復議其邊陲哉今推所踐戴終至所不議故一體耳推今之神用求昔之所始終至於聖人之所存而不論者亦一理相

貫耳豈獨可議哉皆由冥緣隨宇宙而無窮
物情所感者有限故也夫衆心禀聖以成識
其猶衆目會日以爲見離朱察秋毫於百尋
者資其妙目假日而覩耳今布毫於千步之
外目力所匱無假以見而於察微避危無所
少矣何爲以千步所昧還疑百尋之毫乎今
不達緣本情感所匱無以會聖而知取至於
致道之津無所少矣何爲以緣始之昧還疑
旣明之化矣哉
或問曰今人云不解緣始故不得信佛此非
感耶聖人何以不爲明之
荅曰所謂感者抱升之分而理有未至要當

資聖以通此理之實感者也是以樂身滯有則明以苦空之義兼愛弗弘則示以投身之慈體非俱至而三乘設分業異修而六度明津梁之應無一不足可謂感而後應者也是以聞道靈鷲天人咸暢造極者蔚如也豈復遠疑緣始然後至哉理明訓足如說修行何所

不備而猶必不信終懷過疑於想所不及者與將隕之疾饋藥不服流矢通中忍痛不拔要求矢藥造構之始以致命絶夫何異哉皆由猜道自昔故未會無言致使今日在信妄疑耳豈可以爲實理之感哉非理妄疑之感固無以感聖而勉明矣夫非我求蒙蒙而求

我固宜虛已及身隨順玄化誠以信往然後
悟隨應來一悟所振終可遂至冥極守是妄
疑而不歸鑑斂衽者方將長淪惑網之災豈
有旦期背向一差升墜天絕可不慎乎
或問曰孔氏之訓無求生以害仁有殺身以
成仁仁之至也亦佛經說菩薩之行矣老子
明無爲無爲之至也即泥洹之極矣而曾不
稱其神通成佛豈孔老有所不盡與明道欲
以扇物而掩其致道之實乎無實之疑安得
不生
荅曰教化之發各指所應世蘄乎乱洙泗所
弘應治道也純風弥凋二篇乃作以息動也

若使顏冉宰賜尹喜莊周外讚儒玄之跡以
導世情所極內亶無生之學以精神理之求世
孰識哉至若冉季子游子夏子思孟軻林宗康
成蓋公嚴平班嗣楊王之流或分盡於禮教
或自畢於任逸而無欣於佛法皆其寡緣所
窮終無僭濫故孔老發音指導自斯之備感
向所曁故不復越叩過應儒以弘仁道在抑
動皆已撫教得崖莫匪介極矣雖慈良無為
與佛說通流而法身泥洹無與盡言故弗明
耳且凡稱無為而無不為者與夫法身無形
普入一切者豈不同致哉是以孔老如來雖
三訓殊路而習善共轍也

或問曰自三五以來暨乎孔老洗心佛法要
將有人而獻酬之跡曾不乍聞者何哉
荅曰余前論之旨已明俗儒而編專在治跡
言有出於世表或散沒於史策或絕滅於坑
焚今又重敷所懷夫三皇之書謂之三墳言
大道也尒時也孝慈天足豈復訓以仁義純
朴弗離若老莊者復何所扇若不明神本於
無生空衆性以照極者復以何道大道乎斯
文沒矣世孰識哉史遷之述五帝也皆云生
而神靈或弱而能言或自言其名懿淵跡通
其知如神旣以類夫大乘菩薩化見而生者
矣居軒轅之丘登崆峒陟凡岱幽陵蟠木之

遊逸跡超浪何以知其不由從如來之道哉以五帝之長世堯治百年舜則七十廣成大隗鴻崖巢許夸父比人姑射四子之流玄風畜積洋溢于時而五典餘類唯唐虞二篇而至寡開子長之記又謂百家之言黃帝文不雅訓縉紳難言唯採殺伐治跡猶万不記一

豈至道之盛不見于殘缺之篇便當皆虛妄哉今以神明之君遊浩然之世携七聖於具茨見神人於姑射一化之生復何足多談微言所精安知非窮神億劫之表哉廣成之言曰至道之精窈窈冥冥即首楞嚴三昧矣得吾道者上爲皇下爲王即亦隨化升降爲飛

行皇帝轉輪聖王之類也失吾道者上見光
下爲土亦生死於天人之界者矣感大隗之
風稱天師而退者亦十号之稱矣自恐無生
之化皆道深於若時業流於玄勝而事役振
古理隨文翳故百家所撫若曉而昧又縉紳
之儒不謂雅訓遂今徇世而不深于道者仗
史籍而抑至理從近情而忽遠化困精神於
永劫豈不痛哉伯益述山海天毒之國偎人
而愛人郭璞傳古謂天毒即天竺浮屠所興
偎愛之義亦如來大慈之訓矣固亦旣聞於
三五之世也國典弗傳不足疑矣凡三代之
下及孔老之際史策之外竟何可量孔之問

禮老爲言之關尹之求復爲明道設使二篇
或沒其言獨存於禮記後世何得不謂柱下
翁直是知禮老儒豈不體於玄風乎今百代
衆書飄蕩於存亡之後理無備在豈可斷以
所見絶獻酬於孔老哉東方朔對漢武劫燒
之説劉向列仙叙七十四人在佛經學者之
管窺於斯又非漢明而始也但馳神越世者
衆而顯結誠幽微者寡而隱故潛感之實不
揚於物耳道人澄公仁聖於石勒虎之世謂
虎曰臨淄城中有古阿育王寺處猶有形像
承露盤在深林巨樹之下入地二十丈虎使
者依圖陷求皆如言得近姚略叔父爲晉王

於河東蒲坂古老所謂阿育王寺處見有光
明鑿求得佛遺骨於石函銀匣之中光曜殊
常隨略迎覲於灞上比丘今見存寺由此
觀之有佛事於齊晉之地久矣哉所以不說
於三傳者亦猶干寶孫盛之史無語稱佛而
妙化實彰有晉而盛於江左也
或問曰若諸佛見存一切洞徹而威神之力
諸法自在何爲不曜光儀於當今使精麁同
其信悟灑神功於窮迫以拔冤枉之命而令
君子之流於佛無覲故同其不信俱陷闡提
之苦秦趙之衆一日之中白起項籍坑六十
万夫古今彝倫及諸受坑者誠不悉有宿緣

大善盡不覩無一緣而悉積大惡而不覩佛之悲一日俱坑之痛慭然畢同坐視窮酷而不應何以爲慈乎緣不傾天德不邈世則不能濟何以爲神力自在不可思議乎曾陽迴日耿恭飛泉宋九江虎遠江而蝗避境猶皆心力攢徹能使非道玄通況佛神力融起之氣治籍之心以活百万之命殊易夫納須弥於芥子甚仁於毀身乎一虎一鴿矣而今想焉而弗見告焉而弗聞請之而無救寂寥然與大空無別而於其中有作沙門而燒身者有絶人理而剪六情者有苦力役傾資寶而事廟像者頓奪其當年而不見其所得吁可

惜矣若謂應在將來者則向六十万命善惡不同而枉滅同矣命善惡雖異身後所當獨何得異見世殊品既一不蒙甄别將來浩蕩爲欲何望況復恐實無將來乎經云足指按地三千佛土皆見及盲聾瘖瘂牢獄毒痛皆得安寧夫佛遠近存亡有戒無戒等以慈焉此之有心宜見苦痛宜寧與彼一矣而經則使多是語實則竟無暫應安知非異國有命世逸辯者構此空法以脅異翼善交言有徵遠之情事有澄肅之美紕而易信者一已輸身遂相承於不測而勢無止薄乎荅曰今不覩其路故於夷謂險誠瞰其塗則不見所難矣

夫常無者道也唯佛則以神法道故德與道爲一神與道爲二二故有照以通化一故常因而無造夫万化者固各隨因緣自作於大道之中矣今所以稱佛云諸法自在不可思議者非曰爲可不由緣數越宿命而横濟也蓋衆生無量神功所導皆依崖曲暢其照不可思量耳譬之洪水四凶瞽頑象傲皆化之固然堯舜弗能易矣而必各依其崖降水流凶允若克諧其德豈不大哉夫佛也者非他也蓋聖人之道不盡於濟主之俗敷化於外生之世者耳至於因而不爲功自物成直堯之殊應者耳夫鍾律感類猶心玄會況夫靈

聖以神理爲類乎凡厥相與冥遘於佛國者皆其烈志清神積劫增明故能感詣洞徹致使釋迦發暉十方交映多寶涌見燈王入室豈佛之獨顯乎哉能見矣至若今之君子不生應供之運而域乎禹績之内皆其誠背于昔故會乖于今雖復清若夷齊貞如柳季所志苟殊復何由感而見佛乎況今之所謂或自斯已還雖復禮義熏身高名馥世而情深于人志不附道雖人之君子而實天之小人靈極之容復何由感映豈佛之偏隱哉我弗見矣若或有隨緣來生而六度之誠發自宿業感見獨朗亦當曇有其人然雖是俗比肩復

何由相知乎然則麁妙在我故見否殊應豈
可以已之不曜於光儀而疑佛不見存哉夫
天地有靈精神不滅明矣今秦趙之衆其神
與宇宙俱來成敗天地而不滅起藉二將豈
將頓滅六十万神哉神不可滅則所滅者身
也豈不皆如佛言常滅群生之身故其身受
滅而數會於起藉乎何以明之夫乾道變化
各正性命至于鷄豚犬羊之命皆乾坤六子
之所一也民之咀命充身暴同蛛蝥爲網矣
鷹虎非搏噬不生人可飯蔬而存則虐已甚
矣天道至公所布者命寧當許其虐命而抑
其冥應哉今六十万人雖當美惡殊品至於

忍咀群生恐不異也。美惡殊矣故其生之所
享固可實殊害生同矣故受害之日固亦可
同今道家之言世之所述無以云焉至若于
公邴吉虞怡德應于後嚴延年田蚡晉宣殺
報交驗皆書于魏漢世所信覩夫活人而慶
流子孫況精神爲殺活之主無殃慶於後身
乎殺活彼身必受報已身況通塞彼神而不
榮悴於己神乎延年所殺皆凡等小人竇嬰
王陵宰牧之豪賢不殊貴賤異其致報一也
報之所加不論豪賤將相晉王不二矣豈非
天道至平才與不才亦各其子理存性命不
在貴賤故耶。然則肫魚雖賤性命各正於乾

坤矣觀大鳥之迴翔小鳥之啁噍葛盧所聽之牛西己所感之鹿情愛各深於其類矣今有孕婦稚子於斯而有刳而剔之燔而炙之者則謂寃痛之狹上天所感矣今春獵胎孕燔蒩羔䳒亦天道之所一也豈得獨無報哉但今相與理緣於歃血之世畋漁非可頓絕

是以聖王庖廚其化蓋順民之殺以減其害踐庖聞聲則所不忍因豺獺以爲節疾非時之傷孕解罝而不網明含氣之命重矣孟軻繫掌於釁鍾知王德之去殺矣先王撫鹿救急故雖深其仁不得頓苦其禁如來窮神明極故均重五道之命去殺爲衆戒之首萍沙

見報於白兔釋氏受滅於昔魚以示報應之勢皆其窮寵精深迂而不昧矣若在往生能聞于道敬修法戒則必不墜長平而受坑焉服矣及在既墜信法能徹必超今難若緣疊先重難有前報及戒德後臻必不復見坑來身矣所謂灑神功於窮迫以拔寃枉之命者其道如斯慈之至矣今雖有世美而無道心犯害衆命以報就迫理之當也佛乘理居當而救物以法不蹈法則理無横濟豈佛無實乎譬之鶣鵲救疾以藥而不信不服疾之不瘳豈鵲不妙乎曾陽耿恭遠祖九江所以能迴日飛泉垂虎避德者皆以烈誠動乎神道

神道之感即佛之感也若在秦趙必不陷於
難矣則夫陷者皆已無誠何由致感於佛而
融冶起藉哉夫以通神之衆萃窮化之堂故
須弥可見於芥子之内耳又雖今則虎鴿昔
或爲人嘗有緣會故值佛嘉運投身濟之割
股代之茍無感可動以命償殺融冶之奇安
得妄作吹万之死感其自已而疑佛哉夫志
之篤也則想之而見告之斯聞矣推周孔交
夢傅說形求實至古今悠隔傅巖遐岨而玄
對無礙則可以信夫潔想西感覩無量壽佛
越境百億超至無功何云大空無別哉夫道
在練神不由存形是以沙門祝形燒身厲神

絶往神不可滅而能弃其往豈有負哉契闊
人理﨑嶇六情何獲于我而求累于神誠自
剪絶則口損所情實漸于道苦力策觀傾資
夐居未幾有之俄然身滅名實所收不出盗
跨構館栖神象淵然幽穆形從其微神隨之
遠微則應清遠則福妙盗跨與道孰爲優乎
頓奪其當年所以超升潛行協于神明福德
彰於後身豈能見其所得哉夫人事之動必
貫神道物無妄然要當有故而然矣若使幽
冥之報不如向論則六十萬命何理以坑乎
既以報坑必以報不坑矣今戰國之人眇若
安期幽若四皓龍顔而帝列地而君英聲茂

實不可稱數同在衆之數中獨何然乎豈不各是前報之所應乎既見福成於往行則今行無負於後身明矣見世殊品既宿命所甄則身後所當獨何容濫經之所奇自謂當佛化見之時皆由素有嘉會故其遇若彼今曾無覽應皆咎在無緣而反誣至法空搆嗚呼神鑒孔昭侮聖人之殃亦可畏也敢問空搆者將聖人與賢人與小人與夫聖無常心蓋就物之性化使遂耳若身死神滅但當一以儒訓盡其生極復何事哉而誑以不滅欺以成佛使燒祝毀膚絕其胖合所過苗裔數不可量且夫彥聖育無常所或潛有塞矣空搆

何利而其毒大甚知非聖賢之爲矣若人哉
樊須之流也則亦殺身周孔畏懼異端敢妄
作哉甚自兹已降則不肖之倫也又安能立
家九流之外增徽老莊之表而照列於千載
之後龍樹提婆馬鳴迦旃延法勝山賢達摩
多羅之倫曠載五百仰述道訓大智中百論

阿毗曇之類皆神通之才也近孫綽所頌者
域健陁勒等八賢支道林像而讚者竺法護
于法蘭道邃闞公則皆神映中華中朝竺法
行時人比之樂令江左尸梨蜜羣公高其卓
朗郭文舉廓然遂允而所奉唯佛凡自龍樹
以達寧皆失身於向所謂不肖者之詭乎然

則黃面夫子之事豈不明明也哉今影骨齒鬚遺器餘武猶光于本國此亦通之證也夫殊域之性多有精察黠才而嗜欲類深皆以厥祖身立佛前累華親傳世柢其實影跡遺事昭化融顯故其囊王則傾國舉戒四衆苦徹死而無悔苦理之詭曖事不實奇亦豈肯傾巳破欲以尊無形者乎若影物無實聲出來往則古今來者何爲苦身離欲若是之至往而反者宜其沮懈而類皆更篤乎粗可察矣

論曰夫自古所以不顯治道者將存其生也而苦由生來昧者不知矣故諸佛悟之以苦導以無生無生不可頓體而引以生之善惡

同善報而弥升則朗然之盡可階焉是以其道浩若滄海小無不津大無不通雖邈與務治存生者反而亦固陶潛五典勸佐禮教焉今世之所以慢禍福於天道者類若史遷感伯夷而慨者也夫孔聖豈妄說也哉稱積善餘慶積惡餘殃而顏冉夭疾厥胤蔑聞商臣考終而莊則賢霸凡若此類皆理不可通然理豈有無通者乎則納慶後身受殃三塗之說不得不信矣雖形有存亡而精神必應與見世而報夫何異哉但因緣有先後故對至有遲速猶一生禍福之早晚者耳然則孔氏之訓資釋氏而通可不曰玄極不易之道哉

夫人理飄紛存没若幻籠以百年命之孩老無不盡矣雖復黄髮鮐背猶自覺所經俄頃況其短者乎且時則無止運則無窮既往積劫無數無邊皆一瞬一閱以及今耳今積瞬以至百年曾何難及而又鮮克半焉夫物之媚於朝露之身者類無清遐之實矣何爲甘臭腐於漏刻以枉長存之神而不自踈於遐遠之風哉雖復名法佐世之家亦何獨無分於大道但宛轉人域囂于世路故唯覺人道爲盛而神想蔑如耳若使迴身中荒升岳遐覽妙觀天宇澄肅之曠日月照洞之奇寧無列聖威靈尊嚴乎其中而唯離人羣忿忿世務

而已哉固將懷遠以開神道之想感寂以昭明靈之應矣昔仲尼修五經於曾以化天下及其眇邈太蒙之巔而天下與曾俱小豈非神合於八遐故超於一世哉然則五經之作蓋於俄頃之間應其所小者耳世又何得以格佛法而不信哉請問今之不信爲謂黔首之外都無神明耶爲之亦謂有之而直無佛乎若都無神明唯人而已則誰命玄鳥降而生商孰遺巨跡感而生棄哉漢魏晉宋咸有瑞命知視聽之表神道炳焉有神理必有妙極得一以靈非佛而何夫神也者依方玄應不應不預存從實致化何患不盡豈須詭物而

後訓乎然則其法之實其教之信不容疑矣論曰羣生皆以精神爲主故於玄極之靈感有理以感堯則遠矣而百獸儛德豈非感哉則佛爲万感之宗焉日月海岳猶有朝夕之禮秩望之義況佛之道衆高者窮神於生表中者受身於妙生下則免夫三趣乎今世教所弘致治於一生之内夫玄至者寡順世者衆何嘗不相與唯習世情而謂死則神滅乎是以不務邈志清遐而多循情寸陰故君子之道鮮焉若鑒以佛法則厥身非我蓋一憩逆旅耳精神乃我身也廓長存而無已上德者其德之暢於已也無窮中之爲美徐將清

升以至盡下而惡者方有自新之迴路可補過而上遷是以自古精麤之中潔已懷遠枟行於今以擬來業而邁至德者不可勝數是佛法之效矣此皆世之所壅佛之所開其於類豈不曠然融朗妙有通塗哉若之何忽而不奉乎夫風經炎則暄吹林必涼清水激濁澄石必明神用得喪亦存所託今不信佛法非分之必然蓋處意則然誠試避心世物移映清微則佛理可明事皆信矣可不妙處其意乎資此明信已往終將克王神道百世先業皆可幽明永濟孝之大矣衆生沾仁慈之至矣凝神獨妙道之極矣洞朗無礙明之盡

矣發軫常人之心首路得轍縱可多歷劫數終必逕集玄極若是之奇也等是人也背轍失路蹭蹬長往而永没九地可不悲乎若不然也世何故忽生懿聖復育愚鄙上則諸佛下則蜎飛蠕動乎皆精神失得之勢也今人以血身七尺死老數紀之内旣夜消其半矣喪疾衆故又苦其半生之美盛榮樂得志蓋亦何幾而壯齒不居榮必懼辱樂實連憂亦無全泰而皆競入流俗之險路諱陟佛法之曠塗何如其智也世之以不達緣本而悶於佛理者誠亦衆矣夫緣起浩汗非復追想所及失得所關無理以感即六合之外故佛而

不論已具前論

論請復循環而伸之夫聖人之作易天之垂象吉凶治亂其占可知然原其所以然之狀聖所弗明則莫之能知今以所莫知廢其可知逆占違天而動豈有不亡者乎不可以緣始弗明而背佛法亦猶此也又以不憶前身之意謂神不素存夫人在胎孕至于孩齔不得謂無精神矣同一生之内耳以今思之猶冥然莫憶況經生死歷異身昔憶安得不亡乎所憶亡矣而無害神之常存則不違緣始何妨其理常明乎子路問死子曰未知生安知死問事鬼神則曰未知事人焉知事鬼豈

不以由也盡於好勇篤於事君固宜應以一
生之內至於生死鬼神之本雖曰有問非其
實理之感故性與天道不可得聞佛家之說
衆生有邊無邊之類十四問一切智者皆置
而不荅誠以荅之無利益則墮惡邪然則稟
聖奉佛之道固宜謝其所絕貪其所應如渴
者飲河挹洪流以盈已豈須窮源於崐山哉
凡在佛法若違天硋理不可得然則疑之可
也今無不可得然之硋而有順天淸神之實
豈不誠然哉夫人之生也與憂俱生患禍發
於時事灾沴奮於冥昧雖復邪貴連雲擁徒
百万初自獨以形神坐待無常家人熇熇婦

子嬉嬉俄復淪爲怱恍人理曾何足恃是以過隟宜競賒謗冥化縱欲俊害神旣無滅求滅不得復當乘罪受身令之無賴羣生蚩豸万等皆𣪊鑒也爲之謀者唯有委誠信佛託心履戒以援精神生蒙靈援死則淸升淸升無巳遷將作佛佛固言佘而人侮之何以斷人之勝佛乎其不勝也當不下墜彼惡永受其劇乎嗚呼六極苦毒而生者所以世無巳也所聞所見精進而死者臨盡類多神意安定有危迫者一心稱觀世音略無不蒙濟皆向所謂生蒙靈援死則淸升之符也夫万乘之主千乘之君日昃不遑食兆民賴之於一

化内耳何以增茂其神而王万化乎今依周
孔以養民味佛法以養神則生爲明后没爲
明神而常王矣如來豈欺我哉非崇塔僾像
容養濫吹之僧以傷財害民之謂也物之不
窺遠實而覩近弊將擴以詬法矣蓋尊其道
信其教悟無常空色有慈心整化不以尊豪輕
絶物命不使不肖竊假非服豈非導之以德
齊之以禮天下歸仁之盛乎其在容與之位
及野澤之身何所足惜而不自濟其精神哉
昔遠和上澄業廬山余往憩五旬高絜貞厲
理學精妙固遠流也其師安法師靈德自奇
微遇比丘並含清眞皆其相與素洽乎道而

後孤立於山是以神明之化遂于巖林驟與余言於崖樹澗壑之間曖然乎有自言表而肅人者凡若斯論亦和上據經之旨云尒夫善即者因鳥跡以書契窮神與人之頌緹縈一言而覇業用遂肉刑永除事固有俄尒微感而終至沖天者今無陋鄙言以警其所惑奄然身没安知不以之超登哉

弘明集卷第二　　集

闋音悦恤思律反偉羽鬼反邈眉角反暨音既弈音亦蛙烏瓜反穽音淨踵之勇反渺美小反綴知衛反彝音夷藐眉角反轅音圓鑾盧官反炫玄犬反罵音線牖音有麩音芳嗜音視禝音即

蛤上步項反下古合反颯蘇雜反縲紲上力追反下音薛舋許近反鐟

子官反汎芳犯反媼居之反纞音秘潛自鹽反颺音羊倜他的

反葜古帖反琢音卓倏音叔翕歘上許及反下許勿反曖音愛佉

咎上休字下音舅虹音紅昴音卯隕羽敏反漫莫管反滓側史反

迢邋調第二音庖步交反窒呼各反瞬詩閏反藹於蓋反胐

方尾反又普對反汜音似陲音垂蔚音鬱饋求位反矢音始猜七才

反衽汝審反蘄音期洙音殊豎其既反叩音口崆峒音空同

几居以反岱代字蟠音盤隗五每反夸音誇溢音亦闢毗益

反縉紳音進中合用搢茨疾咨反窮煙曉反摭音隻殉詞閏反隈

馬回反菑側思反匣音合闡昌演反彝音夷慭魚鎮反酷苦篤

反耿更字蟥音皇甄居延反脅虛業反瞰苦濫反績子歷反

馥音伏彘直世反咀才呂反蛛蟱音誅無搏噬上音博下音逝

邴丙字蚡房粉反竇音豆肫徒困反啁噍上竹由反下子消反刳
音枯剃他弟反燔音煩菹側魚反鶵助俱反豺獺上音柴下他達
反罝音嗟釁許近反窕徒了反迂音紆瘳音抽萃才遂反股
音古償音常岨音阻硋礙字祝呪字契苦結反崎去奇反夐兄政
反跨苦化反羿魚計反殼古候反誣音無胖音判遏烏葛反
裔而逝反彥魚箭反樊音煩綽昌約反邃私遂反兀吾骨反

詑乇嫁反黠閑八反嗜音視詭俱委反沮才呂反浩胡道反
慨苦愛反胤羊鎮反蔑莫結反眒尸刃反婉紆阮反囂許嬌
反黔巨兼反袠遲一反憩去例反旅音呂壅紆拱反蹭蹬
上七鄧反下音鄧蜎烏玄反蠕音軟齠音條挹音邑崑音昆洓音側
熇呼各反嬉許之反隙丘逆反侈昌尒反豸直尒反援音院
侮音武昃音側詬許后反耻也給合學

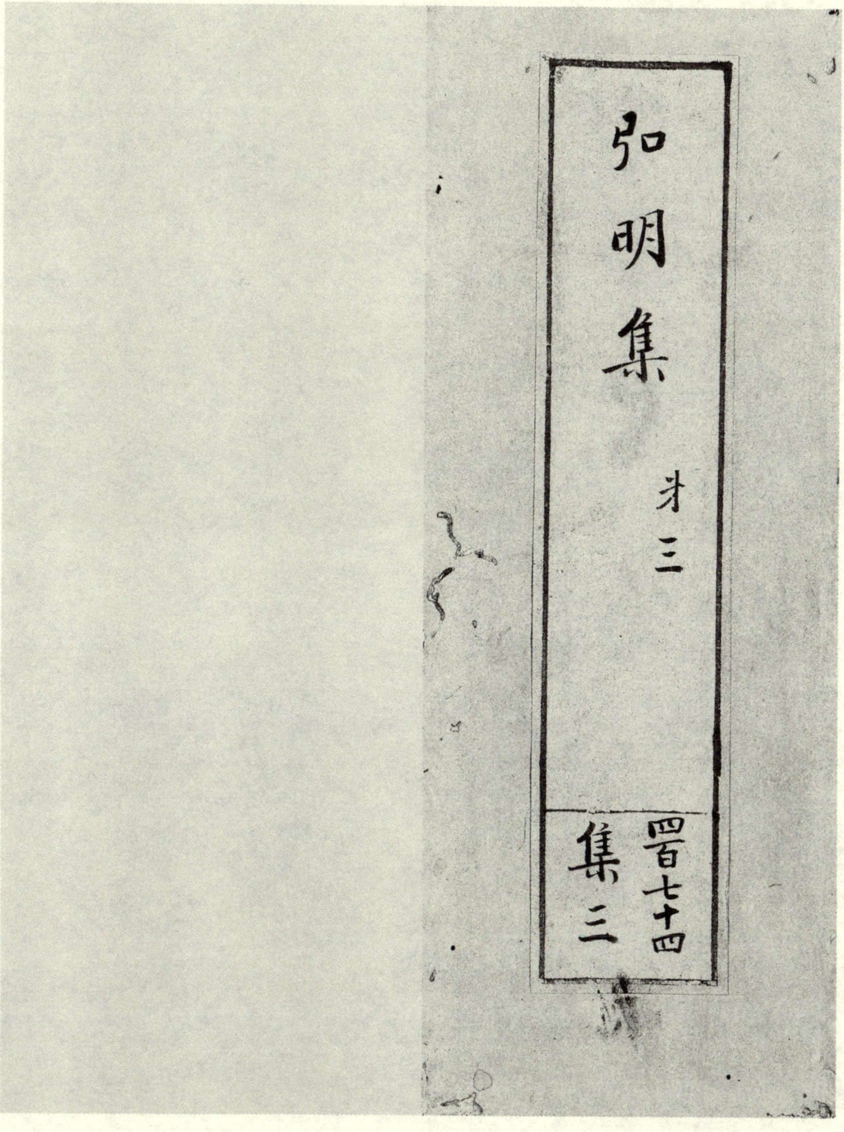
弘明集
才三
四百七十四
集三

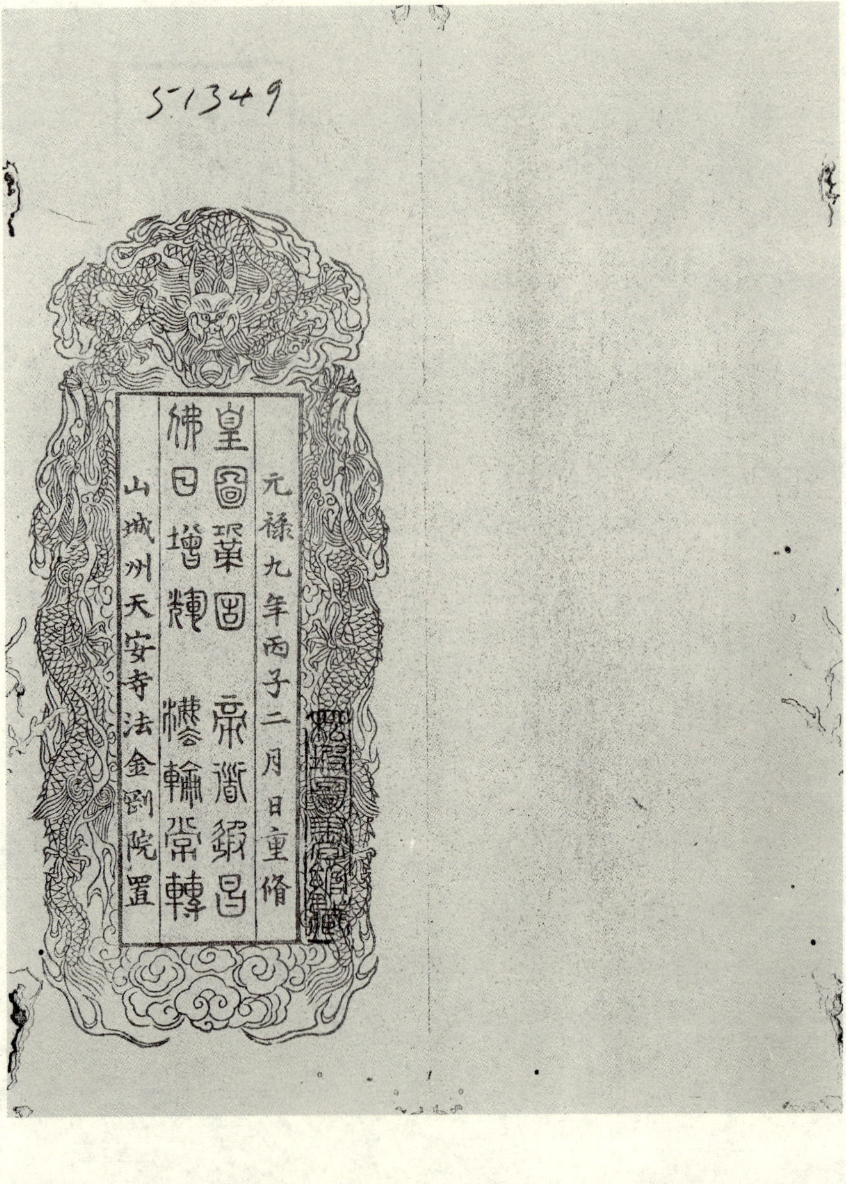
元祿九年丙子二月日重脩
皇圖鞏固　帝道遐昌
佛日增輝　法輪常轉
山城州天安寺法金剛院置

弘明集卷第三

梁釋僧祐撰

孫綽喻道論

宗居士炳荅何承天書難白黒論

孫綽喻道論

或有疑至道者喻之曰夫六合遐邈庶類殷充千變万化渾然無端是以有方之識各期所見鱗介之物不達皐壤之事毛羽之族不識流浪之勢自得於窗井者則怯遊溟之量翻翥於數仞者則疑沖天之力纏束世教之内肆觀周孔之跡謂至德窮於堯舜微言盡乎老易焉復覩夫方外之妙趣寰中之玄照

乎悲夫章甫之委祼俗韶夏之棄鄙俚至眞
絶於漫習大道廢於曲士也若窮迷而不遷
者非辥喻之所感試明其旨庶乎有悟於其
闇者焉
夫佛也者體道者也道也者導物者也應感
順通無爲而無不爲者也無爲故虛寂自然
無不爲故神化万物万物之求卑高不同故
訓致之術或精或麄悟上識則舉其宗本不
順者復殃放酒者羅刑婬爲大罰盜者抵罪
三辟五形犯則無赦此王者之常制宰牧之
所司也若聖王御世百司明達則向之罪人
必見窮測無逃形之地矣使姦惡者不得容

其私則國無違民而賢善之流必見旌敘矣且君明臣公世清理治猶能令善惡得所曲直不濫況神明所莅無遠近幽深聰明正直罰惡祐善者哉故毫氂之功錙銖之釁報應之期不可得而差矣歷觀古今禍福之證皆有由緣載籍昭然豈可掩哉何者陰謀之門子孫不昌三世之將道家明忌斯非兵凶戰危積殺之所致耶若夫魏顆從始而致結草之報子都守信而受驄驥之錫齊襄委罪故有墜車之禍晉惠棄礼故有弊韓之困斯皆死者報生之驗也至於宣孟愍翳桑之飢漂母哀淮陰之僓並以一餐拯其懸餒而趙蒙

倒戈之祐毋苟千金之賞斯一獲萬報不蹶
世政立德闇昧之中而慶彰萬物之上陰行
陽曜自然之韜譬猶灑粒於上壤而納百倍
之收地穀無情於人而自然之利至也
或難曰報應之事誠皆有徵則周孔之教何
不去殺而少正卯刑二叔伏誅耶
答曰客可謂達教聲而不体教情者也謂聖
人有殺心乎曰無也答曰子誠知其無心於
殺殺政百姓之心耳夫時移世異物有薄淳
結繩之前陶然太和暨于唐虞礼法始興爰
逮三代刑網滋彰刀斧雖嚴而猶不懲至于
君臣相滅父子相害吞噬之甚過於豺虎聖

由仁

人知人情之固於殺不可一朝而息故漸撫
以求厥中猶蝮蛇螫足斬之以全身癰疽附
体決之以救命亡一以存十亦輕重之所權
故刑依秋冬所以順時殺春蒐夏苗所以簡
胎乳三驅之禮禽來則韜弓聞聲覩生肉至則
不食釣而不綱弋不射宿其於蜫虫每加隱
惻至於議獄緩死眚災肆赦刑疑從輕寧失
有罪流涕援鉞哀矜勿喜生育之恩篤矣仁
愛之道盡矣所謂為而不恃長而不宰德被
而功不在我日用而萬物不知舉茲以求足
以悟其歸矣
難曰周孔適時而教佛欲頓去之將何以懲

暴止姦統理群生者哉
荅曰不然周孔即佛佛即周孔蓋外内名之耳故在皇爲皇在王爲王佛者梵語晉訓覺也覺之爲義悟物之謂猶孟軻以聖人爲先覺其旨一也應世軌物蓋亦隨時周孔救極弊佛教明其本耳共爲首尾其致不殊即如外聖有深淺之跡堯舜世夷故二后高讓湯武時難故兩君揮戈淵默之與赫斯其跡則胡越然其所以跡者何常有際哉故逆尋者每見其二順通者無往不一

或難曰周孔之教以孝爲首孝德之至百行之本本立道生通于神明故子之事親生則

致其養没則奉其祀三千之責莫大無後體之父母不敢夷毁是以樂正傷足終身含愧也而沙門之道委離所生棄親即跡刓剃鬚髮殘其天貌生廢色養終絶血食骨肉之親等之行路背理傷情莫此之甚而云弘道敷仁廣濟群生斯何異斬刈根本而修枝幹而言不殞碩茂未之聞見皮之不存毛將安附此大乖於世教子將何以祛之

荅曰此誠窮俗之所甚惑倒見之爲大謬諮嗟而不能默已者也夫父子一體惟命同之故母疾其指兒心懸駭者同氣之感也其同無間矣故唯得其歡心孝之盡也父隆則子

貴子貴則父尊故孝之爲貴貴能立身行道永光厥親若匍匐懷袖日御三牲而不能令万物尊己舉世我賴以之養親其榮近矣夫緣督以爲經守柔以爲常形名兩絶親我交忘養親之道也旣已明其宗且復爲客言其次者夫忠孝名不並立潁叔違君書稱純孝石碏戮子武節乃全傳曰子之能仕父教之忠策名委質二乃辟也然則結纓公朝者子道廢矣何則見危授命誓不顧親皆名注史筆事標教首記注者豈復以不孝爲罪故諺曰求忠臣必於孝子之門明其雖小違於此而大順於彼矣且鯀放遐裔而禹不告退若

令委堯命以尋父屈至公於私感斯一介之
小善非大者遠者矣周之泰伯遠棄骨肉託
跡殊域祝髮文身存亡不反而論稱至德書
著大賢誠以其忽南面之尊保沖虛之貴三
讓之功遠而毀傷之過微也故能大革夷俗
流風垂訓夷齊同餓首陽之上不恤孤竹之
胤仲尼目之爲仁賢評當者寧復可言悖德
乎梁之高行毀容守節宋之伯姬順理忘生
並名冠烈婦德範諸姬秉二婦之倫免愚悖
之譏耳卒此以談在乎所守之輕重可知也
昔佛爲太子棄國學道欲全形以遁恐不
免維縶故釋其鬚髮變其章服既外示不反

内修簡易於是捨華殿而即曠林解龍衮以
衣鹿裘遂垂條爲宇藉草爲茵去櫛梳之勞
息湯沐之煩頓馳騖之轡塞欲動之門目遏
玄黄耳絶淫聲口忘甘苦意放休戚心去於
累匈中抱一載乎營鼻内思安般一數二隨
三止四觀五還六淨遊志三四出入十二門
禪定拱默山停淵淡神若寒灰形猶枯木端
坐六年道成號佛三達六通正覺無上雅身
丈六金色焜曜光遏日月聲協八風相三十
二好姿八十形偉群有神足無方於是遊步
三界之表恣化無窮之境迴天儛地飛山結
流存亡倏忽神變綿邈意之所指無往不通

大範群邪遷之正路衆魔小道靡不遵服于
斯時也天清地潤品物咸亨蠢蠕之生浸毓
靈液枯槁之類改瘁爲榮還照本國廣敷法
音父王感悟亦昇道場以此榮親何孝如之
於是後進篤志之士被服弘訓思齊高軌皆
由父老不異所尚承歡心而後動耳若有昆
弟之親者則服養不廢既得弘修大業而恩
紀不替且令逝没者得福報以生天不復顧
歆於世祀斯豈非兼善大通之道乎夫東隣
宰牛西隣禴祀殷美黍稷周尚明德興喪之
期於茲著矣佛有十二部經其四部專以勸
孝爲事殷懃之旨可謂至矣而俗人不詳其

源流未涉其場肆便瞽言妄說輒生攻難以螢燭之見疑三光之盛芒隙之滴怪淵海之量以誣罔爲辨以果敢爲名可謂狎大人而侮天命者也

宗居士炳荅何承天書難白黑論

何與宗書

近得賢從中郎書說足下勤西方法事賢者志其大豈以万劫爲奢但恨短生無以測冥靈耳治城慧琳道人作白黑論乃爲衆僧所排擯賴蒙值明主善救得免波羅夷耳既作此立乃不應明此白徒亦何爲不言足下試尋二家誰爲長者吾甚昧然望有以佳悟何

承天白

宗荅何書

所送琳道人白黑論辝清致美但吾闇於照理猶未達其意旣云幽冥之理不盡於人事周孔疑而不辨釋氏辨而不實然則人事之表幽闇之理爲取廓然唯空爲猶有神明耶若廓然唯空衆聖莊老何故皆云有神若有神明復何以斷其不實如佛言今相與共在常人之域料度近事猶多差錯以陷患禍及博弈麁藝注意研之或謂生更死謂死實生近事之中都未見有常得而無喪者何以決斷天地之外億劫之表冥冥之中必謂所辨

不實耶若推據事不容得實則疑之可也今人形至麁人神實妙以形從神豈得齊終心之所感崩城隕霜白虹貫日太白入昴氣禁之醫心作水火冷暖輒應況今以至明之智至精之志專誠妙徹感以受身更生於七寶之土何爲不可實哉又云析毫空樹無傷垂蔭之茂推材虛室無損輪煥之美貝錦以繁采發華和羹以鹽梅致旨以塞本無之教又不然矣佛經所謂本無者非謂衆縁和合者皆空也垂蔭輪煥處物自可有耳故謂之有諦性本無矣故謂之無諦吾雖不悉佛理謂此唱居然甚矣自古千變万化之有俄然皆

已空矣當其盛有之時豈不常有也必空之實故俄而得以空耶亦如惠子所謂物方生方死日方中方睨死睨之實恒預明於未生未中之前矣愚者不覩其理唯見其有故齊侯攝奭鳩之餘僞而泣戀其樂賢者心與理一故顏子庶乎屢空有若無實若虛也自顏已下則各隨深淺而味其虛矣若又踰下縱不能自清於至言以傾愛競之惑亦何常無髣髴於一毫豈當反以一火增寒而更令戀嗜好之欲乎乃云明無常增渴癃之情陳苦僞篤竟辰之慮其言過矣又以舟壑塘駟之論已盈耳於中國非理之奧故不舉爲教本

謂剖析此理更由指掌之民夫舟壑潛謝佛經所謂見在不住矣誠能明之則物我常虚豈非理之奥耶蓋悟之者寡故不以爲教本耳支公所謂未與佛同也何爲以素聞於中國而蔑其至言哉又以效神光無徑寸之明驗靈變無纖芥之實徒稱無量之壽孰見期頤之叟諸若此類皆謂於事不符夫神光靈變及無量之壽皆由誠信幽奇故將生乎佛土親映光明其壽無量耳今設於邪見慢誕靈化理固天隔當何由覩其事之符乎夫心不貪欲爲十善之本故能俯絶地獄仰生天堂即亦服義蹈道理端心者矣今内懷虔仰

故禮拜悔罪達夫無常故情無所吝委妻子
而爲施豈有邀於百倍復何得乃云不由恭
肅之意不乘無吝之情乎泥洹以無樂爲樂
法身以無身爲身若本不希擬亦可爲增躭逸
之慮肇好奇之心若誠餐仰則躭逸稍除而
獲利於無利矣又何關利覺之俗乎又云道
在無欲而以有欲要之俯仰之間非利不動
何誣佛之深哉夫佛家大趣自以八苦皆由
欲來明言十二因緣使高妙之流朗神明於
無生耳欲此道者可謂有欲於無欲矣至於
啓導麁近天堂地獄皆有影響之實亦由于
公以仁活招封嚴氏以好殺致誅畏誅而欲

封者必舍殺而修仁矣厲妙行以希天堂謹五戒以遠地獄雖有欲於可欲實踐日損之清塗此亦西行而求郢何患其不至哉又嫌丹青眩媚采之目土木誇好壯之心成私樹之權結師黨之勢要厲精之譽肆陵競之志固黒蝗之醜或可謂作法於涼其弊猶貪耳向得乃慢佛云作法於貪耶王莽竊六經以篡帝位秦皇因朝覲而構阿房寧可復罪先王之禮發哉又云宜廢顯晦之跡存其所要之旨示來生者蔽虧於道釋不得已請問其旨爲欲何要必欲使修利遷善以遂其性矣夫聖無常心就万物以爲心耳若身死神滅是

物之眞性但當即其必滅之性與周孔并力
致教使物無稟則遷善之實豈不絶乎何詎
以不滅欺以佛理使燒祝髮膚絶其胖合所
過苗裔數不可量爲害若是以傷盡性之美
釋氏何爲其不得已乎若不信之流亦不肯
修利而遷善矣夫信者則必耆域揵陁勒夷
陁蜜竺法乘帛法祖竺法護于法蘭竺法行
于道邃闕公則佛圖澄尸梨蜜郭文舉釋道
安支遁琳遠和尚之倫矣神理風操似殊不
在琳比丘之後寧當妄有毀人理落簪於不
實人之化哉皆靈奇之實引綿邈之心以成
神通清眞之業耳足下籍其不信遠送此論

且世之疑者咸亦妙之故自力白答以塵露衆情夫世之然否佛法都是人興喪所大何得相與共處以可否之間吾故罄其愚思制明佛論以自獻所懷始成已令人書寫不及此信晚更遣信可聞當付往也宗炳白

釋均善難

何承天前送均善論并諮求雅旨來答周至及以爲兹理興喪宜明不可但處以可否之間吾雖不能一切依附亦不甚執偏見但求夜光於巨海正自未得耳以爲佛經者善九流之別家雜以道墨慈悲愛施與中國不異大人君子仁爲己任心無億必且以形像彩

飾將諧常人耳目其爲縻損尚微其所弘益
或著是以兼而存之至于好事者遂以爲超
孔越老唯此爲貴斯未能求立言之本而眩
惑於未說者也知其言者當俟忘言之人若
唯取信天堂地獄之應因緣不滅之驗抑情
菲食盡懃禮拜庶幾蔭羅帳之蓋升弥鐙之
坐淳于生所以大誂也論云衆聖老莊皆云
有神明復何以斷其不如佛言荅曰明有禮
樂幽有鬼神聖王所以爲教初不昧其有也
若果有來生報應周孔寧當緘默而無片言
耶若夫嬰兒之臨坑凡人爲之駭怛聖者豈
獨不仁哉又云人形至麁人神實妙以形從

神豈得齊終荅曰形神相資古人譬以薪火薪弊火微薪盡火滅雖有其妙豈能獨傳又云心之所感崩城隕霜白虹貫日太白入昴氣禁之醫冷暖輒應專誠妙感以受身更生七寶之土何爲不可哉

荅曰崩城隕霜貫日入昴不明來生之譬非今論所宜引也又見水火之禁冀其能生七寶之鄉猶觀大冶銷金冀其能自陶鑄終不能亦可知也又曰有諦無諦此唱居然甚安自古千變万化有俄然皆已空矣當其盛有之時豈不常有必空之實愚者不知其理唯見其有荅曰如論云當其盛有之時已有必

空之實然則即物常空空物爲一矣今空有
未殊而賢愚異稱何哉昔之所謂道者於形
爲無形於事爲無事恬漠沖粹養智怡神豈
獨愛欲未除宿緣是畏唯見其有豈復是過
以此嗤齊侯猶五十步笑百步耳又云舟壑
潛謝佛經所謂見在不住誠能明之則物我

常虛答曰潛謝不住豈非自生入死自有入
無之謂乎故其言曰有駭形而無損心有旦
宅而無憤死賈生亦云化爲異物又何足患
此達乎死生之變者也而區區去就在生慮
死心繫無量志生天堂吾黨之常虛異於是
焉又云神光靈變及無量之壽皆由誠信幽

奇故映其明今没於邪見理固天隔荅曰今
亦不從慢化者求其光明但求之於誠信者
耳尋釋迦之教以善權救物若果應驗若斯
何爲不見其靈變以曉邪見之徒豈獨不愛
數十百万之説而吝俄頃神光徒爲化聲之
辯竟無明於眞智終年疲役而不知所歸豈
不哀哉又云内懷虔仰故禮拜悔罪達夫無
常故情無所吝委妻子而爲施豈有邀於百
倍荅曰繁巧以興事未若除貪欲而息競遵
戒以洗悔未若剪榮冀以全朴況乃誘所尚
以祈利忘天屬以要譽謂之無邀吾不信也
又云泥洹以無樂爲樂法身以無身爲身若

誠能餐仰則躭逸稍除獲利於無利矣答曰泥洹以離苦爲樂法身以接苦爲身所以使餐仰之徒不能自絶耳果歸於無利勸者何獲而云獲於無利耶此乃形神俱盡之證恐非雅論所應明言也又云欲此道者可謂有欲於無欲矣至若啓導麁近者有影響之實亦猶于公以仁活致封嚴氏以好殺致誅厲妙行以希天堂謹五戒以遠地獄雖有欲於可欲實踐日損之塗此亦西行而求郢何患其不至答曰謂麁近爲啓導比報應於影響不亦善乎但影響所因必稱形聲尋常之形安得八万由旬之影乎所滯若有欲於無欲

猶是常滯於所欲夫耳目殊司工藝異業未
役所存處猶不並是以金石克諧泰山不能
呈其高鴻鵠方集冥秋不能傳其旨而欲以
有欲成無欲希望就日損雖云西行去郢茲
遠如之何又云若身死神滅是物之眞性但
當與周孔弃为致教何爲誑以不滅欺以佛
理使燒祝鬚膚絕其胖合以傷盡性之美荅
曰華戎自有不同何者中國之人禀氣清和
合仁抱義故周孔明性習之教外國之徒受
性剛強貪欲忿戾故釋氏嚴五戒之科來論
所謂聖無常心就物之性者也懲暴之戒莫
苦乎地獄誘善之勸莫美乎天堂將盡殘害

之根非中庸之謂周孔則不然順其天性去
其甚泰婬盜著於五刑酒辜明于周誥春田
不圍澤見生不忍死五犯三驅鈎而不網是
以仁愛普洽澤及豵魚嘉禮有常俎老者得
食肉春耕秋收蠶織以時三靈格思百神咸
秩方彼之所爲者豈不弘哉又甄供灌之賞
嚴疑法之罰述蒲宰之問爲勸化之本演焄
蒿之荅明來生之驗祗服盱衡而矜斯說者
其處心亦悍矣論又稱耆陁尸梨之屬神理
風操不在琳比丘後足下既明常人不能料
度近事今何以了其勝否於百年之前數千
里之外耶若琳比丘者僧貌而天虛似夫深

識眞僞殊不肖忌經護師崇餝巧說吾以是敬之孫興公論云竺法護之淵達于法蘭之純博足下欲比中土何士也及楚英之修仁寺笮融之賙行饘寧復有清眞風操乎昔在東邑有道含沙門自吳中來深見勸譬甚有懇誠因留三宿相爲說練形澄神之緣罪福起滅之驗皆有條貫吾拱聽讜言申旦忘寢退以爲士所以立身揚名著信行道者實賴周孔之教子路稱聞之而未之能行唯恐有聞吾所行者多矣何遽捨此而務彼又尋稱情立文之制知來生之爲奢究終身不已之哀悟受形之難稱聃聖人我師周孔豈欺我

哉緣足下情篤故具陳始末想耆舊大智論人不倦於此未默耳前已遣取明佛論遲尋至冀或朗然於心何承天白

荅何衡陽難釋白黑論

敬覽來論抑裁佛化畢志儒業意義撿著才筆辨覈善可以警策世情實中區之羡談也觀足下意非謂制佛法者非聖也但其法權而無實耳未審竟何以了其無實今相與斷見事大計失得略半也靈化超於玄極之表其故紀結於幽冥之中曾無神人指掌相語徒信史之闕文於焚燒之後便欲以廢頓神化相助寒心也夫聖人窮理盡性以至於命

物有不得其所若已納之於隍今誑以不滅欺以成佛使鬄首赭衣焚身然指不復用天分以養父母夫婦父子之道從佛法已來沙河以西三十六國末暨中華絶此緒者億兆人矣東夷西羌或可聖賢及由余日磾得來之類將生而不得生者多矣若使佛法無實納隍之酷豈可勝言及經之權爲合何道而云欲以矯誑過正以治外國則强忿戾之民乎夫忿戾之類約法三章交賞見罰尚不信懼寧當復以即色本無泥洹法身十二因緣微塵劫數之言以治之乎禀此訓者皆足下所謂禀氣清和懷仁抱義之徒也資清和以

踈微言厲義性以習妙行故遂能澄照觀法
法照俱空而至於道皆佛經所載而足下所
信矣至若近世通神令德若孫興公所讃八
賢友道琳所頌五哲皆時所共高故二子得
以綴筆復何得其謂妄語乎孫稱竺法護之
淵達于法蘭之渟博吾不闗雅俗不知當比
何士然法蘭弟子道邃未逺其師孫論之時
以對勝滚云謂庾文秉也是護蘭二公當又
出之吾都不識琳比丘又不悉世論若足下
謂與文秉等者自可不後道邃猶當後護蘭
也前評未爲失言誠能僧貌天靈深識真僞
何必非天帝釋化作故激厲以成佛耶白黑

論未可以爲誠實也來告所疑若實有來生
報應周孔何故默無片言此固偏見之恒疑
也眞宜所共明　夫聖神玄發感而後應非先
物而唱者也當商周之季民墜塗炭殺逆橫
流舉世情而感聖者亂也故六經之應治而
巳矣是以無佛言焉劉向稱禹貢九州蓋述
山海所記申毒之民偎人而愛人郭璞謂之
天竺浮屠所興雖此之所夷然萬土星陳於
太虛竟知孰爲華哉推其偎愛之感故浮屠
之化應焉彼之麁者雜有亂虐君臣治此之
精者隨時抱道情佛事亦存雖可有禀法性
於伊洛飡眞際於洙泗苟史佚以非治道而

不書卜商以皆儒術而弗編縱復或存於複壁之外典復爲秦王所燒周孔之無言未必審也夫玄虛之道靈仙之事世典未嘗無之而夫子道言遠見莊周之篇瑶池之宴乃從汲冢中出然則治之五經未可以塞天表之奇化也難又曰若即物常空空物爲一空有未殊何得賢愚異稱夫佛經所稱即色爲空無復異者非謂無有有而空耳有也則賢愚異稱空也則萬異俱空夫色不自色雖色而空緣合而有本自無有皆如幻之所作夢之所見雖有非有將來未至過去已滅見在不住又無定有凡此數義皆玄聖致極之理

以言序之誠難朗然由此觀物我亦實覺其
昭然所以曠焉增洗汰之清也足下當何能安
之又云形神相資古人譬之薪火薪弊火微
薪盡火滅雖有其妙豈能獨存夫火者薪之
所生神非形之所作意有精麁感而得形隨
之精神極則超形獨存無形而神存法身常
住之謂也是以始自凡夫終則如來雖一生
尚麁苟有識向万劫不沒必習以清昇螟蛉
有子蜾蠃負之況在神明理廕寶積之蓋昇
鐙王之座何爲無期又疑釋迦以盡權救物
豈獨不愛數十百万之說而恪俄頃神光不
以曉邪見之徒夫雖云善權感應顯昧各依

罪福昔佛爲衆說又放光明皆素積妙誠故得神遊若時言成已著之筌故慢者可覩光明發由觀照邪見無緣瞻灑令覩經而不悛其慢先灑夫復何益若誠信之賢獨朗神照足下復何由知之而言者會復謂是妄說耳恒星不見夜明也考其年月即佛生放光之夜也管幼安風夜泛海同侶皆没安於闇中見光投光赴島闔明獨濟夫佛無適莫唯善是應而致應若王祥郭巨之類不可稱說即亦見光之符也豈足下未見便無佛哉又陳周孔之盛唯方佛爲劣然此國治世君王之盛耳但精神無滅冥運而已一生瞬息之中

八苦備有雖剋儒業以整儀頊而未幾已滅三監之難父子相疑兄弟相戮七十二子雖復昇堂入室年五十者曾無數人顔夭冉疾由醢予族賜滅其鬚匡陳之苦豈可勝言忍飢弘道諸國亂流竟何所救以佛法觀之唯見其哀豈非世物宿緣所萃耶若所被之實理於斯猶未爲深弘若使外率禮樂內修無生澄神於泥洹之境以億劫爲當年豈不誠弘哉事不傳後理未可知幸勿據麁跡而云周孔則不然也人皆謂佛妄語山海經説死而更生者甚衆崐崘之山廣都之埜軒轅不死之國氣不寒暑鳳卵是食甘露是飲犧矸

琪之樹歎朱泉人皆數千歲不死及化爲黃能入于羽淵申生伯有之類丘明所説亦不少矣皆可推此之麁以信彼之精者也承昔有道聞佛法而鍛衽者必不嘗作蒱城之死士可知矣當由所聞者未高故耶足下所聞者高於今猶可豹變也人是精神物但使歸信靈極粗稟教誡縱復微薄亦足爲感感則弥升豈非脱或不滅之良計耶昔不滅之實事如佛言而神背心毀自逆幽司安知今生之苦毒者非往生之故尒耶輕以獨見慠尊神之訓恐或自貽伊阻也佛經説釋迦文昔爲小乘比丘而毀大乘猶爲此備苦地獄經

歷故數況都不信者耶復何以斷此經必虛乎足下所詰前書中語爲因琳道人章句耳其意既已粗達不能復一二辯荅所製明佛論已事事有通今付往足下力爲善尋具告中否老將死以此續其盡耳此書至便倚索荅殊不密悉宗炳白

何重荅宗

重告并省大論置陣如項籍既足下以賤漢祖況弱士乎證譬堅明文詞淵富誠欲廣其剎釋施及凡民深知君子之用心也足下方欲影響以神其教故宜緘默成人之美但常謂外國之事或非中華所務是以有前言耳果今中外宜同余則陋矣敢謝不敏雖然猶有

所懷夫明天地性者不致惑於迂怪識盛衰之逕者不役心於理表儻令雅論不因善權篤誨皆由情發豈非通人之蔽哉未緣言對聊以代面何承天白

弘明集卷第三　集

皐音高窞徒感反翥之庶反裸玄瓦反俚里字拡音厷旌音精
菈音剌氂力之反錙銖上側思反下音殊驄驥上音忩馬青日色下
音既襄息羊反翳一計反漂疋妙反憊蒲拜反餒乃每反曁
音既懲音澄筮音逝豺音柴馥方伏反㬎詡云反壑呼各反癰
疽上音雍下七徐反蒐音捜韜土高反弋音亦緩玄伴反青所景
反鉞音越赫許客反剃他弟反刈魚吠反榦古旦反殞羽敏

反謬苗幼反駭胡解反匍匐上音蒲下卢比反牲音生督音篤
穎以頃反磧音鵠戮音六諺魚箭反觘古本反裔羊逝反
恤思律反姬居之反悖蒲没反縶知立反袞古本反櫛阻虱
反鶩音務孌音秘般音鉢烜燿上胡本反下余照反恊音叶偉羽鬼
反條音叔蠢蠕初尹反下音軟鮛余六反液音亦槁音可瘁才遂
反禴祀上音藥下音似瞽音古芸隙上音云下丘逆反適滴字擯

必刃反馱出也墜也陷咸·字去聲隕羽敏反墜也虹音紅昴音夘臑音暖睍
五啓反癃六中反鏧呼各反頤余之反蹈音道羗良進
反郢丑領反眩音縣蝗皇字莽摸朗反篡初患反房步忙反阿
丨胖音判簪阻參反否方久反縻密碑反鐙音登謔許約反
嗤尺之反咲笑字鵠胡篤反牉音判戎音容戾悉帝反懲音澄
庸音容㹠音屯徂阻字蠶昨·含反衺遲一反蒱音步蒿呼高反宿

盰況于反悍音汗操七到反笮音責賙音周讜他朗反邊其與

反覈胡隔反警策上音景紇俱有反隍音皇髡音坤赭音者

耄昔良反磾音伭酷昔篤反庚於主反傴烏回反璞足角反

虐魚却反佚夷一反複音福汰音大螟蛉上音冥下音靈蜾音果

鐙登字悛七全反改也島音濤醢呼改反壄野字玗琪

音于其能奴臺反三足鼈也袵而禁反啻施智反慠吾告反貽

余之反迂委于反君蒿上訓云八下呼高反

（南朝梁）釋僧祐 撰

宋思溪藏本弘明集

第二册

國家圖書館出版社

第二册目録

弘明集　才四

四百七十四

集四

一

元祿九年丙子二月日重脩

皇圖鞏固　帝道遐昌

佛日增輝　法輪常轉

山城州天安寺法金剛院置

弘明集卷第四　集

梁釋僧祐撰

何承天達性論　顔光禄延之難

夫兩儀既任帝王參之宇中莫尊焉天以陰陽分地以剛柔用人以仁義立人非天地不生天地非人不靈三才同體相須而成者也故能稟氣清和神明特達情綜古今智周万物妙思窮幽賾制作侔造化歸仁與能是爲君長撫養黎元助天宣德日月淑清四靈來格祥風協律玉燭揚暉九穀芻豢陸產水育酸鹹百品備其膳羞棟宇舟車銷金合土絲紵玄黃供其器服文以禮度娛以八音庇物

殖生罔不備設夫民用儉則易足易足則力
有餘力有餘則志情泰樂治之心於是生焉
事簡則不擾不擾則神明靈神明靈則謀慮
審濟治之務於是成焉故天地以儉素訓民
乾坤以易簡示人所以訓示慇懃若此之篤
也安得與夫飛沉蠉蠕並爲衆生哉若夫衆
生者取之有時用之有道行火俟風暴畋漁
候豺獺所以順天時也大夫不麛卵庶人不
數罟行葦作歌霄魚垂化所以愛人用也庖
廚不迩五犯是翼殷后改祝孔釣不網所以
明仁道也至於生必有死形斃神散猶春榮
秋落四時代換奚有於更受形哉詩云愷悌

君子求福不迴言弘道之在己也三后在天言精靈之外霞也若乃内懷嗜欲外憚權教慮深方生施而望報在昔先師未之或言余固不敏罔知請事焉矣

釋何衡陽達性論

前得所論深見弘慮崇致人道黜遠生類物有明微事不愆義維情輔教足使異門掃軌况在斳同豈忘所附徒恐琴瑟專一更失闓諧故略廣數條取盡後報足下云同體二儀共成三才者是必合德之稱非遺人之目然揔庶類同号衆生亦含識之名豈上哲之謚然則議三才者無取於氓隷言衆生者亦何

濫於聖智雖情在序則自不患亂倫若能兩籍方敎俱舉達義節彼離文採此共實則可便倍害自和析符復合何詎怏怏執呂以毀律且大德曰生有万之所同同於所方万豈得生之可異不異之生宜其爲衆但衆品之中愚慧群差人則役物以爲養物則見役以養人雖始或因順終至裁殘庶端萌起情嗜不禁生害繁憏天理虧滅皇聖哀其若此而不能頓奪所滯故設候物之教謹順時之經將以開仁育識及漸息泰耳與道爲心者或不劑此而止又知大制生死同之榮落類諸區有誠亦宜然然神理存没儻異於枯荄變謝

就同草木便當煙盡而復去三后升霞精靈在天若精靈必在果異於草木則受形之論無乃更資來說將由三后粹善報在生天耶欲毁後生反立升霞當毁更立固知非力所除若徒有精靈尚無體狀未知在天當何憑之立吾怯於庭斷故務求依放而進退思索

未獲所安凡氣數之内無不感對施報之道必然之符言其必符何猜有望故遺惠者無要在功者有期期存未善去惠乃至人有賢否則意有公私不可見物或期報因謂樹德皆要且經世恒談貴施者勿憶士子服義猶惠而弗有況在聞道要更不得虚心而動必

懷嗜事盡憚權耶曾不能引之上濟每驅之下論雖深誚校責亦已厚言不代足下纓城素壁難爲飛書而吾自居憂患情理無託近辱褒告欲其布意裁往釋慮不或值顏延之白

荅顏永嘉

敬覽芳訊研復淵旨區别三才步驗精粹宣演道心褒賞施士貫綜幽明推誠及物行之於己則美敷之於教則弘殆無所間退尋嘉誨之來將欲令參觀十極復迷反逕思或昧然未全曉洽故復重伸本懷足下所謂共成三才者是必合德之稱上哲之人亦何爲其然夫立人之道取諸仁義惻隱爲仁者之表

恥惡為義心之端牛山之木剪性於鑒斧恬漠之想汩慮於利害誠宜滋其萌糵援其善心遂乃存而不筭得無過與又云議三才者無取於 跟隸言衆生者亦何濫於聖智既已聞命猶未知二途當以何為判將伊顏下麗寧喬札上附企望不倦以祛未了必令兩籍俱舉宮和符合豈不盡善又曰大德曰生有万之所同同於所萬方豈得生之可異非謂不然人生雖均被大德不可謂之衆生譬聖人雖同禀五常不可謂之衆人奚取於不異之生必宜為衆哉來告云人則役物以為養物則見役以養人大判如此便是顧同鄙議

至於情嗜不禁害生憏物所謂甚者泰者聖人固已去之又云以道爲心者或不劑此而止請問不止者將自已不殺耶令受教咸同耶若自已不殺取足市鄽故是遠庖廚意必欲推之於編戶吾覓雅論之不可立矣又云若同草木便當煙盡精靈在天將何憑以立

夫神魄忽怳遊魂爲變發揚悽愴亦于何不之仲由屈於知死賜也失於所問不更受形前論之所明言所憑之方請附夫子之對及施報之道必然之符當謂于氏高門侯積善之慶博陽不伐膺公侯之祚何關於後身乎又云經世恒談施者勿憶士子服義惠而弗

有誠哉斯言微恨設報以要惠說徒之所先
悅報而爲惠舉世之常務疑經受累劫之罪
勤施獲積倍之報不似吾黨之爲道者是以
怏怏耳知欲引之上濟亦甚所不惜但丈夫
處實者頗陋前識之華故不爲也若乃施非
周急惠存功譽揆諸高明亦有恥乎此吾率
其恒心久而不化內慚瓌子未暇有所請也
何承天白

重釋

何衡陽薄從歲事躬斂山田田家節隙野老
爲儔言止穀稼務盡耕牧談年計穗無聞達
義重獲微辯得用昭懟啓告精至愈慙固結

今復忘書往懷以輸未述夫藉意探理不若
忻之聖文三才之論故當本諸三畫三畫既
陳中稱君德所以神致太上崇一元首故前
謂自非體合天地無以元應斯弘知研其清
慮未肯存同猶以兼容罔棄廣載不遺篤物
之志誠爲優贍恐理位雜越疑陽遂衆若惻
隱所發窮博愛之量恥惡所加盡祐直之正
則上仁上義吾無間然但情之者寡利之者
衆預有其分而未臻其極者不得以配擬二
儀耳今方使極者爲師不極者爲資扶其敬
讓去其攸爭今鑒斧鑄刃利害寢端驅百代
之民出信厚之塗則何萌不滋何善不擾而

詮以不筭未值其意三才等列不得取偏才之器衆生爲号不可濫無生之人故此去泯隸彼甄聖智兩籍俱舉旨在於斯若喬札未能道一皇王豈獲上附伊顔猶共頼氣化宜乎下麗二塗之判易於嘖指又知以人生雖均被大德不可謂之衆生譬聖人雖同禀五常不可謂之衆人夫不可謂之衆人以茂人者神明也今已均被同衆復何諱衆同故當殊其特靈不應異其得生徒忌衆名未虧衆實得無似蜀梁逃畏卒不能避所謂役物爲養見役養人者欲言愚慧相傾惛筭相制事由智出作非出天理是以始矜萌起終哀欝

滅豈與足下獨豢百品共其指歸凡動而蓋流下民之性化而裁之上聖之功謹爲垣防猶患踰盜況乃罔不備設以充後志方開所泰何議去甚故知滌物之談不得與薄夫同憂樂殺意偏好生情博所云與道爲心者博乎生情將使排虛率遂跖實莫爰利澤通天而不爲惠庸適恩止鹿卵事法犲獺耶推此往也非唯自己不復委咎市鄽乎庖廚且市庖之外非無御養神農所書中散所述公理美其事仲彥精其業是亦古有其傳今聞其人何必以刲刳爲稟和之性爛淪爲翼善之具哉若以編戶難齊憂鄙論未立是見二叔不

咸慮周德先亡儻能仲以遠啚要之長世則日計可滿歲功可期精靈草木果已區别遊魂之荅亦精靈之說若雖有無形天下寧有無形之有顧此惟疑宜見正定仲尼不荅有無未辨足下既辨其有豈得同不辨之荅雖子嗜學懼未獲所附或是曉晦塗隔隱著事

懸遂今明月發照世智限心知謂必符之言體之極于罔講求反意如非相盡或世人守璞受讓王市將譯胥牵俗還說國情苟未照盡請復具伸近釋報施首稱氣數者以爲物無妄然各以類感感類之中人心爲大心術之動隷歷所不能得及其積致于可勝原而

當斷取世見據爲高諮莊周云莽鹵滅裂報
亦如之孫卿曰報應之勢各以類至後身著
戒可不敬與慈護之人深見此數故正言其
本非邀其未長美過惡反民大順濟有生之
類入無死之地今慶周兆物會冠百神安宜
祚極子漸福限卿相而已常善以救善亦從
之勢猶影表不慮自來何言乎要惠悅報疑
罪勤施似由近驗吝情遠猜德教故方罰矜
功而濫咎忘賢遺存異義公私殊意巳備前
白差不重云想處實陋華者復見其居厚去
薄耳若施非周急惠而期譽乃如之人誠道
之蠹惟子之恥丘亦恥之

重荅顏永嘉

吾少信管見老而弥篤既言之難云將湮腐方寸故願憑流颺以託鱗融厚故意垂懷惠以重釋稽諮周明華辭博贍夫良玉時玷賤夫指其瑕望舒抱魄野人睨其缺豈伊好辨未獲云已復進請益之問庶以研盡所滯來告云三才之論故當本諸三畫三畫既陳中稱君德所以神致太上崇一元首若如論旨以三畫爲三才則初擬地爻三議天位然而遯世無悶非厚載之目君子乾乾非蒼蒼之稱果兩儀罔託亦何取於五人但爻在中和宜應君德耳又云惻隱窮博愛之量恥惡盡祐

直之方則爲上仁上義便是討體仁義者爲
三才尋又云喬札未獲上附伊顔宜其下麗
則黃裳之人其猶弗及雖賾之旨高下無准
故惑者未悟也夫陰陽陶氣剛柔賦性圓首
方足容貌匪殊惻隱恥惡悠悠皆是但參體
二儀必舉仁義爲端取知欲限以名器愼其
所假遂令惠人潔士比性於毛群庶幾之賢
同氣於介族立象之意豈其然哉
又云已均被同衆復何諱衆同故當殊其特
靈不應異其得生夫特靈之神既異於衆得
生之理何嘗暫同生本於理而理異焉同衆
之生名將安附若執此生名必使從衆則混

成之物亦將在例耶又云謹爲垣防猶患踰溢況乃罔不設備以充侈志方開所泰何議去甚足下始云皇聖設條物之教謹順時之經將以反㫁息泰今復以方開所泰爲難未詳此將難鄙議將譏聖人也又云市庖之外豈無御養神農所書中散所述何必以刲刳爲禀和爛瀹爲翼善夫禋瘞繭栗宗社三牲曉薌豆俎以供賓客七十之老俟肉而飽豈得唯陳列草石取備上藥而已吾所憂不立者非謂洪論難持退嫌此事不可頓去於世耳又云天下寧有無形之有顧此惟疑宜見正定尋來旨似不嫌有鬼當謂鬼宜有質得

無惑天竺之書說鬼別為生類故耶昔人以鬼
神為教乃列于典經布在方策鄭喬吳札亦
以為然是以雲和六變實降天神龍門九成
人鬼咸格足下雅秉周禮近忽此義方詰無
形之有為支離之辨
又云後身著戒可不敬與慈護之人深見此
數未詳所謂慈護者誰氏之子若據外書報
應之說皆吾所謂權教者耳凡講求至理曾
不折以聖言多採譎怪以相扶翼得無似以
水濟水耶又云物無忘然必以類感常善以
救善亦從之勢猶影表不慮自來斯言果然
則類感之物輕重必侔影表之勢脩短有度

致飾土木不發慈愍之心順時獀狩未根慘虐之性天宮華樂焉賞而上升地獄幽苦奚罰而淪陷唱言窮軒輕立法無衡石一至於此且阿保傅愛慎及緦腴良庖提刀情怵介族彼聖人者明並日月化關三統若令報應必符亦何妨於教而緘腐羲唐之紀埋閉周孔之世肇結網罟興累億之罪仍制牲牢開長夜之罰遺彼天廚甘此芻豢曾無拯溺之仁攢成納隍之酷其爲不然宜簡淵慮若謂窮神之智猶有所不盡雖高情愛奇想亦未至於侮聖也

足下論仁義則云情之者少利之者多言施

惠則許其遺賢忘報在情既少孰能遺賢利之者多焉云忘報若能推樂施之士以期欲仁之疇演忘報之意引向義之心則義寔在斯求仁不遠至於濟有生之類入無死之地慶周地物尊冠百神斯旨宏誕非本論所及無乃泰師將遁行人言肆乎豈其相迫居吾語子聖人在上不與百神爭長有始有卒焉得無死之地夫辯章幽明研精庶物反初結繩終繁文教性以道率故絶親譽之名範圍造化無傷博愛之量以畋以漁養兼賢鄙三品之獲實充實庖金石發華笙籥協節醉酒飽德介兹萬年處者弘日新之業仕者敷先

王之教誠著明君澤被萬物龍章表觀鳴玉節趍斯亦堯孔之樂地也及其不遇考槃何潤以善其身殺鷄爲黍聊寄懷抱或負鼎割烹揚隆名於長世或屠羊鼓刀陵高志於浮雲此又君子之處心也何必之積善之延祚希無驗於來世生背當年之真懽徒疲役而靡歸繫風捕影非中庸之美慕夷眩妖違通人之致蹲膜揖讓終不並立竊願吾子捨兼而遵一也及蜀梁二叔甘人驛胥之譬非本義所繼故不復具云

又釋何衡陽

聖慮難原神應不測中散所云中人自竭莫

得其端豈其淺斥所可深抽徒以魏文大布見刊異世勝修蝦鬚取愧當時故於度外之事怯以意裁耳足下已審其虛實方書之不朽獨鑒堅精難復疑問聊寫餘懷依荅條釋事緯殃福義雜胡華雖存簡章自至煩文過此已往余欲無言

荅曰若如論旨以三畫爲三才則初擬地爻三議天位然而遯世無悶非厚載之目君子乾乾非蒼蒼之稱果兩儀冈託亦何取於立人但爻在中和宜應君德耳

釋曰聞之前學淳象始於三畫兼卦終於六爻三畫立本三才之位六爻未變羣龍所經

是以重卦之後則以出處明之故遯世乾乾潛藏皆行聖人適時之義兼之道也若以初爻非地三位非天以爲兩儀同託立人無取未知足下前論三才同體何因而生若猶受之繫說不軼師訓何獨得之複卦喪之單象如義文之外更有三才此自春秋新意吾無識焉且遯世乾乾雖非覆載之名一體之中未失卑高之實豈得以變動之辭廢立本之義又知以爻在中和宜應君德若徒有中和之爻竟無中和之人則爻將何放若中和在德則不得人皆中和體合之論同未可殊越

荅曰上仁上義便是許體仁義者爲三才尋又

云喬札未獲上附伊顔宜其下麗則黃裳之人其猶弗及雖賾之旨高下無准故惑者未悟釋曰所云上仁上義謂兼摠仁義之極可以對饗天地者耳非謂少有耻愛便爲三才前釋巳具恠復是問四彼域中唯王是體知三此兩儀非聖不居易老同歸可無重惑案東魯階差喬札理不允備何由上附至位依西方准墨伊顔未獲法身故當下麗生品來論挾媚議釋故兩解此意冀以取了反致辭費聖作君師賢爲臣資接暢神功影響大業行藏可共黙語亦同體分至此何負黃裳議者徒見不得等位元首攢生誚恨而不知引之

極地更非守節之情指斷如斯·何謂無准
答曰夫陰陽陶氣剛柔賦性圓首方足容貌匪殊惻隱恥惡悠悠皆是但叅體二儀必舉仁義爲端耳
釋曰若謂圓首方足必同恥惻隱之實容貌匪殊皆可叅體二儀蹻跖之徒亦當在三才之數耶若誠不得則不可見横目之同便與大人同列悠悠之倫品量難齊既云仁者安仁智者利仁又云力行近仁畏罪强仁若一之正位將真僞相冒莊周云天下之善人寡不善人多其分若此·何謂皆是
答曰知欲限以名器慎其所假遂令惠人絜

士比性於毛羣庶幾之賢同氣於介族立象之意豈其然乎

釋曰名器有限良由資體不備雖欲假之疑陽謂何含靈爲人毛羣所不能同禀氣成生潔士有不得異象故其靈非象其生一之而已無乃誣漫

荅曰已均被同衆云云特靈之神既異於衆得生之理何嘗軆同生本於理而理異焉同衆之生名將安附若執此生名必使從衆則混成之物亦將在例耶

釋曰吾前謂同於所万豈得生之可異足下荅云非謂不然又曰奚取不異之生必宜爲

衆是則去吾爲衆而取吾不異豈有不異而非衆哉所以復云故當殊其特靈不應異其得生耳今荅又謂得生之理何嘗蹔同生本於理而理異焉請問得生之理故是陰陽耶吾不見其異而足下謂未嘗蹔同若有異理非復煦蒸耶則陰陽之表更有受生塗趣三世詎宜堅立使混成之生與物同氣豈混成之謂若徒假生名莫見生實則非向言之匹言生非生即是有物不物李叟此説或更有其義以無詰有頗爲未類

荅曰謹爲垣防云云始云皇聖設候物之敎謹順時之經將以亙漸息泰今復以方開所

泰爲難未詳此將難鄙議爲譏聖人也
釋曰前觀李論自九穀以下至孔鈞不綱始
知高議謂凡有宰作皆出聖人躬爲尸匠以
率先下民也孤鄙拙意自謂每所施爲動必
有因聖人從爲之節使不遷越此二懷之大
斷彼我所不同吾將節其奢流故有息泰之

說足下方明備設未知於何去甚而中荅又
云所謂甚者聖人固已去之不了此意故近
復以所泰爲問荅云未詳誰難或自忘前報
荅曰市庖之外云云夫棲瘞蘊栗宗社三牲
腆薌豆俎以供賓客七十之老俟肉而飽豈
得唯陳草石取備上藥而已而憂不立者非

謂洪論難持退嫌此事不可頓去於世耳
釋曰神農定生周人備教既唱粒食又言上
藥既用犧牢又稱蘋蘩祭膳之道故無定方
前舉市庖之外復有御養者捐奪剗淪之滯
以明延性不一非謂經世之事皆當取備草
石然芻豢之功希至百齡芝菜之懿亟聞千
歲由是言之七十之老何必謝恩於肉食但自
封一域者捨此無術耳想不可頓去於世猶
是前釋所云不能頓奪所滯也始獲符同敢
不歸美既知不可頓去或不謂道盡於此
荅曰天下寧有無形之有云云尋來旨似不
嫌有鬼當謂鬼宜有質得無惑天竺之書說

鬼别爲生類耶昔人以鬼神爲教乃列于典經布在方策鄭喬吴札亦以爲然是以雲和六變實降天神龍門九成人鬼咸格足下雅秉周禮近忽此義方詰無形之有爲支離之辨乎

釋曰非唯不嫌有鬼乃謂有必有形足下不無是同處有復異是以比及質詰欲以求盡請捨天竺之説謹依中土之經又置别爲生類共議登霞精靈體狀有無固然宜報定典策之中鬼神累万所不了者非其名号比獲三論每來益衆万鬼畢至竟未片荅雖啓告周博非解企渴無形之有旣不匠立徒謂支

離以爲通説若以聚正爲支離者將以浮漫爲直達乎

荅曰後身著戒云云未詳所謂慈護者誰氏之子若據外書報應之説皆吾所謂權教者耳凡講求至理曾不析之聖言多採譎怪以相扶翼得無似以水濟水乎

釋曰慈護之主計亦久聞其人責以誰子將以文殊釋氏和謂報應之説皆是權教權道隱深非聖不盡雖子通識慮亦未見其極吾疲於推求而足下逸於獨了良有惡然若權教所言皆爲欺妄則自然之中無復報應吾懦於擊決足下烈於專斷亦又懼焉神高聽

卑庸可謚哉想云聖言者必姬孔之誥令之所談皆其信順之事而謂曾不析之復是未經詳思來論立姬廢釋故吾引釋符姬荅不越問未覺多採由金日磾不生華壤何限九服之外不有窮理之人内外爲判誠亦難乎若自信其度獨師耳目習識之表皆爲譎恠則吾亦巳矣

荅曰又云物無妄然必以類感云云斯言果然則類感之物輕重必侔影表之勢脩短有度致餝土木不發慈愍之心順時獀狩未根慘虐之性天宮華樂焉賞而上升地獄幽苦奚罰而論陷唱言窮軒輕立法無衡石一至

於此

釋曰影表之説以徵感報來意疑不必佯嫌其無度即復除福應也福應非他氣數所生若滅福應即無氣數矣足下功存步驗而還伐所知想信道爲心者必不至此若謂不慈於土木之餝有甚於順時之殺者無乃大負

夫人之心黄屋玉璽非必堯舜之情崇居麗養豈是釋迦之意責天宫之賞求地獄之罰頗類昔人亞夫之詰英布之問有味乎其言此蓋衆息心之所詳吾可得而略之

答曰且阿保傳愛愼及溷腴良庖提刀情怵介族彼聖人者明並日月化闡三統若令報

應必符亦何妨於教而緘扃羲唐之紀埋閼周孔之世肇結網罟興累億之罪仍制牲牢開長夜之罰遺彼天厨甘此芻豢曾無拯溺之仁横成納隍之酷其爲不然宜簡淵慮若謂窮神之智猶有不盡雖高情愛奇想亦未至於侮聖

釋曰知謂報應之義緘羲周之世以此推求爲不符之證羲唐邈矣人莫之詳尚書所載不過數篇方言德刑之美遑記禍福之源今帝典王策猶不書性命之事而微闕文以爲古必無之斯亦師心之過也且信順殃慶咸列姬孔之籍謂之埋閼如小逕并但言有遠

近教有淺深故使智者與此而奪彼耶夫生必有欲欲必有求欲歉則爭求給則恬爭則相害恬則相安網罟之設將獨害以取安乎且畋漁牲牢其事不異足下前荅已知牲牢不可頓去於今世復謂畋漁不可獨棄於古未爲通類矣好生惡死每下愈篤故宥其死者順其情奪其生者逆其性至人尚矣何爲犯順而居逆哉是知不能頓奪所滯故因爲之制耳聖靈雖茂無以觳懞惛之心弱喪之民何可勝論罪罰之來將物自取之事遠難致不由天厨見遺物近易躭故常臠豢是甘拯溺出隍衆哲所共但化物不同非道之異

不盡之讓亦如過當子長劉許本不類此
荅曰足下論仁義則云情之者少利之者多言施惠則許其遺賢忘報在情既少孰能遺賢利之者多曷云忘報若能推樂施之士以期欲仁之疇演忘報之意引向義之心則義寔在斯求仁不遠
釋曰情仁義者寡利仁義者衆聞之莊書非直孤說未獲許校遽見彈責夫在情既少利之者多不能遺賢曷去忘報實吾前後勤勤以爲不得配擬二儀者耳復非篤論所應據正若樂施忘報即爲體仁忘報而施便爲合義可去欲字并除向名在斯不遠誰不是慕

荅曰濟有生之類云云斯旨宏誕非本論所
及無乃秦師將遁行人言肆乎
釋曰足下論挾姬釋吾亦荅兼戎周足下以
此抑彼謂福極高門吾伸彼釋此云慶周兆
之物足下據此所見謂祚止公侯吾信彼所
聞云尊冠百神本議是爭曷云不及夫論難
之本以易奪爲體失之已外輒云宏誕求理
之塗幾乎塞矣師遁言肆或不在此荅曰豈
其相迫居吾語子聖人在上不與百神爭長
有始有卒焉得無死之地云云
釋曰豈其相迫一何務德居吾語子又何壯
辞凡爲物之長豈爭之所得非唯不爭必將

下之不可見尊冠百神便謂與百神爭長無
乃取之勝薛棄之體仁和謂物有始卒無不
死之地求之域内實如來趣前釋所謂勝類
諸區有誠亦宜然者也至如山經所啚仙傳
所記事關世載已不可原況復道絶恒情理
隔常照必以於我不然皆當絶棄此又所不
得安答曰夫辨章幽明研精庶物云云
釋曰逮省此章盛陳列代文博體周頗善師
法歌誦聖世足爲繁聲討求道義未是要説
耳昔在幼壯微涉群紀皇王之軌賢智之迹
側聞其略敢辱其詳惠示之篤實勤執事
荅曰何必陋積慶之延祚希無驗於來生躊

膜揖讓終不並足竊願吾子捨兼而遵一云云

釋曰不陋積慶巳伸信順之條貫希來生之亦具感報之説藻衮大裘同用一禮蹲膜揖讓何爲不俱行一世理有可兼無謂宜捨荅曰蜀梁二叔甘人驛脊之譬非本論所經故不復具云

釋曰近此數條聊發戲端亦猶越人問布見採於前談肆業及之無相多怪然二叔爲問欲以却編户之疑没而不荅誠有望焉足下連國雲從宏論風行吾幽生孤説每獲竊議此之不倖事有固然實由通才所共者理欻忘其煩貪復息心

弘明集卷第四

綜子宗反頤助隔反淑音孰豢音患畜養也膳音善尢延妣反

蠉兄緣反豺獺上音柴下他葛反麛音迷罟音古庖步交反愷

口改反憚音但黜丑律反愆去乹反蘄音期謚音示氓音萌怏

於向反慘七感反荄古哀反外霞下音遐誚才笑反褒博毛

反逕古定反鑈音弥汨延陌反正作泊援音院蘖魚列反算筭字喬

札上巨妖反下側八反企丘智反纏直連反揆求癸反璩音渠儔直留反

耦音偶忮文義反垣音園跖音隻刲刳上音規下音枯爓徐廉反

瀹音藥璞普角反胥息徐反莽鹵上母古反下音魯吝力進反

羌苦良反堙音因蠹音妬腐音父颺羊向反翮開隔反玷音點

睨吾計反爻戶交反遯徒困反禋瘞上音因下於例反繭古典

集

反膮薌上興堯反下鄉字譑音決獀狩上音搜下音獸㘓腴上胡

困反下羊朱反怵丑律反緎禽上古含反下俱禁反宏誕上音橫下音但饗香兩反

籥音藥烹普庚反泫音縣蹲膜上音存下音摸斥音尺刊苦寒反

滕音騰繫音係丨詞軼徒結反篳必二反蹻去嬌反迈疋字犧

興宜反瀹音藥茉直述反亟立記反覈閑隔反懦奴卧反余

磾上正作金字下音伍壐斯紫反嗛苦黠反宥音右叡羊歲反懞

惛上音蒙下音昏袞古、反肄夷器反欻許勿反姬居之反[illegible]

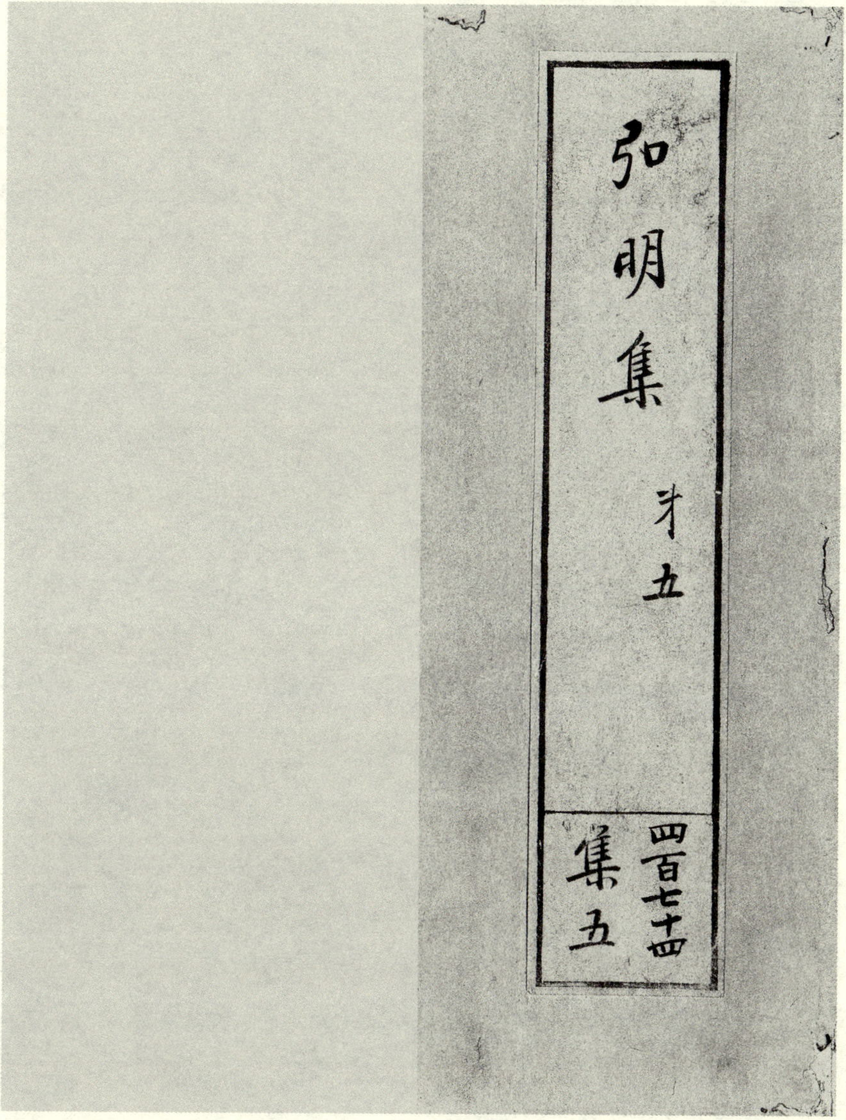
弘明集　才五
四百七十四
集五

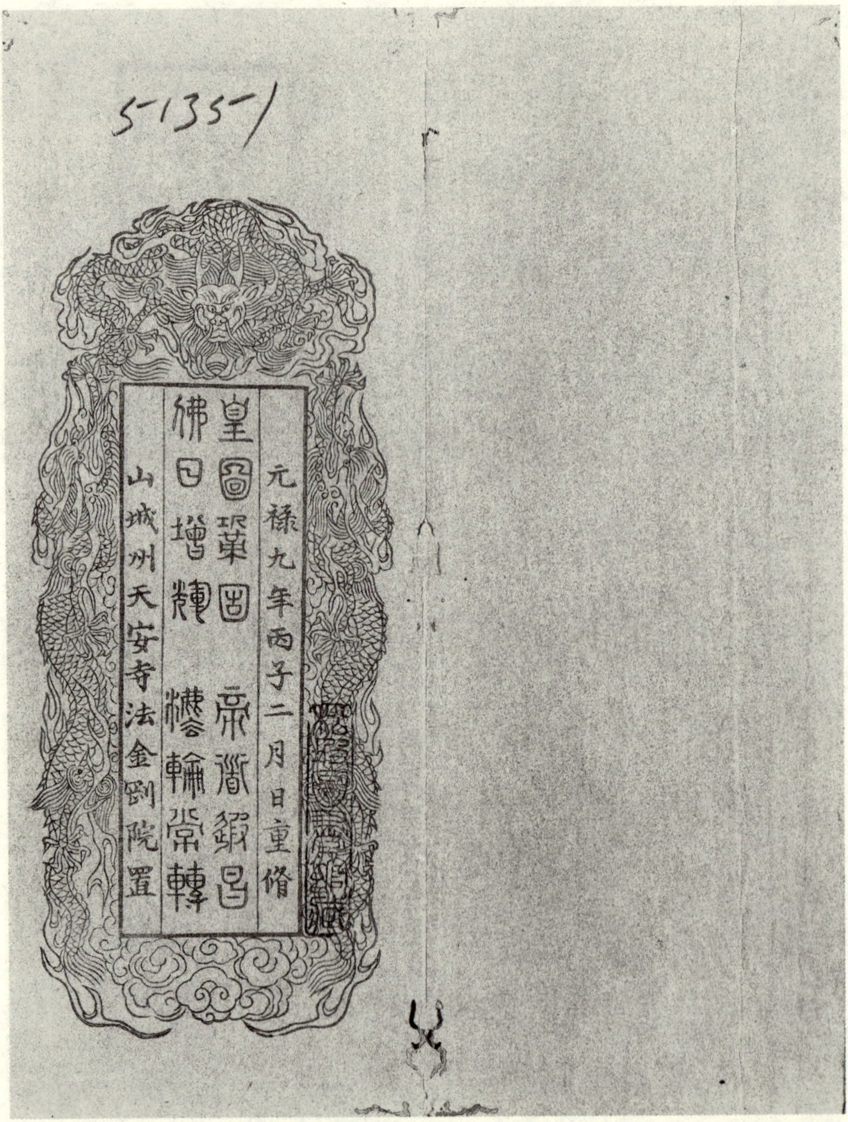

5-135-1
元祿九年丙子二月日重脩
皇圖鞏固　帝道遐昌
佛日增輝　法輪常轉
山城州天安寺法金剛院置

弘明集卷第五

梁釋僧祐撰

羅君章更生論

鄭道子神不滅論

遠法師沙門不敬王者論五篇

遠法師沙門袒服論何鎮南難并荅

遠法師荅桓玄明報應論

遠法師因俗疑善惡無現驗三報論

更生論

羅君章

善哉向生之言曰天者何万物之揔名人者何天中之一物因此以談今万物有數而天地無窮然則無窮之變未始出於万物万物

不更生則天地有終矣天地不爲有終則更生可知矣

尋諸舊論亦云万兆懸定群生代謝聖人作易已備其極窮神知化窮理盡性苟神可窮有形者不得無數是則人物有定數彼我有成分有不可滅而爲無彼不得化而爲我聚散隱顯環轉於無窮之塗賢愚壽夭還復其物自然貫次毫分不差與運泯復不識不知遐哉邈乎其道冥矣

天地雖大渾而不亂万物雖衆區已別矣各自其本祖宗有序本支百世不失其舊又神之與質自然之偶也偶有離合死生之變也

質有聚散往復之勢也人物變化各有其往
往有本分故復有常物散雖混淆聚不可乱
其往弥遠故其復弥近又神質冥期符契自合
世皆悲合之必離而莫慰離之必合皆知聚
之必散而莫識散之必聚未之思也豈遠乎
若者凡今生之土爲即昔生生之故事即故
事於體無所厝其意與已冥終不自覺孰云
覺之哉今談者徒知向我非今而不知今我
故昔我耳達觀者所以齊死生亦云死生爲
寤寐誠哉是言

孫長沙書　　安國

省更生論括囊變化窮尋聚散思理既佳又

指味辭致亦快是好論也然吾意猶有同異
以今万物化爲異形者不可勝數應理不失
但隱顯有年載然今万化猶應多少有還得
形者無緣盡當須冥遠耳目不復開逐然後
乃復其本也吾謂形既粉散知亦如之紛錯
混淆化爲異物他物各失其舊非復昔日此
有情者所以悲歎若然則足下未可孤以自
慰也

荅孫

獲書文略旨辭理亦兼情雖欣清酬未喻乃
懷區區不已請尋前夲夲亦不謂物都不化
但化者各自得其所化頹者亦不失其舊體

孰主陶是載混載判言然之至分而不可説也如此豈徒一更而已哉將與無窮而長更矣終而復始其數歷然未能知今安能知更蓋積悲忘言諮求所通豈云唯慰聊以寄散而已矣

神不滅論　　鄭道子

多以形神同滅照識俱盡夫所以然其可言乎十世旣以周孔爲極矣仁義禮敎先結其心神明之本絶而莫言故感之所體自形已還佛唱至言悠悠弗信余墜弱喪思拔淪溺仰尋玄旨研求神要悟夫理精於形神妙於理寄像傳心粗舉其證庶鑒者將悟遂有功

於滯惑焉
夫形神混會雖與生俱存至於麤妙分源則
有無區異何以言之夫形也五藏六腑四肢
七竅相與爲一故所以爲生當其受生則五
常殊授是以肢體偏病耳目手缺無奪其爲
生一形之内其猶如兹況神體靈照妙統衆
形形與氣息俱運神與妙覺同流雖動靜相
資而精麤異源豈非各有其本相因爲用者
耶近取諸身即明其理庶可悟矣一體所資
肌骨則痛癢所知爪髮則知之所絶其何故哉
豈非肌骨所以爲生爪髮非生之本也生在
本耶生之所本生在本則知存生在末則知

滅一形之用猶以本末爲興廢況神爲生本
其源至妙豈得與七尺同枯戶牖俱盡者哉
推此理也則神之不滅居可知矣
客難曰子之辨神形盡矣即取一形之内知
與不知精矣然形神雖麁妙異源俱以有爲
分夫所以爲有則生爲其本既孰有本已盡
而資乎本者獨得存乎出生之表則廓然冥
盡既冥盡矣非但無所立言亦無所立其識
矣識不立則神將安寄既無所寄安得不滅矣
答曰子之難辨則辨矣未本諸心故有若斯
之難乎夫万化皆有也榮枯盛衰死生代乎
一形盡一形生此有生之始終也至於水火

則弥貫群生贍而不匱豈非火體因物水理虛順生不自生而爲衆生所資因即爲功故物莫能竭乎同在生域其妙如此況神理獨絕器所不隣而限以生表冥盡神無所寄哉因斯而談太極爲兩儀之母兩儀爲万物之本彼太極者渾元之氣而已猶能摠此化根不變其一矧神明靈極有無兼盡者耶其爲不滅可以悟乎

難曰子推神照於形表指太極於物先誠有其義然理貴厭心然後談可究也夫神形未甞一時相違相違則無神矣草木之無神無識故也此形盡矣神將安附而謂之不滅哉

苟能不滅則自乖其靈不資形矣既不資形何理與形爲生終不相違不能相違則生本是同斷可知矣

荅曰有斯難也形神有源請爲子循本而釋之夫火因薪則有火無薪則無火薪雖所以生火而非火之本火本自在因薪爲用耳若待薪然後有火則燧人之前其無火理乎火本至陽陽爲火極故薪是火所寄非其本也神形相資亦猶此矣相資相因生塗所由耳安在有形則神存無形則神盡其本惚恍不可言矣請爲吾子廣其類以明之當薪之在水則火盡出水則火生一薪未改而火前期

神不賴形又如兹矣神不待形可以悟乎
難曰神不待形未可頓辨就如子言苟不待形則貧形之與獨照其理常一雖曰相資而本不相關佛理所明而必陶鑄此神以濟彼形何哉
荅曰子之問有心矣此悠悠之所惑而未曁其本者也神雖不待形然彼形必生必生之形此神必宅必宅必生則照感爲一自然相濟自然相濟則理極於陶鑄陶鑄則功存功存則道行如四時之於万物豈有心於相濟哉理之所順自然之所至耳
難曰形神雖異自然相濟則敬聞矣子旣譬

神之於形如火之在薪薪無意於有火火無
情於寄薪故能合用無窮自與化永非此薪
之火移於彼薪然後爲火而佛理以此形既
盡更宅彼形形神去來由於罪福請問此形
爲罪爲是形耶爲是神耶若形也則大冶之
一物耳若神也則神不自濟繫於異形則子
形神不相資之論於此而躓矣
荅曰宜有斯問然後理可盡也所謂形神不
相資明其異本耳既以爲生生之内各周
其用苟用斯生以成罪福神豈自妙其照不
爲此形之用耶若其然也則有意於賢愚非
忘照而玄會順理玄會順理盡形化神宅此形

子不疑於其始彼此一理而性於其終耶

難曰神即形爲照形因神爲用斯則然矣悟既由神或亦在神神隨此形故有賢愚賢愚非神而神爲形用三世周迴萬劫無筭賢愚靡始而功顯中路無始之理玄而中路之功不孰有在末之功而柀無始之初者耶若有嘉通則請從後塵

荅曰子責其始有是言矣夫理無始終玄極無崖既生既化罪福往復自然所生耳所謂聰明誠由耳目耳目之本非聰明也所謂賢愚誠應有始既爲賢愚無始可知矣夫有物也則不能管物唯無物然後能爲物所歸若

有始也則不能爲終唯無始也然後終始無
窮此自是理所必然不可徵事之有始而責
神同於事神道玄遠至理無言髣髴其宗相
與爲悟而自末徵本動失其統所以守此一
觀庶階其峯若肆辯覓辭余知其息矣
洪範說生之本與佛同矣至乎佛之所演則

多河漢此溺於日用耳商臣極逆後嗣隆業
顏冉德行早夭無聞周孔之教自爲方內推
此理也其可知矣請廣其證以究其詳夫稟
靈乘和體極淳粹堯生丹朱頑凶無章不識
仁義瞽瞍誕舜原生則非所育求理應傳美
其事若茲而謂佛理爲迂可不悟哉

桓君山新論形神臣澄以為君山未聞釋氏之教至於論形神已設薪火之譬後之言者乃闇與之會故有取焉尓余嘗過故陳令同郡杜房見其讀老子書言老子用恬惔養性致壽數百歲今行其道寧能延年却老乎余應之曰雖同形名而質性才幹乃各異度有強弱堅脆之姿焉愛養適用之直差愈耳譬猶衣履器物愛之則完全乃久余見其旁有麻燭而炬垂一尺所則因以喻事言精神居形體猶火之然燭矣如善扶持隨火而側之可毋滅而竟燭燭無火亦不能獨行於虛空又不能後然其炧炧猶人之耆老齒墮髮白肌肉枯腊而精神弗為之能潤澤內外周遍則

氣索而死如火燭之俱盡矣人之遭邪傷病
而不遇共養良醫者或強死死則肌肉筋骨
常若火之傾賴風而不獲救護亦道滅則膚
餘幹長焉余甞夜坐飲內中然麻燭燭半壓欲
滅即自曰勑視見其皮有剝釦乃扶持轉側
火遂度而復則維人身或有虧剝劇能養慎
善持亦可以得度又人莫能識其始生時則
老亦死不當自知夫古昔平和之世人民蒙
美盛而生皆堅強老壽咸百年左右乃死死
時忽如卧出者猶果物穀實久老則自墮落
矣後世遭衰薄惡氣娶嫁又不時勤苦過度
是以身生子皆俱傷而筋骨血氣不充強故

照至上行是強爲止

折中年夭卒其遇病或疾痛惻怛然
後終絶故咨嗟憎惡以死爲大故昔齊景公
美其國嘉其樂云使古而無死何若晏子曰
上帝以人之殁爲善仁者息焉不仁者如焉
今不思勉廣曰學自通以趍立身揚名如但
貪利長生多求延壽益年則惑之不解者也
或難曰以燭火喻形神恐似而非焉今人之
肌膚時剥傷而自愈者血氣通行也彼蒸燭
缺傷雖有火居之不能復全是以神氣而生
長如火燭不能自補完蓋其所以爲異也而
何欲同之應曰火則從一端起而人神氣則
於體當從内稍出合於外若由外腠達於内

固未必由端往也譬猶炭火之爇赤如水過
渡之亦小滅然復生焉此與人血氣生長肌
肉等顧其終極或爲炙或爲灺耳曷爲不可以
喻哉余後與劉伯師夜爇脂火坐語鐙中脂
索而炷燋禿將滅息則以示曉伯師言人衰
老亦如彼禿燈矣又爲言前爇麻燭事伯師
曰燈燭盡當益其脂易其燭人老衰亦如彼
自蹷纘余應曰人既禀形體而立猶彼持燈
一燭及其盡極安能自盡易盡易之乃在人
人之蹷黨亦在天天或能爲他其肌骨血氣
充强則形神枝而久生惡則絕傷猶火之隨
脂燭多少長短爲遲速矣欲燈燭自盡易以

不能但促鍛旁脂以染漬其頭轉側蒸幹使火得安居則皆復明焉及本盡者亦無以難今人之養性或能使墮齒復生白髮更黑肌顏光澤如彼促脂轉燭者至壽極亦獨死耳明者知其難求故不以自勞愚者欺或而冀獲盡指易燭之力故汲汲不息又草木五穀以陰陽氣生於土及其長大成實實復入土而後能生猶人與禽獸昆蟲皆以雄雌交接相生生之有長長之有老老之有死若四時之代謝矣而欲變易其性求爲異道惑之不解者也

沙門不敬王者論

遠法師

晉成康之世車騎將軍庾氷疑諸沙門抗禮萬乘所明理何驃騎有荅二家論各在本集至元興中太尉桓公亦同此義謂庾言之未盡與八座書云佛之爲化雖誕以茫浩推乎視聽之外以敬爲本此出處不異蓋所期者殊非敬恭宜廢也老子同王侯於三大原其所重皆在於資生通運豈獨以聖人在位而比稱二儀哉將以天地之大德曰生通生理物存乎王者故尊其神器而禮寔惟隆豈是虚相崇重義存弘御而已沙門之所以生生資國存亦日用於理命豈有受其德而遺其禮沾其惠而廢其敬哉

于時朝士名賢答者甚衆雖言未悟時並爭有其美徒咸盡所懷而理蘊于情遂令無上道服毀於塵俗亮到之心屈乎人事悲夫斯乃交喪之所由千載之否運深懼大法之將淪感前事之不忘故著論五篇究叙微意豈曰淵壑之待晨露蓋是伸其罔極亦庶後之君子崇敬佛教者式詳覽焉

沙門不敬王者論在家第一

原夫佛教所明大要以出家爲異出家之人凡有四科其弘教通物則功侔帝王化兼治道至於感俗悟時亦無世不有但所遇有行藏故以廢興爲隱顯耳其中可得論者請略

而言之在家奉法則是順化之民情未變俗迹同方內故有天屬之愛奉主之禮禮敬有本遂因之而成教本其所因則功由在昔是故因親以教愛使民知其有自然之恩因嚴以教敬使民知有自然之重二者之來寔由冥應應不在今則宜尋其本故以罪對爲刑罰使懼而後慎以天堂爲爵賞使悅而後動此皆即其影響之報而明於教以因順爲通而不革其自然也何者夫厚身存生以有封爲滯累根深固存我未忘方將以情欲爲苑囿聲色爲遊觀躭湎世樂不能自勉而特出是故教之所撿以此爲涯而不明其外耳其

外未明則大同於順化故不可受其德而遺其禮沾其惠而廢其敬是故悅釋迦之風者輒先奉親而敬君變俗投簪者必待命而順動若君親有疑則退求其志以俟同悟斯乃佛教之所以重資生助王化於治道者也論者立言之旨貌有所同故位夫内外之分以明在三之志略叙經意宣寄所懷

沙門不敬王者論出家第二

出家則是方外之賓迹絶於物其爲教也達患累緣於有身不存身以息患知生生由於稟化不順化以求宗求宗不由於順化則不重運通之資息患不由於存身則不貴厚生

之益此理之與形乖道之與俗反者也若斯人者自誓始於落簪立志形乎變服是故凡在出家皆遯世以求其志變俗以達其道變俗則服章不得與世典同禮遯世則宜高尚其跡夫然者故能拯溺俗於沉流拔幽根於重劫遠通三乘之津廣開天人之路如令一

夫全德則道洽六親澤流天下雖不處王侯之位亦已恊契皇極在宥生民矣是故内乖天屬之重而不違其孝外闕奉主之恭而不失其敬從此而觀故知超化表以尋宗則理深而義篤昭泰息以語仁則功末而恵淺若然者雖將面冥山而旋步猶或恥聞其風豈

況與夫順化之民尸祿之賢同其孝敬者哉

沙門不敬王者論求宗不順化第三

問曰尋夫老氏之意天地以得一爲大王侯以體順爲尊得一故爲萬化之本體順故有運通之功然則明宗必存乎體極體極必由於順化是故先賢以爲美談衆論所不能異異夫衆論者則義無所取而云不順化何耶荅曰凡在有方同稟生於大化雖羣品万殊精麄異貫統極而言唯有靈與無靈耳有靈則有情於化無靈則無情於化無情於化化畢而生盡生不由情故形朽而化滅有情於化感物而動動必以情故其生不絕其生不

絶則其化弥廣而形弥積情弥滯而累弥深其爲患也焉可勝言哉是故經稱泥洹不變以化盡爲宅三界流動以罪苦爲場化盡則因緣永息流動則受苦無窮何以明其然夫生以形爲桎梏而生由化有化以情感則神滯其本而智昏其照介然有封則所存唯巳所涉唯動於是靈轡失御生塗日開方隨貪愛於長流豈一受而巳哉是故反本求宗者不以生累其神超落塵封者不以情累其生不以情累其生則生可滅不以生累其神則神可冥冥神絶境故謂之泥洹泥洹之名豈虚稱也哉請推而實之天地雖以生生爲大

而未能令生者不死王侯雖以存存爲功而未能令存者無患是故前論云達患累緣於有身不存身以息患知生生由於稟化不順化以求宗義存於此義存於此斯沙門之所以抗禮万乘高尚其事不爵王侯而沾其惠者也

沙門不敬王者論體極不兼應第四

問曰歷觀前史上皇已來在位居宗者未始異其原本本不可二是故百代同典咸一其統所謂唯天爲大唯堯則之如此則非智有所不照自無外可照非理有所不盡自無理可盡以此而推視聽之外廓無所寄理無所寄

則宗極可明今諸沙門不悟文表之意而惑
教表之文其爲謬也固已甚矣若復顯然有
驗此乃希世之聞
荅曰夫幽宗曠邈神道精微可以理尋難以
事詰既涉乎教則以因時爲檢雖應世之見
優劣万差至於曲成在用感即民心而通其
分分至則止其智之所不知而不関其外者
也若然則非體極者之所不兼兼之者不可
並御耳是以古之語大道者五變而形名可
舉九變而賞罰可言此但方内之階差而猶
不可頓設況其外者乎請復推而廣之以遠
其旨六合之外存而不論者非不可論論之

或乖六合之内論而不辨者非不可辨辨之或疑春秋經世先王之志辨而不議者非不可議議之者或亂此三者皆即其身耳目之所不至以爲關鍵而不爾視聽之外者也因此而求聖人之意則内外之道可合而明矣常以爲道法之與名教如來之與堯孔發致雖殊潛相影響出處誠異終期則同詳而辨之指歸可見理或有先合而後乖有先乖而後合先合而後乖者諸佛如來則其人也先乖而後合者歷代君王未體極之主斯其流也何以明之經云佛有自然神妙之法化物以權廣隨所入或爲靈仙轉輪聖帝或爲卿

相國師道士若此之倫在所變現諸王君子莫知爲誰此所謂合而後乖者也或有始創大業而功化未就迹有參差故所受不同或期功於身後或顯應於當年聖王則之而成教者亦不可稱筭雖抑引無方必歸塗有會此所謂乖而後合者也若令乖而後合則擬步通塗者必不自崖於一揆若令先合而後乖則釋迦之與堯孔發致不殊斷可知矣是故自乖而求其合則知理會之必同自合而求其乖則悟體極之多方但見形者之所不兼故惑衆塗而駭其異耳因茲而觀天地之道功盡於運化帝王之德理極於順通若以

對夫獨絶之教不變之宗固不得同年而語其優劣亦已明矣

沙門不敬王者論形盡神不滅第五

問曰論旨以化盡爲至極故造極者必違化而求宗求宗不由於順化是以引歷代君王使同之佛教令體極之至以權居統此雅論之所託自必於大通者也求之實當理則不然何者夫禀氣極於一生生盡則消液而同無神雖妙物故是陰陽之所化耳既化而爲生又化而爲死既聚而爲始又散而爲終因此而推固知神形俱化原無異統精麁一氣始終同宅宅全則氣聚而有靈宅毀則氣散

而照滅散則反所受於天夲滅則復歸於無物反覆終窮皆自然之數耳孰爲之哉若今夲異則異氣數合合則同化亦爲神之處形猶火之在木其生必存其毀必滅形離則神散而罔寄木朽則火寂而靡託理之然矣假使同異之分昧而難明有無之說必存乎聚散聚散氣變之摠名萬化之生滅故莊子曰人之生氣之聚聚則爲生散則爲死若死生爲彼徒苦吾又何患古之善言道者必有以得之若果然耶至理極於一生生盡不化義可尋也

荅曰夫神者何耶精極而爲靈者也精極則

非卦象之所圖故聖人以妙物而爲言雖有上智猶不能定其體狀窮其幽致而談者以常識生疑多同目亂其爲誣也亦已深矣將欲言之是乃言夫不可言今於不可言之中復相與而依俙神也者圓應無生妙盡無名感物而動假數而行感物而非物故物化而不滅假數而非數故數盡而不窮有情則可以物感有識則可以數求數有精麁故其性各異智有明闇故其照不同推此而論則知化以情感神以化傳情爲化之母神爲情之根情有會物之道神有冥移之功但悟徹者反本惑理者逐物耳古之論道者亦未有所

同請引而明之莊子發玄音於大宗曰大塊勞我以生息我以死又以生爲人羈死爲反眞此所謂知生爲大患以無生爲反本者也文子稱黄帝之言曰形有靡而神不化以不化乘化其變無窮莊子亦云持犯人之形而猶喜若人之形万化而未始有極此所謂知生不盡於一化方逐物而不反者也二子之論雖未究其實亦甞傍宗而有聞焉論者不尋無方生死之説而或聚散於一化不思神道有妙物之靈而謂精麁同盡不亦悲乎火木之喻原自聖典失其流統故幽興莫尋微言遂淪於常教令談者資之以成疑向使時

無悟宗之匠則不知有先覺之明冥傳之功沒世靡聞何者夫情數相感其化無端因緣密構潛相傳寫自非達觀孰識其變自非達觀孰識其會請爲論者驗之以實火之傳於薪猶神之傳於形火之傳異薪猶神之傳異形前薪非後薪則知指窮之術妙前形非後形則悟情數之感深惑者見形朽於一生便以謂神情俱喪猶覩火窮於一木謂終期都盡耳此由從養生之談非遠尋其類者也就如來論假令神形俱化始自天本愚智資生同稟所受問所受者爲受之於形耶爲受之於神耶若受之於形凡在有形皆化而爲神

矣若受之於神是以神傳神則丹朱與帝堯
齊聖重華與瞽瞍等靈其可然乎其可然乎
如其不可固知宜緣之搆著於在昔明闇之
分定於形初雖靈均善運猶不能變性之自
然況降茲已還乎驗之以理則微言而有徵
効之以事可無惑於大道

論成後有退居之賓步朗月而宵遊相與共
集法堂因而問曰敬尋雅論大歸可見殆無
所間一日試重研究蓋所未盡亦少許處耳
意以爲沙門德式是變俗之殊制道家之名
器施於君親固宜略於形敬今所疑者謂甫
創難就之業遠期化表之功潛澤無現法之

劾來報玄而未應乃令王公獻供信士屈體得無坐受其德陷乎早計之累虛沾其惠貽夫素飡之譏耶主人良久乃應曰請爲諸賢近取其類有人於此奉宣時命遠通殊方九譯之俗問王者以當資以糇糧錫以轝服不荅曰然主人曰類可尋矣夫稱沙門者何耶謂其發蒙俗之幽昬啓化表之玄路方將以兼忘之道與天下同往使希高者挹其遺風漱流者味其餘津若然雖大業未就觀其超步之跡所悟固已弘矣然則運通之功資存之益尚未酬其始誓之心況荅三業之勞乎又斯人者形雖有待情無近寄視夫四事之供若

蟭螟之過乎其前者耳濡沫之惠復焉足語哉衆賓於是始悟冥途以開轍爲功息心以淨畢爲道乃欣然怡襟詠言而退

晉元興三年歲次閼逢于時天子蒙塵人百其憂凡我同志僉懷綴旒之歎故因述斯論焉

沙門袒服論

遠法師　河鎮難并荅遠法師

或問曰沙門袒服出自佛教是禮與荅曰然

問曰三代殊制其禮不同質文之變備於前典而佛教出乎其外論者咸有疑焉若有深致幸誨其未聞

荅曰玄古之民大朴未虧其禮不文三王應

世故與時而變因茲以觀論者之所執方內
之格言耳何以知其然中國之所無或得之
於異俗其民不移故其道未亡是以天竺國
法盡敬於所尊表誠於神明率皆袒服所謂
去飾之基者也雖記籍未流茲土其始似有
聞焉佛出於世因而爲教明所行不左故應
右袒何者將辨貴賤必存乎位位以進德則
尚賢之心生是故沙門越名分以背時不退
已而求先又人之所能皆在於右若動不以
順則觸事生累過而能復雖中賢猶未得況
有下於此者乎請試言之夫形以左右成體
理以邪正爲用二者之來各乘其本滯根不

拔則事求愈應而形理相資其道微明世習未移應微難辨祖服既彰則形隨事感理悟其心以御順之氣表誠之體而邪正兩行非其本也是故世尊以祖服篤其誠而閑其邪使名實有當敬慢不雜然後開出要之路導眞性於久迷今淹世之賢不自絕於無分希進之流不惑塗而旋步於是服膺聖門者咸履正思順異跡同軌緬素風而懷古背華俗以洗心尋本達變即近悟遠形服相愧理深其感如此則情化專向修之弗倦動必以順不覺形之自恭斯乃如來勸誘之外因斂麁之妙跡而衆談未喻或欲革之反古之道何

其深哉

何鎮南難

見答問祖服指訓兼弘標末文於玄古資形理於近用使敬慢殊流誠服俱盡殆無間然至於所以明順猶有未同何者儀形之設蓋在時而用是以事有内外乃可以淺深應之李釋之與周孔漸世之與遺俗在於因循不同必無逆順之殊明矣故老明兵凶處右禮以喪制不左且四等窮奉親之至三駈顯王跡之仁在後而要其旨可見寧可寄至順於凶事表吉誠於喪容哉鄭伯所以肉祖亦猶許男輿櫬皆自以所乘者逆必受不測之罰

以斯而證順將何在故率所懷想更詳盡今
内外有歸　遠法師荅
敬尋問旨蓋是開其遠塗照所未盡令精麁
並順内外有歸三復斯誨所悟良多常以爲
道訓之與名教釋迦之與周孔發致雖殊而
潛相影響出處誠異終期則同但妙跡隱於
常用指歸昧而難尋遂令至言隔於世典談
士發殊塗之論何以知其然聖人因弋釣以
去其甚順四時以簡其煩三驅之禮失前禽
而弗吝網罟之設必待化而方用上極行葦
之仁内匹釋迦之慈使天下齊已物我同觀
則是合抱之一毫豈直有間於優劣而非相

與者哉然自跡而尋猶大同於兼愛遠求其實則階差有分分外之所通未可勝言故漸茲以進德今事顯於君親從此而觀則內外之教可知聖人之情可見但歸塗未啓故物莫之識若許其如此則袒服之義理不容疑來告記謂宜更詳盡故復究敘本懷原夫形之化也陰陽陶鑄受左右之體昏明代運有死生之說人情咸悅生而懼死好進而惡退是故先王既順民性撫其自然令吉凶殊制左右異位由是吉事尚左進爵以厚其生凶事尚右哀容以毀其性斯皆本其所受因順以通教感於事變懷其先德者也世之所

貴者不過生存生存而屈伸進退道盡於此
淺深之應於是乎在沙門則不然後身退己
而不謙卑時來非我而不辭辱卑以自牧謂
之謙居衆人之所惡謂之順謙順不失其本
則日損之功易積出要之路可遊是故遁世
遺榮反俗而動動而反俗者與夫方內之賢
雖貌同而實異何以明之凡在出家者達患
累緣於有身不存身以息患知生生由於稟
化不順化以求宗推此而言固知發軫歸塗
者不以生累其神超落世務者不以情累其
生不以情累其生則生可絕不以生累其神
則神可冥然則向之所謂吉凶成禮奉親事

君者蓋是一域之言耳未始出於有封有封未出則是翫其文而未達其變若然方將滯名教以徇生乘万化而背宗自至順而觀得不曰逆乎漸世之與遺俗指存於此

遠法師明報應論　荅桓南郡

問曰佛經以殺生罪重地獄斯罰冥科幽司應若影響余有疑焉何者夫四大之體即地水火風耳結而成身以爲神宅寄生栖照津暢明識雖託之以存而其理天絕豈唯精麄之間固亦無受傷之地滅之既無害於神亦由滅天地間水火耳又問万物之心愛欲森繁但私我有己情慮之深者耳若因情致報

乘惑生應則自然之迹順何所寄哉
荅曰意謂此二條始是來問之關鍵立言之
津要津要既明則群疑同釋始涉之流或因
茲以悟可謂朗滯情於常識之表發奇唱於
未聞然佛教深玄微言難辨苟未統夫指歸
亦焉能暢其幽致當爲依傍大宗試叙所懷
推夫四大之性以明受形之本則假於異物
託爲同體生若遺塵起滅一化此則慧觀之
所入智忍之所遊也於是乘去來之自還雖
聚散而非我寓群形於大夢實處有而同無
豈復有封於所受有係於所戀哉若斯理自
得於心而外物未悟則悲獨善之無功感先

覺而興懷於是思弘道以明訓故仁恕之德存焉若彼我同得心無兩對遊忍則泯一玄觀交兵則莫逆相遇傷之豈唯無害於神固亦無生可殺此則文殊案劒迹逆而道順雖復終日揮戈措刃無地矣若然者方將託鼓舞以盡神運干鏚而成化雖功被猶無賞何罪罰之有耶若反此而尋其源則報應可得而明推事而求其宗則罪罰可得而論矣嘗試言之夫因緣之所感變化之所生豈不由其道哉無明爲惑網之淵貪愛爲衆累之府二理俱遊冥爲神用吉凶悔吝唯此之動無明掩其照故情想凝滯於外物貪愛流其性

故四大結而成形形結則彼我有封情滯則
善惡有主有封於彼我則私其身而身不忘
有主於善惡則戀其生而生不絶於是甘寢
大夢昏於同迷抱疑長夜所存唯著是故失
得相推禍福相襲惡積而天殃自至罪成則
地獄斯罰此乃必然之數無所容疑矣何者
會之有本則理自冥對兆之雖微勢極則發
是故心以善惡爲形聲報以罪福爲影響本
以情感而應自來豈有幽司由御失其道也
然則罪福之應唯其所感感之而然故謂之
自然自然者即我之影響耳於夫主宰復何
功哉

請尋來問之要而驗之於實難旨全許地水火風結而成身以爲神宅此即宅有主矣問主之居宅有情耶無情耶若云無情則四大之結非主宅之所感若以感不由主故處不以情則神之居宅無情無痛痒之知神既無知宅又無痛痒以接物則是伐卉剪林之喻

無明於義若果有情四大之結是主之所感也若以感由於主故處必以情則神之居宅不得無痛痒之知神既有知宅又受痛痒以接物固不得同天地閒水火風明矣因茲以談夫神形雖殊相與而化内外誠異渾爲一體自非達觀孰得其際耶苟未之得則愈久

愈迷耳凡稟形受命莫不盡然也受之既然
各以私戀爲滯滯根不拔則生理弥固愛源
不除則保之亦深設一理逆情使方寸迷亂
而況舉體都亡乎是故同逆相乘共生讎隙
禍心未冥則構怨不息縱復悅畢受惱情無
遺憾形聲既著則影響自彰理無先期數合
使然也雖欲逃之其可得乎此則因情致報
乘感生應但立言之旨本異故其會不同耳
問曰若以物情重生不可致喪則生情之由
私戀之惑耳宜朗以達觀曉以大方豈得就
其迷滯以爲報應之對哉
荅曰夫事起必由於心報應必由於事是故

自報以觀事而事可變舉事以責心而心可反推此而言則知聖人因其迷滯以明報應之對不就其迷滯以爲報應之對也何者人之難悟其日固久是以佛教本其所由而訓必有漸知久習不可頓廢故先示之以罪福罪福不可都忘故使推其輕重輕重推於罪福則驗善惡以宅心善惡滯於私戀則推我以通物二理兼弘情無所係故能尊賢容衆恕已施安遠尋影響之報以釋往復之迷迷情旣釋然後大方之言可曉保生之累可絕夫生累者雖中賢猶未得豈常智之所達哉

三報論 因俗人疑善惡無現驗作 遠法師

經說業有三報一曰現報二曰生報三曰後報現報者善惡始於此身即此身受生報者來生便受後報者或經二生三生百生千生然後乃受受之無主必由於心心無定司感事而應應有遲速故報有先後先後雖異咸隨所遇而爲對對有強弱故輕重不同斯乃自然之賞罰三報之大略也非夫通才達識入要之明罕得其門降茲已還或有始涉大方以先悟爲蓍龜博綜內籍反三隅於未聞師友仁匠習以移性者差可得而言請試論之夫善惡之興由其有漸漸以之極則有九品之論凡在九品非其現報之所攝然則現報

絶夫常類可知類非九品則非三報之所攝何者若利害交於目前而頓相傾奪神機自運不待慮而發發不待慮則報不旋踵而應此現報之一隅絶夫九品者也又三業殊體自同有定報定則時來必受非祈禱之所移智力之所免也將推而極之則義深數廣不可詳究故略而言之相參懷佛教者以有得之世或有積善而殃集或有凶邪而致慶此皆現業未就而前行始應故曰禎祥遇禍妖孽見福疑似之嫌於是乎在何以謂之然或有欲匡主救時道濟生民擬步高跡志在立功而大業中傾天殃頓集或有棲遲衡門無悶

於世以安步爲輿優遊卒歲而時來無妄運非所遇世道交淪干其閑習或有名冠四科道在入室全愛體仁慕上善以進德若斯人也含沖和而納疾履信順而夭年此皆立功立德之行變疑嫌之所以生也大義既明宜尋其對對各有本待感而發逆順雖殊其揆一耳何者倚伏之契定於在昔冥符告命潛相迴換故令禍福之氣交謝於六府善惡之報舛乎而兩行是使事應之際愚智同惑謂積善之無慶積惡之無殃感神明而悲所遇慨天喪之於善人咸謂名敎之書無宗於上遂使大道翳於小成以正言爲善誘應心求

實必至理之無此原其所由由世典以一生
爲限不明其外其外未明故尋理者自畢於
視聽之内此先王即民心而通其分以耳目
爲關鍵者也如今合内外之道以求弘教之
情則知理會之必同不惑衆塗而駭其異若
能覽三報以觀窮通之分則尼父之不荅仲
由顔冉對聖匠而如愚皆可知矣亦有緣起
而緣生法雖預入諦之明而遺愛未忘猶以
三報爲華苑或躍而未離于淵者也推此以
觀則知有方外之賓服膺妙法洗心玄門一
詣之感超登上位如斯倫匹宿殃雖積功不
在治理自安消非三報之所及因茲而言佛

經所以越名教絶九流者豈不以踈神達要
陶鑄靈府窮源盡化鏡万像於無像者也
弘明集卷第五　　　　　　　　集

夭於小反　泯米忍反　淆户交反　頹徒回反　覈苦吊反　癢音養
矧始忍反　躓音致　瞍叟字　幹古旦反　膬取歲反　皃完字　灺徐野反正作灺
腊音昔　剌郎達反　壓音押　剥鈋上必角反下許訖反　湊七奏反
䕼古文然字　鐙燈字　蹷纘上巨月反下子管反　漬在智反　亢苦浪反
驃音標　亮力向反　壑呼各反　囿音右　湎眉展反　桎梏上音質下古篤反
轡音秘　鍵音件　駭胡解反　液音亦　悕音希　羈居宜反
蟭音焦　濡而朱反　蹾直列反　衿音今　閞烏葛反　旒音流　櫬初近反
弋音亦　殉詞閏反　鏚倉歷反　讎音酬　郄丘逆反　憾胡暗反
蓍音尸　綜子送反　踵之勇反

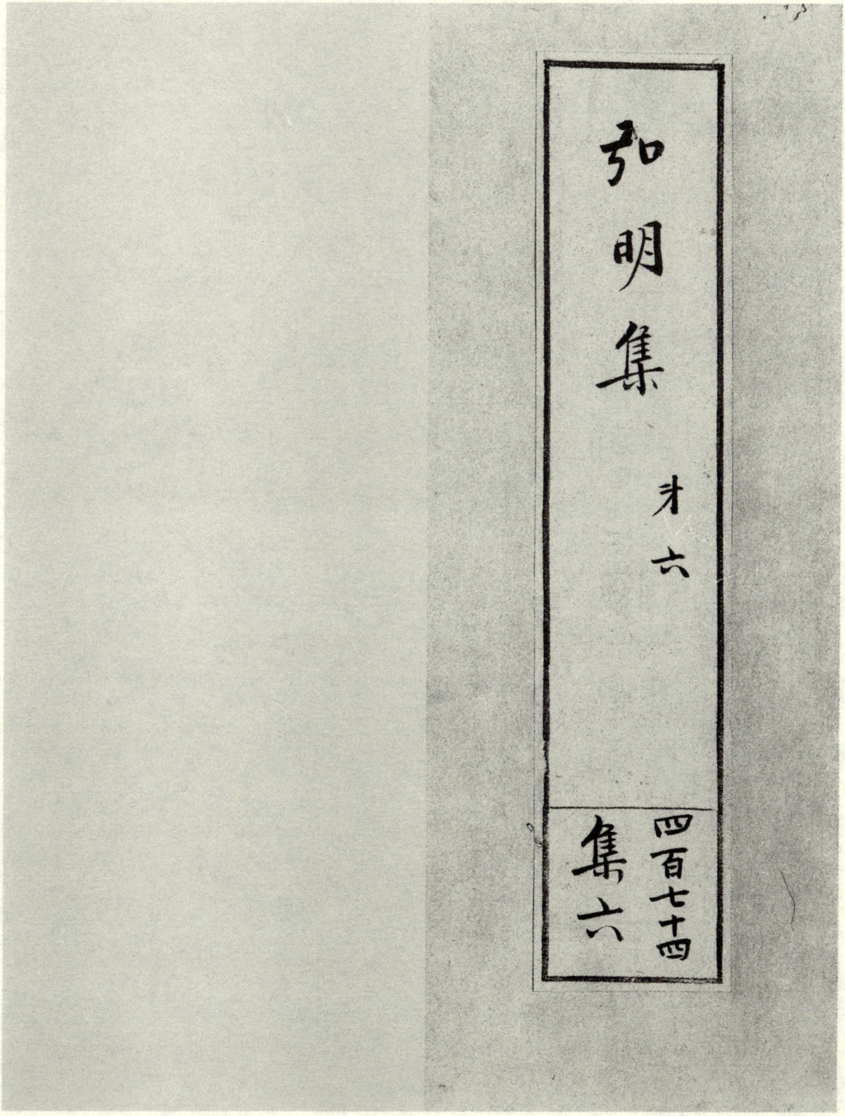
弘明集　才六
四百七十四
集六

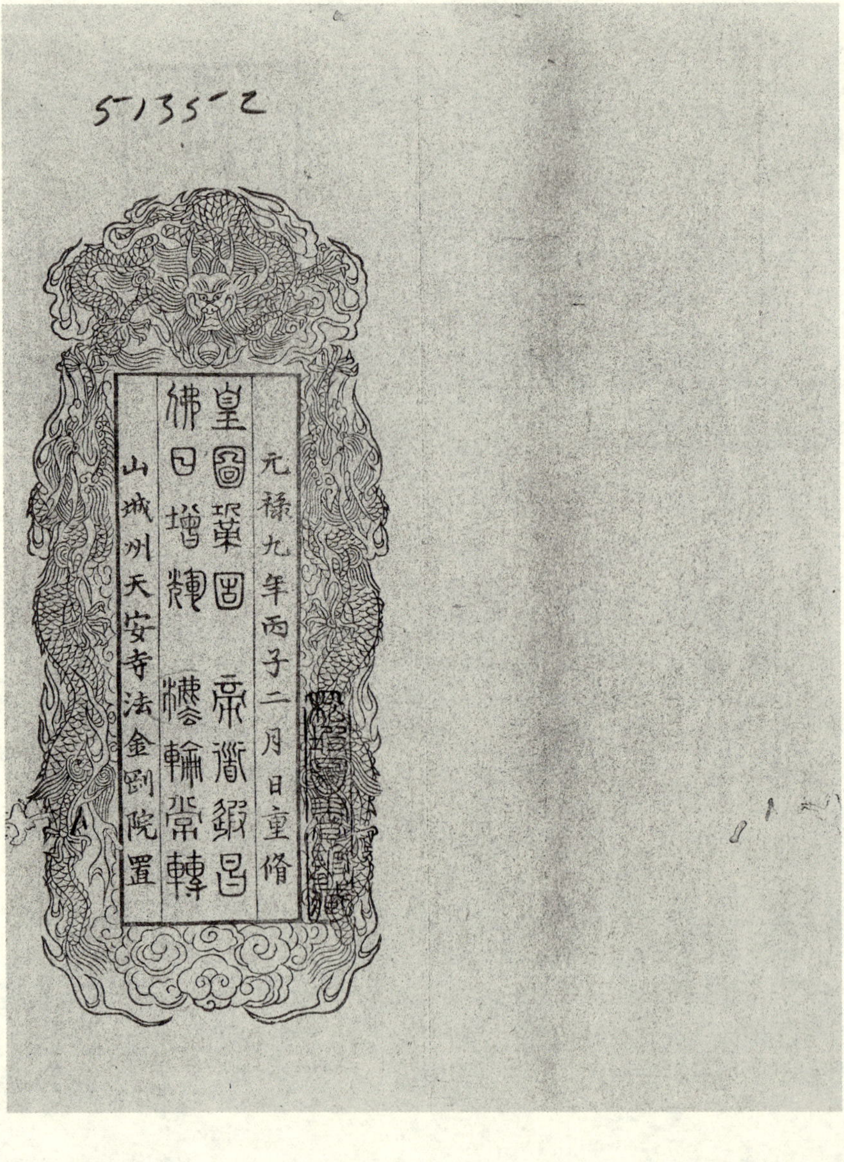

元祿九年丙子二月日重脩

皇圖鞏固　帝道遐昌

佛日增輝　法輪常轉

山城州天安寺法金剛院置

弘明集卷第六　　集

梁釋僧祐撰

釋駮論　　釋道恒

晉義熙之年如聞江左袁何二賢並商略治道諷刺時政雖未覩其文意者似依傍韓非五蠹之篇遂譏世之闕發五横之論而沙門無事猥落其例余恐眩曜時情永淪邪惑不勝憤惋之至故設賓主之論以釋之有東京

東教君子詰於西鄙慠散野人曰僕曾預聞佛法沖邃非名教所議道風玄遠非器像所擬清虛簡勝非近識所闚妙絕群有非常情所測故每爲時君之所遵崇貴達之所欽仰於是衆庶朋契雷同奔向咸共嗟詠稱述其美云若滌清風流則精義入微研究理味則妙契神用濯塵垢於胷心脫桎梏於形表超俗累於籠樊邈世務而高蹈論眞素則夷齊無以踰其操遺榮寵則巢許無以過其志味玄旨則顏冉無以參其風去紛穢則松喬無以比其潔信如所談則義無間然矣但今觀諸沙門通非其才群居猥雜未見秀異混若

涇渭渾波泯若薰蕕同篋若源清則津流應
鮮根深則條顯必茂者其言行而始終不倫
究其本末幾有無校僕之所以致怪良由於
此如皇帝之志智據梁之失力皆在鑪錘之
間陶鑄以成聖者苟道不虛行才必應器然
沙門既出家離俗高尚其志違天屬之親捨
榮華之重毀形好之餝守清節之禁研心唯
理屬已唯法投足而安蔬食而已使德行卓
然為時宗仰儀容邕肅為物軌則然觸事蔑
然無一可採何栖託之高遠而業尚之鄙近
至於營求孜伋無暫寧息或墾殖田圃與農
夫齊流或商旅博易與衆人竟利或矜恃醫道

輕作寒暑或機巧異端以濟生業或占相孤
虛妄論吉凶或詭道假權要射時意或聚畜
委積頤養有餘或指掌空談坐食百姓斯皆
德不稱服行多違法雖暫有一善亦何足以
標高勝之美哉自可廢之以一風俗此皆無
益於時政有損於治道是執法者之所深疾
有國者之所大患且世有五横而沙門處其
一焉何以明之乃大設方便鼓動愚俗一則
誘喻一則迫愶云行惡必有累劫之殃修善
便有無窮之慶論罪則有幽冥之伺語福則
有神明之祐敦厲引導勸行人所不能行逼
強切勒勉爲人所不能爲上減父母之養下

損妻孥之分會同盡餚饍之甘寺廟極壯麗之美割生民之珎玩崇無用之虛費罄私家之年儲闕軍國之資實張空聲於將來圖無像於未兆聽其言則洋洋而盈耳觀其容則落落而滿目考現事以求徵並未見其驗眞所謂繫影捕風莫知端緒亮僕情之所未安有識者之所巨惑若有嘉信請承下風脫有暫悟永去其滯矣

主人荅

主人憮然有閒慨尒長歎咄異哉子之所陳何其陋也夫鄙俗不可以語大道者滯於形也曲士不可以辨宗極者局於名也今將爲

子略舉一隅自可思反其宗矣蓋聖人設教
應器投法受量有限故化之以漸録善心於
毫端忘鄙吝於丘壑片行之善永為身資一
念之福終為神用始覆一簣不可責以為山
之功方趣絶境不中窮以括囊之實然海之
所以稱大者由無曒潔之清道之所以稱晦
跡者以無赫然之觀夫恶親婉孌有心之所
滯而沙門遺之如脱屣名位財色世情之所
重而沙門視之如粃糠可謂忍人所不能去
斯乃標尚之雅趣弘道之勝事而去蔑然豈
非妙賞之謂乎又且志業不同歸向塗乖此
遥分轍不相領悟未見秀異故其宜耳古人

每嘆才之爲難信矣周号多士乱臣十人唐
虞之盛元凱二八孔門三千並海内翹秀簡
充四科數不盈十於中伯牛廢疾回也六極
商也慳悋賜也貨殖予也難雕由也凶愎求
也聚斂任不稱職仲弓雖騂出於犂色而舉
世推德爲人倫之宗欽尚高軌爲縉紳之表
百代詠其遺風千載仰其景行至於沙門乃
昔共剥節酷相瓦礫斯豈君子弘通之道雅
正之論哉此由惑人入班輸之作坊不稱指
南之巧妙但識拙者之傷手眞可謂伏膺下
流志存鄙劣昔丞相問客俗言鵄梟食母寧
有是乎客荅但聞慈烏反哺耳相乃悵然自

愧失言今子處心將無似相之問也君子過惡揚善反是謂何又去投足而安且林野蕭條每有寇盜之患城傍入出動嬰交遊之譏處身非所則招風塵之累婆娑田里則犯人間之論二三無可進退唯咎宇宙雖曠莫知所厝又去踈餐而已夫人間有不贍之匱山澤無委積之儲方宜取給復乗之以法所向九折於何得立若堂堂聖世而有首陽之餓夫明明時雍而有赴海之死客於雅懷何如然體無毛羽不可袒而無衣腹非匏瓜不可繫而不食自耒造極要有所資年豐則取足於百姓時儉則肆力以自供誠非所宜事不

得已故蝮虵螫手斬以求全推其輕重蓋所存者大雖營一已不求無獲求之不必一塗但令濟之有理亦何嫌多方以爲煩穢其欲域使不得妄動何故執之甚乎昔伯成躬耕以墾殖沮溺耦作以修農陶朱商賈以營生於陵灌蔬以自供崔文賣藥以繼乏君平卜筮以補空張衡術數以馳名馬鈞奇巧以騁功此等直是違俗避世之人耳未正見有邈然絶塵與物天隔而咸共嗟詠不輟於口然沙門之中迹超諸乏恥與流輩動有万數至於體道神化超落人封非可筭計而未曾致言何其黨乎宜共思校事實不可古今殊論衆

寡異辝希簡為貴猥多致賤恐非求精覈理之談也去自可廢之以一風俗是何言歟聖人不誣十室三人必有師資芳蘭並茂而欲蘊崇焚之不亦暴乎其中自有德宇淵邃器標時望或翹楚皦潔栖寄清遠或禪思入微澄神絶境或敷演微言散幽釋滯或精勤福業勸化崇善凡出家之本落髮抽簪之日皆心口獨誓情到懇至雖生死弥綸玄塗長遠要自驅策必階於道金輪之榮忽若塵垢帝釋之重蔑若粃糠始者精誠乃有所感自非一舉頓詣體備圓足其間何能不有小失且當録其眞素略舉玄黃安渾舉一槩無復甄

別不可以管蔡之釁姬宗盡誅四凶之暴合朝流放此無異人苦頭蝨因欲并首俱焚患在足刺遂欲通股全解不亦濫乎

云無益於時政有損於治道夫弘道者之益世物有日用而不知故老氏云無爲之化百姓皆曰我自然斯言當矣是以干木高枕而魏國大治庚桑善誨而堨壘歸仁沙門在世誠無目前考課之功名教之外實有冥益近取五戒訓物非六經之疇遠以八難幽嶮非刑法之匹請以三藏銓罪非律令之流暢以般若辨惑非老莊之謂道品無漏拔苦因緣則存而不論周孔之教理盡形器至法之極

兼練神明精麁昇降不可同日而語其優劣矣昔孛助化以道佐治國境晏然民知其義年豐委積物無疵癘非益謂何

去世有五横沙門處其一焉凡言横者以其志無業尚散誕莫名或博易放蕩而傾竭家財或名挂編户而浮游卒歲或尸禄素餐而莫肯用心或執政居勢而魚食百姓或馳競進趣而公私並損或肆暴姦虐而動造不軌斯皆傷教乱正大敗風俗由是嵛悦奮筆而遊俠之論興韓非彈豪而五蠹之文作以之為横理故宜然施之沙門不亦謬乎國家方上與唐虞競巍巍之美下與殷周齊郁郁之

化不使基頴專有傲世之賓商洛獨標嘉遁之客甫欲大扇逸民之風崇肅方外之士覲子處懷經略時政乃欲踵亡秦虎狼之險術襲商韓剋薄之弊法坑焚儒典治無綱紀制太半之稅家無游財設三五之禁備民如賊天下熬然人無聊生使嬴氏之族不訖於三世二子之禍即戮於當時臨刑之日方乃追恨始者立法之謬本欲寧國静民不意堤防太峻反不容已事既往矣何嗟之及

去一則誘牖一則迫脅且衆生緣有濃薄才有利鈍解有難易行有淺深是以啓誨之道不一悟發之由不同抑揚頓挫務使從善斯乃

權謀之警策妙濟之津梁殊非誘迫之謂也去罪則冥伺福則神祐夫含德至淳則衆善歸焉易曰履信思順自天祐之吉無不利又曰爲不善於幽昧之中鬼得而誅之豈非冥伺神明之祐哉善惡之報經有誠證不復具列云會盡餚饍寺極壯麗此修福之家傾竭以儲將來之資殫盡自爲身之大計耳殆非神明歆其壯麗衆僧貪其滋味猶農夫之播殖匠者之構室將擇楨材以求堂宇之餝精簡種子以規嘉穀之實故稼穡必樹於沃壤之地卜居要選於爽塏之處是以知三尊爲衆生福田供養自修己之功德耳

云割生民之珍玩崇無用之虚費夫博施兼
愛仁者之厚德崇餝宗廟孝敬之至心世教
若此道亦如之物有損之而益爲之必獲且
浮財猶糞土施惠爲神用譬朽木之爲舟乃
濟度之津要何虚費之有哉欲端坐而望自
然拱嘿以希安樂猶無柯而求伐不食而徇
飽焉可得乎苟身之不修已爲困矣何必乃
蔽百姓之耳目擁天下之大善旣自歆毒復
欲鴆人何酷如之可謂亡我陷彼相與俱禍
是以盲聾瘖瘂之對經幽處彌劫之殃調達
之報歷地獄無間之苦
云罄私家之年儲闕軍國之資實聖王御世

淳風遐被震道綱以維六合布德網以籠羣
雋川無扣浪之夫谷無含歎之士四民咸安
其業百官各盡其分海內融通九州同貫戎
車於是寢駕甲士却走以糞嘉穀委於中田
食儲積而成朽童稚進德日新黃髮盡於眉
壽當共擊壤以頌太平鼓腹以觀盛化子何
多慮之深攝憂時之不足不亦過乎去惔太
官而腫口臨滄海而攝腹眞子之謂也
云繫影捕風莫知端緒夫僞辨亂眞大聖之
所悲嗟時不識寶卞和所以慟哭然妙旨希
夷而體之者道沖虛簡詣而會之者得用遠
能津梁類溺拔幽拯滯美濟當時化流無外

故神暉一震則感動大千春澤甍灑則九州蒙潤是以釋梵悟幽旨而歸誠帝王望玄宗而委質八部挹靈化而洗心士庶覩眞儀而奔至落落焉故非域中之名教肅肅焉殆是方外之冥軌然垣牆峭峻故罕得其門器宇幽邃希入其室是以道濟彌綸而理與之乖德包無際而事與之隔子執迷自畢没齒不悟蓋有以也夫日月麗天而瞽者莫覩其明雷霆震地而聾者不聞其響是誰之過與而方欲議宮商之音蔑文章之觀豈眞過之甚者昔文鱗改視於初曜須跋開聽於後緣子何罪之不幸獨懷疑以終年比衆人之所悲最

可悲之所先於是逡巡退席悵然自失良久
曰聞大道之説彌貫古今大判因緣窮理盡
性立理不爲當年弘道不期一世可謂原始會終
歸於命矣僕實滯寢長夜未達其旨故每造
有封今幸聞大夫之餘論結解疑散豁然醒
覺若披重霄以覩朗日發蒙甚而悟眞慧僕
誠不敏敬奉嘉誨矣

正二教道士有爲夷夏論者故作此以正之　明徵君僧紹

及聞殊論銳言置家有懼誣聖將明其歸故
先詳正所證二經之句庶可兩悟幽津
論稱道經云老子入關之于天竺維衞國國
王夫人名曰清妙老子因其晝寢乘日之精

入清妙口中後年四月八日夜半時剖右脇而生墮地即行七步舉手指天曰天上天下唯我爲尊三界皆苦何可樂者於是佛道興焉事在玄妙內篇此是漢中真典非穿鑿之書

正曰道家之旨其在老氏二經敷玄之妙備乎莊生七章而得一盡靈無間形變之奇彭殤均壽未覩無死之唱故恬其天和者不務變常安時處順夫何取長生若乘日之精入口剖腋年事不符託異合說稱非其有誕議神化秦漢之妄妖延魏晉言不經聖何云眞典乎

論稱佛經云釋迦成佛已有塵劫之數或爲

儒林之宗國師道士此皆成實正經非方便之說也

正曰佛經之宗根明極教而三世無得俗證覺道非可事顯然精深所會定慧有徵於內緣感所應因果無妄於外夫釋迦發窮源之眞唱以明神道之所通也故其練精研照非養正之功微善階極異殆庶自崖道濟在忘形而所貴非全生生不貴存存何功忘功而功著寂滅而道常出乎無始入乎無終靡應非身塵劫非遐此其所以爲教也

論曰二經之旨若合符契

正曰夫佛開三世故圓應無窮老止生形則教極澆淳所以在形之教不議殊生圓應之

化爰盡物類是周孔老莊誠帝王之師而非
前説之證既關塞異教又違符合之驗矣
論曰道則佛也佛則道也
正曰既教有方圓豈覩其同夫由佛者固可
以權老學老者安取同佛苟挾競慕高撰會
雜妄欲因其同樹邪去正是乃學非其學自
竊道蠹祇多不量見耻守器矣
論曰其入不同其爲必異各成其性不易其事
又曰或照五典或布三乘教在華而華言
化夷而夷語又曰佛道齊乎達化而有夷夏
之别
正曰寂感遂通在物必暢佛以一音隨類受

悟在夷之化豈必三乘教華之道何拘五教沖用因感既夷華未殊而俗之所畢孰乖聖則雖其人不同然其教自均也

論曰端委縉紳諸華之容也翦髮緇衣羣夷之服也

正曰將求理之所貴宜無本禮俗必襲異道唯其時物故君子豹變民文先革顓孫膺訓喪志學般夫致德韶武則禪代異典後聖有作豈限夷華況由之極教必拘國服哉是以繫其恒方而迷深動蹟矣水陸既變致遠有節舟車之譬得無翩乎而刻船守株固以兩見所歸.

論曰下弃妻孥上廢宗祀嗜欲之物咸以禮伸孝敬三典獨以法屈悖德犯順曾莫之覺又曰全形守祀繼善之教也毀貌易姓絕惡之學也理之可貴者道事之可賤者俗

正曰今以廢宗祀為犯順存嗜欲以申禮則是孝敬三典在我為得俗無必賤矣毀貌絕惡自彼為鄙道無必貴矣愛俗拘舊崇華尚禮貴賤迭置義成獨說徒欲蠹粥於凡觀豈期本理於聖言耶

論曰泥洹仙化各是一術佛號正真道稱正一一歸無死真會無生

正曰侯王得一而天下貞莫議仙化死而不

亡者壽不論無死臆說誣濫辟非而澤大道既隱小成乎起誠哉是言其諸誣詭倍慢欲以苟濟其違求之聖言固不容譏矣今之道家所教唯以長生為宗不死為主其練映金丹餐霞餌玉靈升羽蛻尸解形化是其託術驗而竟無覩其然也又稱其不登仙死則為鬼或召補天曹隨其本福雖大乘老莊立言本理然猶可無違世教損欲趣善乘化任往忘生生存存之旨實理歸於妄而未為亂常也至若張葛之徒又皆離以神變化俗怪誕惑世符呪章劾咸託老君所傳而隨稍增廣遂復遠引佛教證成其偽立言升雜師學無

依考之典義不然可知將令真妄渾流希悟
者永惑莫之能辨誣亂已甚矣
客既悉於佛老之正猶未值其津令將更粗
言其隅而使自反焉夫理照研心二教兩得
乃可動靜兼盡所遏斯乘也老子之教蓋修
身治國絕棄貴尚事止其分虛無爲本柔弱
爲用内視反聽深根寧極渾思天元恬高人
世浩氣養和失得無變窮不謀通致命而俟
達不謀已以公爲度此學者之所以詢仰餘
流而其道若存者也安取乎神化無方濟世
不死哉其在調露羽蜕精變窮靈此自繕積
前成生甄異氣哉雖記奇之者有之而言理

者弗由矣稽之神功爰及物類大若麟鳳恠瑞小則雀雉之化夫旣一受其形而希學可致乎至乃顏孔道隣親資納之極固將仰靈塵而上欲從末由則分命之不妄有推之可明矣故仲尼貴知命而必有所不言伯陽去奇尚而固守以無爲皆將以抑其誕妄之所自來也然則窮神盡教固由之有宗矣道成事得各會之有允矣夫行業著於前生而强學以求致其功積習成於素孱而横慕以妄易其爲首燕求越其希至何由哉故學得所學而學以誠也爲其可爲而爲可致也則夫學鏡生靈中天設教觀象測變存而不論經

世之深孔老之極也爲於未有盡照窮緣殊生共理練僞歸眞神功之正佛教之弘也是乃佛明其宗老全其生守生者蔽明宗者通然靜止大方乃雖蔽而非妄動由其宗則理通而照極故必德貴天全自求其道崇本貧通功歸四大不謀非然守教保常孔老之純得所學也超宗極覽尋流討源以有生爲塵毒故息敬於君親不敬議其化異不執方而駭奇妙寂觀以祐思功積見而要來則佛教之粹明於爲也故夫學得所學則可以資全生靈而教尊域中矣明爲於爲將乃滅習及流而邈天人矣過此已往未之或知洗慮之

得其將在兹

張融門律　周剡顒難

吾門世恭佛舅氏奉道道也與佛逗極無二寂然不動致本則同感而遂通達迹成異其猶樂之不沿不隔五帝之秘禮之不襲三皇之聖豈三與此皆殊時故不同其風異世故不一其義安可輒駕庸愚誣調神極吾見道士與道人戰儒墨道人與道士獄是非昔有鴻飛天道積遠難亮越人以爲鳧楚人以爲乙人自楚越耳鴻常一鴻乎夫澄本雖一吾自俱宗其本鴻迹既分吾已翔其所集汝可專遵於佛迹而無侮於道本書與二何兩孔

周剡山茨少子致書諸遊生者曰張融白烏哀鳴於將死人善言於就暮頃旣病盛生衰此亦瑰留幾氣況驚舟失柂於空壑山足無絆於澤中故𧡧陰之間雖寸每遽不縫不徙也欲使魄後餘意繩墨弟姪故爲門律數感其一章通源二道今奏諸賢以爲何若

荅張書并問張

周剡山茨歸書少子曰周顒頓首㦖製來班承復峻其門則叅子無踞誠不待奬敬尋同本有測高心雖神道所歸吾知其主然自釋之外儒綱爲弘過此而能與仲尼相若者黄老實雄也其教流漸非無邪弊素樸之本義

有可崇吾取捨舊懷粗有涇渭與奪之際不至朱紫但蓄積懷抱未及厝言耳途軌乖順不可謬同異之間文宜有歸辨來旨謂致本則同似非吾所謂同時殊風異又非吾所謂異也久欲此中微舉條裁幸因雅趣試共極言且略如左遲聞深況通源曰道也與佛逗極無二寂然不動致本則同感而遂通達迹誠異

周之問曰論云致本則同請問何義是其所謂本乎言道家者豈不以二篇爲主言佛教者亦應以般若爲宗二篇所貴義極虛無般若所觀照窮法性虛無法性其寂雖同位寂

之方其旨則別論所謂逗極無二者爲逗極
極於虚無當無二於法性耶將二塗之外更
有異本儻虚無法性其趣不殊乎若有異本
思告異本之情如其不殊願聞不殊之説通
源曰殊時故不同其風異世故不一其義吾
見道士與道人戰儒墨道人與道士獄是非
昔有鴻飛天道積遠難亮越人以爲鳧楚人
以爲乙人自楚越耳鴻常一鴻乎夫澄本雖
一吾自俱宗其本鴻跡既分吾已翔其所集
周之問曰論云時殊故不同其風是佛教之
異於道也世異故不一其義是道言之乖於
佛也道佛兩殊非鳧則乙唯足下所宗之本

一物爲鴻耳駈馳佛道無免二乖未知高鑒
緣何識本輕而宗之其有旨乎若猶取二教
以位其本恐戰獄方興未能聽訟也若雖因
二教同測教源者則此教之源每沿教而見
矣自應鹿巾環杖悠然目擊儒墨誾誾從來
何諍苟合源共是分跡雙非則二跡之用宜
均去取奚爲翔集所向勤務唯佛專氣抱一
無謹於道乎言精旨遠企聞後要
通源曰汝可專遵於佛跡而無侮於道本
周之問曰足下專遵佛跡無侮道本吾則心
持釋訓業愛儒言未知足下雅意位儒安在
爲當本一末殊爲本末俱異耶既欲精探彼

我方相究涉理類所關不得無請
重與周書并荅所問
張融白吾未能忘身故有情身分外既化極
魂首復爲子弟留地不欲使方寸舊都日夜
荒沒平生所困擴埴而草所以製是門律以
律其門非佛與道門將何律故告氣緩命憑
魄申陰數感卜應通源定本實欲足下發予
奇意果能翔牘起情妙見正折既赴所志今
爲子言
周之問曰論云致本則同請問何義是其所
謂本乎
荅彼周曰夫性靈之爲性能知者也道德之

爲道可知者也能知而不知所可知非能知之義可知而不爲能知所知非夫可知矣故知能知必赴於道可知必知所赴而下士靁情波照皷欲槩神精明駈動識用沉藹所以倒心下灌昭隔於道至若伯陽專氣致柔停虚任魄載營抱壹居凝通靜靜唯通也則照無所没魄緒停虚故融然自道足下欲使伯陽不靜寧可而得乎使靜而不泊道亦于何而可得今既靜而兩神神靜而道二吾未之前聞也故逗極所以一爲性遊簡且韻狷狂曠不能復行次戰思定覇宇内但敷生靈以逮志庶足下因象以捫珠是以則帝屬五而

神常一皇有三而道無二鳬乙之交定者鴻
乎吾所以直其繩矣
周之問曰言道家者豈不以二篇爲主言佛
敎者亦應以般若爲宗二篇所貴義極虛無
般若所觀照窮法性虛無法性其寂雖同住
寂之方其旨則別
荅彼周曰法性雖以即色圖空虛無誠乃有
外張義然環會其所中足下當加以半思也
至夫遊無蕩思心塵自拂思以無蕩一舉形
上是雖忘有老如騫釋然而有忘釋不伐老
當其神也悠悠精和坐廢寂然以湛其神遂
通以沖其用登其此地吾不見釋家之與老

氏陟其此意吾孰識老氏之與釋家逌極之
所以無二親情故妙得其一矣直以物感既
分應物難合令万象與視聽交錯視聽與万
象相横著之既已深却之必方淺所以昔下
之翁且藏即色順其所有不震其情尊其所
無衛情其順及物有潛去人時欲無既可西
風壹舉而致南精夕夢漢魂中寐不其可乎
若鄉謂老氏不盡乎無則非期於得意若鄉
謂盡無而不盡有得意復爽吾所期鄉若疑
老氏盡有而不亮以教則釋家有盡何以峻
迹斯時鄉若以釋家時宜迹峻其猶老氏時
峻此迹逌極之同兹焉余意

周之問曰論云時殊故不同其風是佛教之異於道也世異故不一其義是道言之乖於佛也道佛兩殊非㫖則乙

荅彼周曰非㫖則乙迹固然矣迹固其然吾不復荅但得其世異時殊不宜異其所以之異

周之問曰未知高鑒緣何識本

荅彼周曰綜識於本已吐前牘吾與老釋相識正如此正復是目擊道斯存卿欲必曲鞫其辭吾不知更所以自訟

周之問曰若猶取二教以位其本恐戰獄方興未能聽訟也

荅彼周曰得意有本何至取教

周之問曰若雖因二敎同測敎源者則此敎之源每訟敎而見矣

荅彼周曰誠哉有是言吾所以見道未壹於佛但吾之即此言别有奇即耳

周之問曰自應鹿巾環杖悠然目擊儒墨鬪鬪從來何諍

荅彼周曰虞芮二國之鬪田非文王所知也碎白玉以泯鬪其别有尊者乎況夜戰一鴻妄巾鳥乙斯自鹿巾之空負頭上環杖之自誣掌中吾安得了之哉

周之問曰苟合源共是分迹雙非則二跡之用宜均去取奚爲翔集所向勤務唯佛專氣

抱一無謹於道乎
荅彼周曰應感多端神情數廣吾不翔翮於
四果卿尚無疑其集佛吾不翔翮於五通而
於集道復何晦且寶聖宜本迹匪情急刹五
已有所集方復移其翔者耶卿得其無二於
兩楹故不峻督其去取
周之問曰吾則心持釋訓業愛儒言未知足
下雅意佛儒安在爲當本一末殊爲本末俱
異耶
荅彼周曰吾乃自元混百聖同投一極而近
論通源儒不在議足下今極其儒當欲列儒
圜道故無屬垣耳隙思潛師夜以遂齧掩天

城恐難升之險非子所躋則吾見師之出不見其入也吾已謂百聖同所投何容本末俱其異更以㵞勢倒兵恣御智勇吾之勇智自縱横湊出

周重荅書并周重問

周顒頓首夫可以運寄情抱非理何師中外聲訓登塗所奉而使此中介分然去留無薄是則怏怏失路在我奚難足下善欲言之吾亦言之未已也輒復往研遅承來枏

通源曰法性雖以即色圖空虛無誠乃有外張義所以苦下之翁且藏即色順其所有不震其情奪其所無㵾情其順

周之問曰苦下之藏即色信矣斯言也更恐
有不及於即色容自託以能藏則能藏者廣
或不獨出於厲鄉耳夫有之爲有物知其有
無之爲無人識其無老氏之署有題無無出
斯域是吾三宗鄙論所謂取捨驗馳未有能
越其度者也佛教所以義奪情靈言詭聲律
蓋謂即色非有故擅絶於群家耳此塗未明
在老何績但紛紛橫沸皆由著有迷道淪俗
玆焉是患既患由有滯而有性未明矯有之
家因崇無術有性不明雖則巨蔽然違誰尚
靜涉累實微是道家之所以有埤弘教前白
所謂黃老實雄者也王何舊説皆云老不及

聖若如斯論不得影響於釋宗矣吾之位老不至乃然夫大士應世其體無方或爲儒林之宗或爲國師道士斯經教之成說也乃至宰官長者咸託身相何爲老生獨非一跡但未知涉觀淺深品位高下耳此皆大明未啓權接一方日月出矣爝火宜廢無餘既說衆權自寢足下猶欲抗遺燎於日月之下明此火與日月通源既情崇於日月又無侮於火本未知此火本者將爲名乎將或實哉名而已耶道本安在若言欲實之日月爲實矣斯則事盡於一佛不知其道也通源之旨源與誰通

通源曰當其神地悠悠精和坐廢登其此地吾不見釋家之與老氏陟其此意吾孰識老氏之與釋家

又曰今旣靜而兩神神靜而道二吾未之前聞也

又曰伯陽專氣致柔停虛任魄魄緒停虛故融然自道也

又曰心塵自拂一舉形上

周之問曰足下法性雖以即色圖空虛無誠乃有外張義竊謂老釋重出對分區野其所境域無過斯言然則老氏之神地悠悠自悠悠於有外釋家之精和坐廢每坐廢於色空登

老氏之地則老異於釋氏釋氏之意則釋氏殊於老神旣靜而不兩靜旣兩而道二足下未之前聞吾則前聞之矣苟然則魄緒停虛是自虛其所謂虛融然自道亦非吾所聞道若夫心塵自拂一舉形上皆或未涉於大方不敢以通源相和也

通源曰足下欲使伯陽不靜寧可而得乎使靜而不怕道亦于何而不得

周之問曰甚如來言吾亦慮其未極也此所謂得在於神靜失在於物虛若謂靜於其靜非曰窮靜魄於其魄不云盡魄吾所許也無所間然

通源曰若卿謂老氏不盡乎無則非想期於得意若卿謂盡無而不盡有得意復爽吾所期周之問曰盡有盡無非極莫備知無知有吾許其道家唯非有非無之一地道言不及耳非有非無三宗所藴儻瞻餘慮惟足下其眆之念不使得意之相爽移失於有歸耳

通源曰非𡿨則乙跡固然矣跡固其然吾不復答

又曰吾與老釋相識正如此正復是目擊道斯存

又曰得意有本何至取教又曰誠哉有是言吾所以見道來一於佛

周之問曰足下之所目擊道存得意有本想法性之眞義是其此地乎佛教有之足下所取非所以何至取教也目擊之本即在教跡謂之鳧乙則其鴻安漸哉諸法眞性老無其旨目擊高情無存老跡旨跡兩亡索宗無所論所謂無侮於道本當無侮於何地哉若謂探道家之跡見其來一於佛者則是眞諦實義沿文可見矣將沿於道章而得之乎爲沿於德篇而遇之也若兩無所沿而玄德於方寸者此自足下懷抱與老釋而爲三耳或可獨樹一家非老情之所敢逮也

通源曰虞芮二國之鬭田非文王所知也斯

自鹿巾之空負頭上環杖之自誣掌中吾安能了之哉

周之問曰足下謂苦下之且藏即色則虛空有闕矣足下謂法性以即色圖空則法性爲備矣今有人於此操環杖而言法性鹿巾之士執虛無而來誚曰尒不同我吾與尒闕足下從容倚棘聽斷於其間曰皆不可也謂其鹿巾空負於頭上環杖自誣於掌中以足下之精明特達而判訟若斯良虞芮之所以於邑也

通源曰吾不翔翺於四果卿尚無疑其集佛吾翺不翔於五通而於集道復何晦

周之問曰足下不翔翮於四果猶勤集於佛教翮不翔於五通何獨棄於道跡乎理例不通方爲彼訴

通源曰當欲列儒圍道故先屬垣隙

周之問曰足下通源唯道源不及儒吾因疑其闕是以相訪但未知融然自道唯道能融將道之融然修儒可會耶雖非義本縱言宜及想釋本多暇幸惠餘音

余尋周張難問雖往復積卷然兩家位意理在初番故略其後文旨存義本

折夷夏論謝鎮之　謝鎮之書與顧道士

謝鎮之白敬覽夷夏之論辨擢一源詳據二

典清辭斐暐宮商有體玄致亹亹其可味乎
吾不涯管昧竭闚幽宗若不思探賾無階豪
犢但鏡復逾三未消鄙惑聊述所疑庶聞後釋
論始云佛是老子老子是佛又似仙化比泥
洹長生等無死爰引世訓以符玄教纂其辭
例蓋似均也未識翦華廢祀亦猶虫諠鳥聒
非所宜効請試論之案周孔以儒墨爲典老
莊以棄教明筌此皆開漸遊方未猶洪祏也
且虫鳥殊類化道本隔夫欲言之宜先究其
由故人參二儀是謂三才三才所統豈分夷
夏則知人必人類獸必獸群近而徵之七珍
人之所愛故華夷同貴恭敬人之所厚故九

服依敦是以關雎之風行乎四國况大化所
陶而不洽三千哉若據經而言蓋聞佛之興
世也古昔一法万界同軌釋迦文初修菩薩
時廣化群生於成佛而有其土預霑慈澤皆
來生我國我閻浮提也但久迷生死隨染俗
流釐失正路未悟前覺耳以聖人俯三達之
智各觀其根知區品不同故說三乘而接之
原夫眞道唯一法亦不二今權說有三殊引
而同歸故遊會說法悟者如沙塵拯沉濟惑
無出此法是以當來過去無邊世界共斯一
揆則知九十有五非其流也明矣彼乃始言
其同而未言其異故知聖之所同者非同未

之所異者非異將非謬擊瓦釜濫諧黃鍾耶豈不誣哉至如全形守祀戴冕垂紳披氈繞貝埋塵焚火正始之音婁羅之韻此俗禮之小異耳今見在鳥而鳥鳴在獸而獸呴允報万之一音感異類而殊應便使夷夏隔化一何混哉舟枯車溺可以譬彼夫俗禮者出乎忠信之薄非道之淳修淳道者務在反俗俗旣可反道則可淳反俗之難故宜祛其甚泰祛其甚泰必先墮冠削髮方衣去食墮冠無世餝之費削髮則無笄櫛之煩方衣則不假工於裁製去食則絶情想於嗜味此則爲道者日損豈夷俗之所制及其敷文奥籍三藏四

含此則爲學者日益豈華風之能造又云佛
經繁顯道經簡幽推此而言是則幽者鑽仰
難希顯則涉求易望簡必不足以示理繁則
趣會而多律佛法以有形爲空幻故忘身以
濟衆道法以吾我爲眞實故服食以養生且
生而可養則吸日可與千松比霜朝菌可與
万椿齊雪耶必不可也若深體三界爲長夜
之宅有生爲大夢之主則思覺寤之道何貴
於形骸假使形之可練生而不死此則老宗
本異非佛理所同何以言之夫神之寓形猶
於逆旅苟趣舍有宜何戀戀於檐宇哉夫有
知之知可形之形非聖之體雖復堯孔之生

壽不盈百大聖泥洹同於知命是以永劫已
來澄練神明神明既澄照絶有無名超四句
此則正眞終始不易之道也又刻船者祈心
於金質守株者期情於羽化故封有而行六
度凝滯而茹靈芝有封雖乖六度之體爲之
或能濟物凝滯必不羽化即事何足兼人尋
三源稍迹曠寓異懷居然優劣如斯之流非
可具詰彼皆自我之近情非通方之宏識則
知殊俗可以道甄哀哉玄聖既邈斐然競興
可謂指垂迹爲蒼文餌蟄乳爲醍醐良可哀
也佛道汪洋智量不可以言窮應迹難以形
測其辨有也則万相森陳若十峙並立其析

無也則泰山空盡與秋毫俱散運十力以摧魔弭四等以濟俗抗般若之法炬何幽而不燭潛三昧之法威何遠而不伏寧疑夷夏不效哉

重書與顧道士

謝鎮之白猥辱反釋究詳淵況既和光道佛而涇渭釋李觸類長之爰至棊弈敷佛弥過精旨踰昧失鎊櫝貿珍曜夜不售所謂馳走滅迹跳動息影焉可免乎循雅論所據正以垂鳥異類夷夏殊俗余以三才均統人理是一俗訓小殊法教大同足下答云存乎周易非胡書所擬便謂素旗已舉不復伸檢玄旌

爲素麈異乎曹子之觀旗輒復略諸近要以摽大歸然髻珠雖隱暮四易顯聊以寄謔儻不貽忤夫太極剖判兩儀妄構五陰合興形識謬彰識以流染因結形以愛滯緣生爰皇之前民多專愚專愚則巢居穴處飲血茹毛君臣父子自相視胡越猶若禽獸又比矇僮道教所不入仁義所未移及其妖慾淪彼鐲崖思濟思濟則祈善祈善則聖應夫聖者何耶感物而遂通者也夫通不自通感不自感感恒在此通每自彼自彼而言懸鏡高堂自此而言万像斯歸故知天竺者居娑婆之正域處淳善之嘉會故能感通於至聖土中於三

千聖應既彼聲被則此覩日月之明何假離朱之察聞雷霆之音奚事子野之聽故卑高殊物不嫌同道左右兩儀無害天均無害天均則雲行法教不嫌同道則雨施夷夏夫道者一也形者二也道者眞也形者俗也眞既猶一俗亦猶二盡二得一宜一其法滅俗歸眞必反其俗是以如來制軌玄劫同風假令孔老是佛則爲韜光潛導匡救偏心立仁樹義將順近情是以全形守祀恩接六親攝生養性自我外物乃爲盡美不爲盡善蓋是有涯之制未鞭其後也何得擬道菩提比聖牟尼佛教敷明要而能博要而能博則精疎兩

汲精踈兩汲則剛柔一致是以清津幽暢誠
規易准夫以規爲圓者易以手爲圓者難將不
捨其所難從其所易耶道家經籍簡陋多生
穿鑿至如靈寶妙眞探撮法華制用尤拙及
如上清黃庭所尚服食咀石餐霞非徒法不
可効道亦難同其中可長唯在五千之道全
無爲用全無爲用未能遣有遣有爲懷靈芝
何養佛家三乘所引九流均接九流均接則
動靜斯得禪通之理是三中之一耳非其極
也禪經微妙境相精深以此締眞尚不能至
今云道在無爲得一而巳無爲得一是則玄
契千載玄契千載不俟高唱夫明宗引會導

達風流者若當廢學精思不亦怠哉豈道教之筌耶敬尋所辨非徒止不解佛亦不解道也反亂一首聊酬啓齒

頌曰運往兮韜明玄聖兮幽翳長夜兮悠悠衆星兮晢晢太暉灼兮昇曜列宿奄兮消蔽夫輪摘兮殊材歸數繩兮一制苟専迷兮不悟增上驚兮遠逝卞和慟兮荆側豈偏尤兮楚厲良匊蕿兮彼若焉相責兮智慧

弘明集卷第六　集

駁必角反 剡時染反 析先擊反 猥烏每反 眩音縣 憤惋房粉反下紆貫反 [illegible]俗作湪 樊音煩 操俗作摻字 冉音染 涇渭音經謂

薫蕕上兄云反下音由潁余頃反鍾直追反邕紆容反墾音懇
醫醫字詭過委反抵音旨惛許業反伺相寺反餚饍上戶交反
下音善憮音武咄丁骨反簣求位反噭音皎孌力轉反縱所綺
反岐逕音其敬凱苦改反翹渠搖反愎皮力反騂思營反
縉紳音進申合用搢礫音歷鵄梟上尺脂反下古堯反哺音步遏於葛
反禝昔侯反麭步交反蝮芳伏反螫呼各反沮子徐反耦

音偶賈音古灌蔬音貫踈筮音逝輟竹劣反覈胡隔反甄居延
反舋許近反蝨俗作虱股音古㙗壘上烏每反下魯每反銓七全
反孛蒲沒反疵癘上疾斯反下音例編卑綿反奮方問反俠
胡怗反熬吾高反嬴音盈堤坊音伍旁挫則卧反彈音單楨
知盈反稼穡音價色沃烏篤反塏口改反柯音哥酖直禁反
雋後字卞皮變反垣音丸銳羊歲反腋音亦殤音傷緇側思反

顓音專禪時扇反躓音致翩音篇迭徒結反誣詭上音無下過委
反餌而志反蜕音稅劾胡得反研音耑竢俟同孱助連反剡
時染反舅俗作嘐字臬音符爲乙正作鳦鷰也侮音武茨在咨反
柂徒可反絆半字縫音逢徙所綺反懋莫候反樸普角反蓄
丑六反遲丨去聲誾音銀企丘智反遭音求噪先到反泊廷陌
反捫音門騫去乾反芮而歲反翮胡隔反矧始忍反楹音盈

瞀音篤屬垣上之欲反下音圓隙丘逆反躋子兮反湊七奏反
快於向反埤音皮爝音雀燎力照反訴音素眄音面操
七刀反誚才笑反闕闕字棘紀力反擢音角斐暐上芳尾反下羽
鬼反亹音尾闚傾弥反頣助隔反檜苦外反纂子管反讙歡字
聒古活反拓音托關雎下七徐反冕音免氈之然反呴呼口反
笄櫛上音鷄下阻虱反菌俱殞反椿丑倫反檐簷字茹而庶反

宏惠萌反甄居延反斐方尾反鳌音釋峙直里反綦其字貿

莫侯反雋音受旍正作旌麾許爲反謔許約反妉丁含反⿱魚卒觸字

褊卑典反撮七活反咀才呂反締音第揩音制同眥桷音角

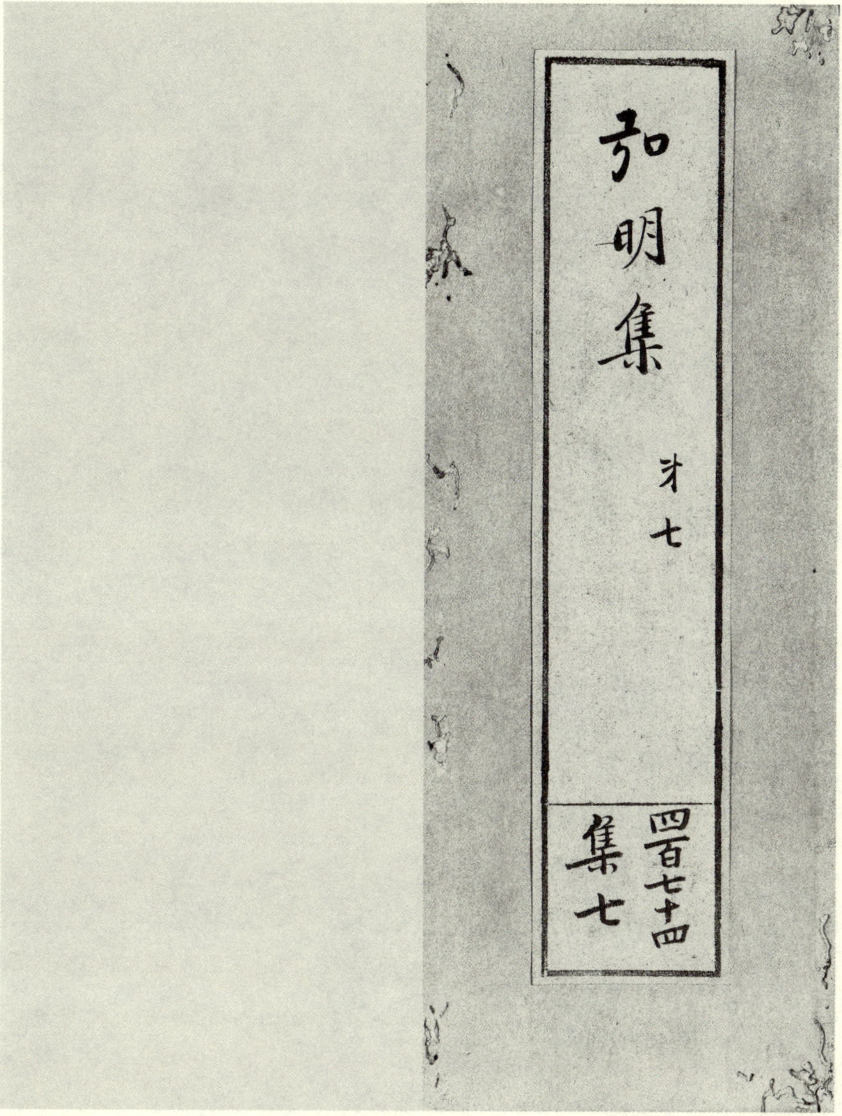
弘明集
才七
四百七十四
集七

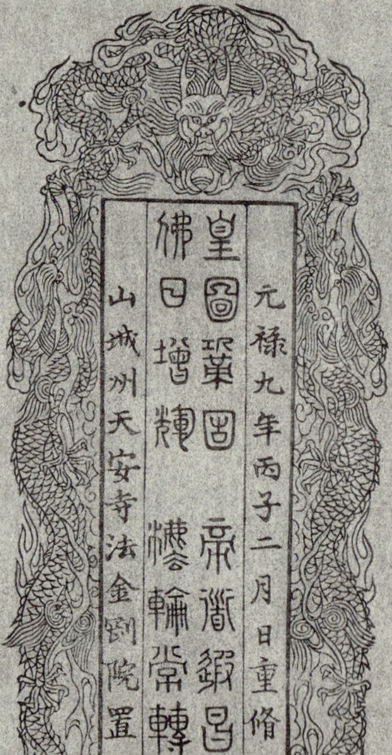
元祿九年丙子二月日重脩
皇圖鞏固　帝道遐昌
佛日增輝　法輪常轉
山城州天安寺法金剛院置

弘明集卷第七　　集

梁釋僧祐撰

難顧道士夷夏論　常侍朱昭之

見足下高談夷夏辨商二教條勒經旨冥然玄會妙唱善同非虛言也昔應吉甫齊孔老於前吾賢又均李釋於後万世之殊塗同歸於一朝歷代之疑爭怡然於今日賞深悟遠蠲慰者多益世之談莫過於此至於各言所

好便復肝膽楚越不知甘苦之方雖二而成
體之性必一乃互相攻激異端遂起往反紛
頻斯害不少惜矣初若登天光被俗表未如
入淵明夷輝淪夫導師失路則迷塗者衆故
忘其淺昧遽相牽拯今先布其懷未陳所恨
想從善如流者不惜乖於一往耳山川悠遠
良話未期聊寄於斯以代暫對情旗一接所
釋不淺朱昭之白
夫聖道虛寂故能圓應無方以其無方之應
故應無不適所以自聖而檢心本無名於萬
會物自會而爲稱則名號以爲之彰是以智
無不周者則謂之爲正覺通無不順者則謂

之爲聖人開物成務無不達也則謂之爲道然則聖不過覺覺不出道君可知也何須遠求哉但華夷殊俗情好不同聖動常因故設教或異然曲禮淨戒數同三百威儀容止又等三千所可爲異政在道佛之名形服之間耳達者尚復以形骸爲逆旅衮冕豈足論哉

所可爲嫌祇在設教之始華夷異用當今之俗而更兼治遷流變革一條宜辨耳今當之言聖人之訓動必因順東國貴華則爲衮冕之服禮樂之容屈伸俯仰之節衣冠簪佩之餝以弘其道蓋引而近之也夷俗重素故教以極質髡落徽容衣裳弗裁閑情開照期神

曠劫以長其心推而遠之也道法則採餌芝英餐霞服丹呼吸太一吐故納新大則靈飛羽化小則輕強無疾以存其身即而効之也三者皆應之感之一用非吾所謂至也夫道之極者非華非素不即不殊無近無遠誰捨誰居不偏不黨勿毀勿譽圓通寂漠假字曰無妙境如此何所異哉但自皇犧已來各弘其方師師相傳不相關涉良由彼此兩足無復我外之求故自漢代已來淳風轉澆仁義漸廢大道之科莫傳五經之學弥寡大義既乖微言又絕衆妙之門莫遊中庸之儀弗覩禮術既壞雅樂又崩風俗寢頓君臣無章正

教陵遲人倫失序於是聖道弥綸天運遠被
玄化東流以慈係世仁衆生民黷所先習欣
所新聞華面從和精義復興故微言之室在
在並建玄詠之賓處處而有此可以事見非
眞布之空談將無物不可以終否故受之以
同人故耶意者夫聖人之撫百姓亦猶慈母
之育嬰兒始食則餌以甘肥甘肥既厭復改
以脂蜜脂蜜既厭則五體休和內外平豫爲
益至矣不其然乎理既然矣而擯唇非貶妄
相分別是未悟環中不可與議二賢推盪往
反解材之勢縱復得解非順理之作順理析
之豈待推盪足下發源開端明孔老是佛結

章就議則與奪相懸何縉紳擎跽爲諸華之
容稽首佛足則有狐蹲之貽端委罄折爲侯
甸之恭右膝著地增狗踞之辱請問若孔是
正覺釋爲邪見今日之談吾不容聞許爲正
眞何理鄙誚既虧畏聖之箴又忘無苟之禮
取之吾心所恨一也又云全形守祀繼善之
教毀貌易姓絕惡之學是商臣之子有繼善
之功覆障毀落有絕惡之志推尋名實爲恨
二也又云下棄妻孥上廢宗祀夫鬼神之理
冥漠難明故子路有問宣尼弗釋當由生死
道殊神緣難測豈爲聖不能言良恐賢不能
得三達之鑒照之有在足下已許神化東流

而復以喪祭相乘與奪無定爲恨三也又云
切法可以進謙弱賒法可以退夲強三復此
談顛倒不類夫謙弱易回可以賒和而進夲
強難化應以苦切乃退隱心檢事不其然乎
米糠在目則東西易位偏著分心則辭義舛
惑所言乖當爲恨四也又云抑則明者獨進
引則昧者競前夫道言眞實敬同高唱覆載
万物養育衆形而云明者獨進似若自私佛
音一震則四等兼羅三乘同順天龍俱靡而
云昧者競前亦又近誣探賾之談而妄生瘡
疣游辭放發爲恨五也又云佛是破惡之方
道是興善之術破惡之方吾無間然夫惡止

善行乃法教所以興也但未知興善之術術將誰然若善者已善奚用興善善者非善又非興善則興善之名義無所託今道者善也復以興善取之名義太爲繼富不以振惡爲教褊矣大道兼弘而欲局之爲恨六也又云殘忍剛愎則師佛爲長慈柔虛受則服道爲

至夫摧伏勇猛迴靡殘暴實是牟尼之巨勳不乖於慧旨但道力剛明化功弥遠成性存存恩無不被梟鴟革心威無不制而云唯得虛受太爲淺略將無意論偏著不悟狹劣傷道耶披尋第目則先識臆說建言肆論則不覺情遷分石難持爲恨七也又云八象西戎

諸典廣略兼陳金剛般若文不踰千四句所
弘道周万法麁妙兩施繁約共有典法細識
科禮等碎精麁擴生言乖乎實爲恨八也又
云以國而觀則夷虐夏温請問炮格之苦豈
康竺之刑流血之悲詎齊晉之子剡剔之苦
害非左衽之心秋露含垢匪海濱之士推檢
性情華夷一揆虚設温嚴爲恨九也又云博
弈賢於慢遊講誦勝於戲謔尋夫風流所以
得傳經籍所以不廢良由講誦以得通諮求
以成悟故曰學而不講是吾憂也而方之戲
謔太爲慢德請問善誘之筌其將安寄初未
得意而欲忘言爲恨十也有此十恨不能自

釋想望君子更爲伸之謝生亦有參差足下
攻之已密且專所請不復代匠
疑夷夏論諮顧道士　朱廣之
朱廣之叩頭見與謝常侍往復夷夏之論辯
章同歸之義可謂簡見通微清練之談也至
於珊尚端冕之飾弃破翦落之素申以擎跪
之恭辱以狐蹲之肅桎東華人杜絕外法舟
車之喻雖美平怨之情未篤致會之源既坦
筌寄之塗方壅然則三乘之悟實望茲士六
度之津於今長訣披經翫理悵快良深謝生
貶没仙道褒明佛教以羽化之術爲浮濫之
說殘形之唱爲履眞之文徒知己指之爲指

不知彼指之無殊豈所以通方得意善同之
謂乎僕夙漸法化晚味道風常以崇空貴無
宗趣一也蹄網雙張義無偏取各隨曉入唯
心所安耳何必龍袞可襲而瓔珞難乗者哉
自貧來多務研斆沉替緘卷巾櫝奄逾千載
幼習前聞零落頓盡蘊志空年開瞻靡階每
獨慷慨遙夜輒啓旦忘寐而清心遠信纏苦
弥篤若夫信不泓理則輕汎無主轉惰之賓
因斯而起是以罄率狂管書述鄙心願重爲
啓誨敷導厥疑廣之叩頭
論云擎跪罄折俟旬之恭也狐蹲狗踞荒流
之肅也疑曰夫邦殊用隔久自難均至於各

得所安由來莫辯侯甸之容所言當矣狐狗之目將不獨傷

論云若謂其致既均其法可換者而車可涉川舟可行陸乎必不可也疑曰夫法者所以法情情非法也法既無定由情不一不一之情所向殊塗剛柔並馳華戎必同是以長川浩漫無當於此矣平原遠陸豈取於彼耶舟車兩乘何用不可

論云既不全同又不全異下棄妻孥上廢宗祀疑曰若夫廢祀於上不能絕棄於下此自擬異入同非同者之過也寧可見犛牛不登宗廟之用而永棄於牢餼之具耶

論云嗜慾之物皆以禮伸孝敬之典獨以法
屈悖德犯順曾莫之覺疑曰若悖德犯順無
施而可慈敬惠從和觸地而通是以損饍行
道非徵凶之宅服冕素餐非養正之方屈伸
之望可相絕於此矣
論云理之所貫者道也事之可賤者俗也今
捨華効夷義將安取若以其道耶道固符合矣
若以其俗耶俗則天乖矣疑曰至道虛通故
不爵而尊俗無不滯故不黜而賤賤者不能
無累尊者自然天足天足之境既符俗累之
域亦等道符累等又誰美誰惡故俱是聖化
唯照所惑惑盡明生則彼我自忘何煩遲遲

捨儉之際耿介於華夷之間乎

論云無生之教賒無死之化切切法可以進謙弱賒法可以退夸強疑曰無生即無死無死即無生名反實合容得賒切之別耶若以跡有差降故優劣相懸者則宜以切抑強以賒引弱故孔子曰求也退故進之由也兼人故退之致教之方不其然乎

論云佛教文而博道教質而精精非麁人所信博非精人所能疑曰夫博聞強識必緣照遠廣敦修善行必因理入微照明則理無不精理精則明無不盡然則精博同功相爲利用博猶精也豈麁人所能信精猶博也豈弘

通所獨闕
論云佛言華而引道言實而折折則明者獨
進引則昧者競前疑曰夫華不隔理則爲達
鑒所陶實末屆虛故爲鑽賞所業陶業有序
者爲質昧耶爲待明耶若其質昧則明不獨
進若必待明則昧不獲前若明昧俱得何須
抑引妙況難章所宜更辨
論云佛經繁而顯道經簡而幽幽則妙門難
見顯則正路易遵遵正則歸塗不迷見妙則
百慮咸得疑曰簡則易從云何難見繁則難
理豈得易遵遵正則歸塗不迷可以階道之
極雖非幽簡自然玄造何假難明之術代茲

易曉之路哉

論云若殘忍剛愎則師佛爲長慈柔虚受則服道爲至疑曰夫邪見枉道法所不存慈悲喜捨是所慚録喜心則能受捨亦必虚虚受之義宵然復會未知殘愎之人更依何法若謂所受者異則飜成刻舩何相符之有乎論云佛是破惡之方道是興善之術又以中夏之性不可傚西戎之法疑曰興善之談美矣勿傚之誨意所未安請問中夏之性與西戎之人爲夏性純善戎人根惡如今根惡則於理何破使其純善則於義何興故知有惡可破未離於善有善可興未免於惡然則善惡

參流深淺乎列故羅雲慈惠非假東光桀跖
凶虐豈鍾西氣何獨髙華之風鄙戎之法耶
若以此善異乎彼惡殊乎此惡則善惡本乖
寧得同致論云蹲夷之儀婁羅之辨猶垂譴
烏聒何足述儆疑曰夫禮以伸敬樂以感和
雖敬由禮伸而禮非敬也和因樂感樂非和
也故上安民順則玉帛停筐風淳俗泰則鍾
鼓輟響又鍾帛之運不與二儀並位蓋以拯
頹權時不得已而行耳然則道義所存無係
形容苟造其友不嫌殊周全袥蹲虜跪孰曰
非敬敬以伸心孰曰非禮禮敬玄符如何徒
捨含識之類人標其所貴貴不在言言存貴

理是以麟鳳懷仁見重靈篇猩猩能語受蚩
禮章未知之所論義將何取若執言捐理則
非知者所據若仗理忘言則彼以破相明宗
故李叟之常非名欲所及維摩靜默非巧辯
所追檢其言也彼我俱遺尋其旨也老釋無
際俱遣則濡沫可遺無際則不負高貴何乃
遠望般若名非智慧便相挫蹴比類蟲鳥研
復逾日未愜鄙懷且方俗殊韻豈專胡夏近
唯中邦齊魯不同權輿俶落亦古今代述以
其無妨指錄故傳授世習若其非也則此未
爲是如其是也則彼不獨非既未能相是則
均於相非想茲漢音流入彼國復受蟲讙之

尤鳥聒之誚婁羅之辨亦可知矣一以此明筵楹可齊兩若兼除不其通乎夫義奥淵微非所宜參誠欲審方玄匠聊伸一往耳傾心遥佇遲聞後裁

駁顧道士夷夏論　　治城慧通

余端夏有隙亡事怱景披顧生之論昭如發矇見辨異同之原明是非之趣辭豐義顯文華清奥每研讀忘倦慰若萱草真所謂洪筆君子有懷之作也然則察其指歸疑笑良多譬猶盲子採珠懷赤菽而反以爲獲寶龍賞聽樂聞驢鳴而悅用爲知音斯蓋吾子夷夏之談以爲得理其乖甚焉見論引道經益有

昧如昔老氏著述文指五千其餘淆雜並淫謬之說也而别稱道經從何而出既非老氏所創寧為真典庶幾三思儻袪其惑論云孔老非佛誰則當之道則佛也佛則道也以斯言之殆迷厥津故經云摩訶迦葉彼稱老子光淨童子彼名仲尼將知老氏非佛其亦明矣實猶吾子見理未弘故有所固執然則老氏仲尼佛之所遣且宣德示物禍福而後佛教流焉然夫大道難遵小成易習自往古而致歎非來今之所慨矣老氏著文五千而穿鑿者衆或述妖妄以迴人心或傳淫虐以振物性故為善者寡染惡者多矣僕謂縉紳之儔

鑿折之恭殯葬之禮斯蓋大道廢之時也仁義所以生孝敬所以出矣智欲方起情僞日滋聖人因禁之以禮教制之以法度故禮者忠信之薄取乱之首也旣失無爲而尚有爲寧足加哉夫剪鬚之容狐蹲之敬永沉之俗僕謂華色之不足吝貨財之不可守亦已信矣老氏謂五色所以令人目盲多藏秘之後失故迺剪鬚玄服捐財去世讓之至也是以太伯無德孔父嘉焉斯其類矣夫胡跪始自天竺而四方從之天竺天地之中佛教所出者也斯乃大法之整肅至教之齊嚴吾子比之狐蹲厥理奚徵故夫凶鬼助惡强魔毁正子

之謂矣譬猶持瓢欲減江海側掌以蔽日月不能損江海之泉掩日月之明也至夫太古之初物性猶淳無假禮教而能緝弗施刑罰而自治死則塟之中野不封不樹喪制無期哀至便哭斯乃上古之淳風良足效焉子欲非之其義何取又道佛二教喻之舟車夫有識聞之莫不莞尒而笑僕謂天道弗言聖人無心是以道由人弘非道弘人然則聖人神鑒靡所不通智照寧有不周而云指其專一不能兼濟譬猶靈暉朝覯稱物納照時風夕灑程形賦音故形殊則音異物異則照殊日不爲異物而殊照風不爲殊形而異音將知

其日一也其風一也禀之者不同耳吾子以
爲舟車之喻義將焉允然夫大教無私至德
弗偏化物共旨導人俱致在戎狄以均響處
胡漢而同音聖人寧復分地殊教隔寓異風
豈有夷耶寧有夏耶昔公明儀爲牛彈清角
之操伏食如故非牛不聞不合其耳也轉爲
蚉蝱孤犢之聲於是奮耳掉尾蹀躞而聽之
今吾子所聞者蓋蚉蝱之音也夷夏之別斯
旨何在又云下弃妻孥上廢宗祀嗜欲之物
皆以禮伸孝敬之典獨以法屈夫道俗有晦
明之殊內外有語默之別至於宗廟享祀禘
祫皇考然則孝敬之至世莫加焉若乃煙香

夕臺韻法晨宮禮拜懺悔祈請無輟上逮歷
劫親屬下至一切蒼生若斯孝慈之弘大非
愚瞽之所測也夫國資民爲本君恃民而立
國之所以寧民之力也推如來談似爲空設又
云刻舩桑門守株道士空爭大小乎相彈射
披撫華論深釋文滯尋文求義於何允歸夫
外道婬奔弥齡積紀沉晦弗遷淪惑寧反遊
涉墟鄉泛越壇落公因聖術私行婬亂得道
如之何斯可耻昔齊人好獵家貧犬鹿窮年
馳騁不獲一獸於是退而歸耕今吾子有知
歸耕得筭又云大道既隱小成乎起辯訥相
傾孰與正之夫正道難毀邪理易退譬若輕

羽在高遇風則飛細石在谷逢流則轉嗟泰
山不爲飄風所動磐石不爲疾流所迴是以
梅李見霜而落葉松栢歲寒之不凋信矣夫
婬妖之術觸正便挫子爲大道誰爲小成想
更論之然後取辯若夫顏回見東野車之馭測
其將敗子貢覩邾曾之風審其必亡子何無
知若斯之甚故摽愚智之别撰賢鄙之殊聊
舉一隅示子望能三反又云泥洹仙化各是
一術佛号正眞道稱正一一歸無死眞會無
生無生之教賒無死之教切斯蓋吾子聰辯
能言鄙夫蔑以如之然則泥洹滅度之説著
乎正典仙化入道之唱理將安附老子云生

生之厚必之死地又云天地所以長久者以
其不自生也夫忘生者生存存生者必死子
死道將屆故謂之切其殊切乎諺曰指南爲
北自謂不惑指西爲東自謂不蒙子以必死
爲將生其何反如之故潛居斷粮以修仙術
僕聞老氏有五味之誡而無絕穀之訓矣是
以蟬蛾不食君子誰重蛙蟒穴藏聖人何貴
且自古聖賢莫不歸終吾子獨云不死何斯
濫乎故舜有蒼梧之墳禹有會稽之陵周公
有改葬之篇仲尼有兩楹之墓曾參有啓足
之辭顏回有不幸之歎子不聞乎豈謬也哉
昔者有人未見麒麟問常見者曰麟何類乎

荅云麟如麟也問者曰若常見麟則不問也而云麟如麟何也荅云麟麕身牛尾鹿蹄馬背問者乃曉然而悟今吾子欲見麟耶將不見告又云道經簡而幽幽則妙門難見僕謂老教指乎五千過斯已外非復眞籍而道文重顯愈深疑怪多是虛託姸辭空稱麗句譬周人懷鼠以賀璞鄭子覿之而且退斯之謂矣尋此而言將何克允又云殘忍剛愎則師佛爲長慈柔虛受則服道爲易矣故老子云强梁者不得其死吾將以爲學文故人所以敷行誡籍顯著文教將爲愚瞽之故非爲賢哲之施矣違之者必凶順之者必吉夫强梁

剛愎之人下愚之類也大教慈慇方便爲之將非虛也學文耶慈柔虛受僕謂宜空談今學道反之陳黃書以爲眞典佩紫録以爲妙術士女無分閨門混亂或服食以祈年長或婬姣以爲療疾慈柔之論於焉何託又道迹密而徵利用在己故老子云吾所以有大患者爲吾有身也及吾無身吾又有何患老氏以身爲大患吾子以軀爲長保何其乖之多也夫後身而身先外身而身存惟云在已未知此談以何爲辨又云婁羅之辨各出彼俗自相領解猶虫喧鳥聒何足述効僕謂餌辛者不知辛之爲辛而無羨於甘香悦臭者不

覺臰之爲臰而弗躭椒蘭猶吾子論好淫僞
寧有想於大法夫聖教妙通至道淵博既不
得謂之爲有亦不得謂之爲無無彼我之義
並異同之説矣夫言猶射也若筈之離弦非
悔恨所及子將愼言乎而云蛩喧鳥聒義則
何依近者孫子猖狂顯行無道妖淫喪禮殘
逆廢義賢士同志而已愚夫輒爲迴心姦儔
盈室惡侣塡門墟邑有痛切之悲路陌有羅
苦之怨夫天道損盈鬼神福謙然後自招淪喪

戎華論折顧道士夷夏論　廣陵釋僧愍　一

昔維摩者內乘高路功亮事外龍隱人間志
揚淵海神灑十方理正天下故乃跡臨西土

恊同幽唱若語其靈變也則能令乹坤倒覆
促延任意若語其眞照也則忘慮而幽凝言
絶者也如此之人可謂居士未見君稱居士
之意也君今七慢之岳未摧五欲之谷未塡
慧陽之日未曜無明之雲未晴永冥之風未
息夜遊之迷未旋君旣解猶常品而山号居
士乎貧道遥飡器量知君未堪斯據然此雖
大法之淺号而亦未易可當矣省君東夏論
意亦具照來心貧道淺學天壇希噣茲況而
此所論者才無玩文之麗識無鑒幽之效照無
寸光澤無露潤万塗斯闕有何義哉而復内
秉浧思獲心闇計輕弄筆墨仰卜聖旨或混

道佛合同或論深淺爲異或說神邪優劣或
毀清正賓實夫苦李繁子而枝折欒大謬唱
而受梟此皆是上世之成制後賢之遠匠矣
今將示君道佛之名義異也夫佛者是正靈
之別号道者是百路之都名老子者是一方
之哲佛據萬神之宗道則以仙爲貴佛用漏
盡爲研仙道有千歲之壽漏盡有無窮之靈
無窮之靈故妙絶杳然千歲之壽故乘龍御
雲御雲乘龍者生死之道也杳然之靈者常
樂永淨也若斯者故能琁璣並應跡臨王城
宮踈遶闕緦委重軒故放彼万國誓越三空
龍飛華館整駕道場於是初則唱於鹿苑次

則集於天宮中則播於靈鷲後則扇於熈連故乃巨光遐照白日寢暉華軒四蓋梵駕天垂九天齊歌群仙悟機敢預有緣莫不雲會歸焉雖有周皇邊覇道心未興是以如來使普賢威行西路三賢並導東都故經云大士迦葉者老子其人也故以詭教五千翼匠周世化緣既盡迴歸天竺故有背關西引之邈華人因之作化胡經也致令寡見之衆詠其華焉君未詳幽旨輒唱老佛一人乎闇大聖現儒林之宗便使莊孔周老斯皆是佛若然者君亦可即老子耶便當五道群品無非是佛斯則是何言歟眞謂夸父逐日必渴死者

也君言夷夏論者東有驪濟之醜西有羌戎之流北有亂頭被髮南有剪髮文身姬孔施禮於中故有夷夏之别戎華者東盡於虛境西則窮于幽鄉北則弔於溟表南則極乎牢閭如來扇化中土故有戎華之異也

君責以中夏之性効西戎之法者子出自井坂之淵未見江湖之望矣如經曰佛據天地之中而清導十方故知天竺之土是中國也周孔有雅正之制如來有超俗之憲雅正制故有異於四夷超俗憲故不同於周孔制四夷故八方推德憲加周孔故老子還西老子還西故生其群戎四夷推德故踰增其迷夫

正禮叵易眞法莫移正禮叵易故太伯則於
吴越而整服眞法莫移故佛教則東流而無
改緣整服故令裸壊翫裳法無改故使漢賢
落鬢翫裳故使形逼使仰齊西
風形逼守夏故使形逼中夏落鬢故使仰齊西
風形逼守夏故使山藏而空慢遠齊西風故
使近見者莫不信也

若謂聖軌無定應隨方異者太伯亦可裸步
江東君今亦可未服裳也故雖復方類不同
聖法莫異君言義將安取者謂取正道也於
是道指洞玄爲正佛以空空爲宗老以太虚
爲輿佛以即一事而淵老以自然而化佛以緣
合而生道以符章爲妙佛以講導爲精太虚

爲輿故有中無無矣即事而淵故觸物斯輿
矣自然而化故霄堂莫登矣緣合而生故尊
位可昇矣符章爲妙故道無靈神矣講導爲
精故研尋聖心矣
有中無無故道則非大也觸物斯輿故聖路
遐曠也霄堂莫登故云云徒勞也尊位可昇
故智士亡身也道無靈神故傾顏何求也研
尋聖心故沙門靈輿也
尒乃故知道經則少而淺佛經則廣而深道
經則尠而穢佛經則弘而清道經則濁而漏
佛經則素而貞道經則近而闇佛經則遠而
明君染服改素實參高風也首冠黄巾者卑

鄙之相也皮草苫頂者莫非華風也販符言
籙者天下邪俗也搏頰扣齒者倒惑之至也
反縛伏他者地獄之貌也符章合氣者姦狡
之窮也
斯則明闇已顯眞僞已彰君可整率匹侶佪
渉清衢貧道雅德內顧同奉聖眞豈有惡乎
想必不逆允於往示耳

弘明集卷第七　　　　集

駮必角反　髡音坤　黷音讀字　否皮美反　跽其几反　甸音殿　誚才笑
反　箴音針　夸苦華反　舛昌軟反　疣于休反　愎皮力反　鴆直禁
反　炮步交反　桎音質　瘥紆拱反　窅煙曉反　皦音効　牢　饘上之

勞下許既反傚胡教反鑽子官反椉渠列反跖音隻讙音喧舌
古活反筐匡字驎音麟字猩音生蚩尺之反濡而朱反蹴子六
反倣昌六反菽音叔迺乃字緝七入反莞胡板反覿蹀上古倏反
下音牒爕先恬反褅袷上徒帝反下侯夾反墟起虛反邾音誅窆
魚箭反蛙蟒上烏瓜反下母朗反麏居倫反姣户交反瘳音抽筈
古活反猖音昌緦音總羗苦良反弔音的叵普可反尠息淺反

苫失廉反籙力玉反搏音搏狡古巧反

（南朝梁）釋僧祐　撰

宋思溪藏本弘明集

第三册

國家圖書館出版社

第三册目録

弘明集　才八

一

元祿九年丙子二月日重脩

皇圖鞏固帝道遐昌

佛日增輝·法輪常轉

山城州天安寺法金剛院置

弘明集卷第八　　　　　梁釋僧祐撰　　墳

玄光法師辯惑論

記室劉勰滅惑論

僧順法師折三破論

辯惑論序　　釋玄光

夫大千遐邈萬化無際塵遊夢境染惑聲華緣想增靄奚識明政由淳風漓薄使衆魔紛競矣若矯詐謀榮必行五逆威強導矇必施六極虫氣霾滿致患非一念東吴遭水仙之厄西夷載鬼卒之名閩藪留種民之穢漢葉感思子之歌忠賢撫歎民治凌歇攪地沙草

寧數其罪消流末學莫知宗本世教訛辞詭
蔽三寶老鬼民等詠嗟盈路皆是炎山之煨
燼河雒之渣滓淪滑險難余甚悼焉聊詮往
迹庶鏡未然照迷童於互鄉顯妙趣於塵外
休風冥被彼我情判豈是言聲所能攄寫

禁經上價是一逆

夫言籍雲舒貫空有之美聖賢功績何莫由
斯實學者之淵海生民之日月所以波崙菩
薩慈悲等照震電光於炎塗弭魔賊於險澤
汎靈舟於信風接浮生於苦海聞道諸經製
雜凡意教迹邪險是故不傳怪哉道化空被
禁錮觀今學者不顧嚴科但得金帛便與其

經貧者造之至死不覩貪利無慈逆莫過此
又其方術穢濁不清乃扣齒爲天鼓咽唾爲
醴泉馬屎爲靈薪老鼠爲芝藥貪此求道焉
能得乎昔秦皇漢武不獲輕身使徐福公孫
遠冥雲波祈候通仙影響無陳夫鬧心祛欲
則事與道隣豈假驟涉之勞咽唾嗑齒者乎

妄稱眞道是二逆

夫質懋纁霞者言神丹之功闓明淨智者必
蕩花之氣雖保此爲眞而未能無終況復張
陵妄稱天師旣侮慢人鬼即身受報漢興平
末爲蟒蛇所噏子衡奔尋無處畏負清議之
報譏乃假設權方以表靈化之迹生麋鶴足

置石崖頂謀事辦畢尅期發之到建安元年遣使告曰正月七日天師昇玄都米民山獠蟻集閫外雲臺治民等稽首再拜言伏聞聖駕玄都臣等長辝蔭接尸塵方享九幽方夜衡入久之乃出詭稱曰吾旋駕辰華尒各還所治淨心持行存師念道衡便竊抽遊胥鶴直衝虛空民獠愚戇僉言登仙販死利生欺罔天地

合氣釋罪是其三逆

夫滅情去欲則道心明眞群斯班姓妄造黃書呪癩無端以伏輕誚呪曰天道畢三五成日月俱出窈窈入冥冥氣入眞氣通神氣布道氣行姦邪鬼賊皆消亡視我者盲聽我者聾敢有謀圖我者反

受其殃我吉而彼凶至申子詔冥醮録男女媟合尊畀無别吴陸脩静復勤勤行此乃
開命門抱眞人嬰兒迴戲龍虎作如此之勢
用消灾散禍其可然乎其可然乎漢時儀君
行此爲道觥魅亂俗被斥燉煌後至孫恩佚
蕩茲甚士女溷漫不異禽獸夫色塵易染愛
結難消況交氣丹田延命仙宄肆兵過玉門
之禁變態窮龍虎之勢生無忠貞之節死有
青庭之苦誠願明天檢鏡斯輩物我端清莫
負冥詔

俠道作亂是其四逆

夫冥宗難曉聲華易惑緣累重淵嶽德輕風
露如黃巾等駕望漢室反易大明罪悉伏誅

次有子魯復稱鬼道神祇不佐爲野麋所突末後孫恩復稱紫道不以民賤之輕欲圖帝貴之重作雲響於幽實發妄想於空玄水仙惑物枉殺老稚破國壞民豈非兇逆是以宋武皇帝惟之慨然乃龍飛千里虎步三江掩撲群妖不勞浹辰含識懷懽草木春光章書代德是其五逆

夫至化餘塵不可誣蔽詮謚靈魄務依明德道無真體安遂妖空輒言東行醉酒設故如此穢豈寧非陋僻又遷達七祖文意淺薄乞免擔卅石長作道鬼夫聖智窮微有念斯惡何煩祭酒擅費紙墨若必須辞訴然後判者

始知道君無玄鑒之能，天曹無天眼之照，三官疲於謹案，伺吏勞於討捕，聞其奏章，本擬急疾，而戊辰之日上必不達，不達太上，則生民枉死，嗚呼哀哉，實為五逆。

𥝢鬼帶符，妖法之極，第一。

夫真心履順者，妖忤華其氣，是以至聖高賢無情於萬化，故能洞遊金石，卧宿煙霞，棲純誠感通，豈佩帶使然哉。其經辭致誇慢鬼，弊云左佩太極章，右佩崑吴鐵，指日則俾曜，擬鬼千里血，若受黄書赤章，言即是靈仙，硍屐入靖不朝太上，至於使六甲神而跪拜，周廁如郭景純亦云仙流，登清度厄，竟不免突愚癡顛倒，豈識儀節，闇

其著符昔時軍標張角黄菓符子魯戴絳盧悚
紫標孫恩孤虛丞矯惑王師終殲人鬼
制民課輸欺巧之極第二
夫五斗米教出自天師後生邪濁復立米民
世人厭畏是以子明杜恭俱困魔蟒又逢炭
齋者事起張魯氏夷難化故制斯法乃驢驟
泥中黄鹵泥面擿頭懸榻埏埴使熟此法指
在邊陲不施華夏至義熙初有王公其次貪
宝憚苦竊省打拍吴陸修静甚知源僻猶埀
挨額懸糜而已癡僻之極事勿言道
解廚纂门不仁之極第三
夫開圖大施與物通美左道餘氣乃纂门解

廚矜身與食懷唌班之態昔張子魯漢中解
福大集祭酒及諸鬼卒鬼卒鬼民鬼吏鬼道
此是子魯輕於魯夷
作此名也又天師係師嗣師及三女師此是
張魯自稱美也又道姑道男冠女官道父道毋
补君種民此是合氣之後贈物名也又米民
来姓都功祭酒此是荒時撫化名也又貧道
三洞法師長安僧褘作此名也又先生道民
仙公王秩陸縣民王靈期作也又道士蟻賊
制酒来賊此是世人之所目也又法師都稱
侍經者是陸修静傍佛依世制此名也又天
公地公及稱昌妾太平之道五斗米道大道
紫道鬼非師若仙此作賊時假威名也又膠東
欒大拜五利將軍雖有茅土而
無邑節漢武之末不復稱之也
酬進過常遂
致釁逸醜聲遐布遠達岷方劉璋教曰夫靈
仙養命猶節松霞而厚身嗜味奚能尚道子
魯聞之憤恥意深罰其掃路世傳道士後會
舉標以防斯難ゝ兼制廚令酒限三斗漢末已

來謂為制酒至王靈期削陰豐目先生道民
並其賑錫雖有五利之貴更爲妖物之名
度厄苦生壓妄之極弟四
夫貧危秋蔕命薄春冰業風吹蕩蓬迴化境
所以景公任於緣命孫子託為行尸迷徒湫
学不識大方至有疾病裹禍妄甚妖祟之原
淵鬼鬭以為災渡危厄於遐川詹鈞星於懸
溜雪丹章於華山乃覔蟬眉貌護詬冥鬼云
三官使者已送光帰逝者故然空喪辞貨斯
実祭酒規中牓之利蠶食百姓公私並損致
使火宅驚於至聖帰歌動於人思矣
夢中作罪頑癡之極弟五

夫天屬化始乃識照為原棄捨身命草木非
數然大地丘山莫非我故塵滄川瀚漫皆是
我淚血以此而觀誰非親友或夢見先亡輒
云變怪夫人鬼雖別生滅固同恩愛之情時
復影響群邪無狀不識逆順召食鬼吏兵奏
章斷交割截幽靈單心誰照幸願未來勿尚
迷言使天堂無輟食之恩冰河靜灾念之聲

輕作寒暑兇佞之極第六

夫淵默心口者萬行之真德而塵界衆生率
無慈愛攙兇邪佞符章競作懸門貼户以誑
愚俗高賢有識未之安也造黄神越章用持
殺鬼又制赤章用持殺人趣悦世情不計殃

罪陰謀懷嫉經有舊准死入鐵鉗炎獄生出
鵶鵐瘖瘂精骸惛朽淪離永劫誰知斯乎老
鬼民輩道相不然事之宜貿夫諫刺雖苦智
者耳聞故略致言幸試三思能拂迹改圖即
與大化同風矣良其不革靖俟明德備照聲
曲以曉長夜豈是今日弱辭所陳哉

滅惑論　東莞劉勰

惑造三破論者義證庸近辭體鄙拙雖至理
定於深識而流言惑於淺情委巷陋説誠不
足辯又恐野聽將謂信然聊擇其可採略標
雅致
三破論云道家之教妙在精思得一而無死

入聖

佛家之化妙在三昧神通無生可冀詺死為泥洹未見学死而不得死者也

滅惑論曰二教真偽煥然易辨夫佛法練神道教練形形器必終礙於一垣之裏神識無窮再撫六合之外明者資於無窮教以勝慧闇者戀其必終誑以仙術極於餌藥慧業始於觀禅禅練真識故精妙而泥洹可異藥駐偽器故精思而翻騰無期若迺棄妙寶藏遺智養身據理尋之其偽可知假使形翻無際神暗鳶飛唳天寧免為鳥夫泥洹妙果道惟常住学死之談豈析理哉

三破論云若言太子是救主主不落髮而使人髡頭主不棄妻使人斷種實可笑哉明知佛教是滅惡之術也伏聞君子之德身体髮膚受之父母不敢毀傷孝之始也

滅惑論云太子棄妻落髮事顯於經而反白為黑不亦罔乎

夫佛家之孝所苞蓋遠理由乎心無繫於髮若愛髮棄心何取於孝昔泰伯虞仲斷髮文身夫子兩稱至德中權以俗内之賢宜修世禮斷髮讓國聖哲美談況般若之教業勝中權菩提之果理妙克讓者哉理妙克讓故捨髮取道業勝中權故棄迹求心准以兩賢無

欽於孝鑒以聖境夫何怪乎
第一破曰入國而破國者誑言說偽興造無
費苦克百姓使國空民窮不助國生人減損
見人不蠶而衣不田而食國滅人絶由此爲
失日用損費無纖毫之益五灾之害不復過
此滅惑論曰大乘圓極窮理盡妙故明二諦
以遣有辯三空以標無四等弘其勝心六度
振其苦業誑言之訕豈傷日月夫塔寺之興
闡揚靈教功立一時而道被千載昔禹會諸
侯玉帛萬國至于戰伐存者七君更始政阜
民户殷盛赤眉兵乱千里無煙國滅人絶寧
此之由宗索之時石穀十萬景武之世積粟

紅腐非秦末多沙门而漢初無佛法世驗古
准今何損於政
第二破曰入家而破家使父子殊事兄弟異
法遺棄二親孝道頓絶憂娛各異歌哭不同
骨血生讎服屬永棄悖化犯順無昊天之報
五逆不孝不復過此
滅惑論曰夫孝理至極道俗同貫雖内外跡
殊而神用一揆若命綴俗因本修教於儒礼
運禀道果固弘孝於梵業是以諮親出家法
華明其義聽而後学維摩標其例豈忘本哉
有由然也彼皆照悟神理而鑒燭人世過駟
駕於格言逝川傷於上哲故知瞬息盡養無

濟出靈学道拔親則冥苦永滅審妙藏之無
差辯勝果之可必所以輕重相推去彼取此
若乃服制所施事由追遠礼雖因心抑亦沿
世昔三皇至治堯舜所基死則衣之以薪葬
之中野封樹弗修苴斬無紀豈可謂三皇教
民棄於孝乎爰及五帝服制煥然未聞堯舜
執礼追責三皇三皇無責何獨疑佛佛亦無
服理由拔苦三皇廢喪事沿淳樸淳樸不疑
而拔苦見尤所謂朝三暮四而喜怒交設者
也明知聖人之教觸感圓通三皇以淳樸無
服五帝以沿情制喪釋迦拔苦故棄俗反真
檢迹異路而玄化同歸

身三破曰入身而破身人生之体一有毁傷
之疾二有髡頭之苦三有不存之逆四有絶
種之罪五有亡体從誡唯学不孝何故言哉
誡令不跪父母便競從之兒先作沙弥其母
後作阿尼則跪其兒不礼之教中國絶之何
可得從

滅惑論曰夫棲形稟識理定前業入道居俗
事繫因果是以釋迦出世化洽天人御國統
家並證道跡未聞世界普同出家良由緣感
不一故名教有二搢紳沙门所以殊也但始
拔塵域理由戒定妻者愛累髮者形飾愛累
傷神形飾乖道所以澄神滅愛修道棄飾理

出常均教必翻俗若乃不跪父母道尊故也
父母礼之尊道故也礼新冠見母其母拜之
喜其備德故屈尊礼卑也介胄之士見君不
拜重其秉武故尊不加也緇弁輕冠本無神
道介胄凶器非有至德然事應加恭則以母
拜子勢宜停敬則臣不跪君礼典世教周孔
所制論其變通不由一軌況佛道之尊標出
三界神教妙本群致玄宗以此加人實尊冠胄
冠胄反礼古今不疑佛道加敬將欲何怙
三破論云佛舊經本云浮屠羅什改為佛徒
知其源惡故也所以諂為浮屠胡人凶惡故
老子云化其始不欲傷其形故髡其頭名為

浮屠況屠割也至僧禕後改為佛圖本舊經

云喪門喪門由死滅之門云其法無生之教

名曰喪門至羅什又改為桑門僧禕又改為

沙門沙門由沙汰之法不足可稱

滅惑論曰漢明之世佛經始過故漢譯言音

字未正浮音似佛桑音似沙聲之誤也以圖為

屠字之誤也羅什語通華戎識兼音義改正

三家同其臣矣五經世典學不因譯而馬鄭

注說音字互改是以此穆不祀謬師資於周

頌允塞晏安乘聖德於堯典至教之深寧在

兩字得意忘言莊周所領以文害志孟軻所

譏不原大理唯字是求宋人申束草復過此

三破論曰有此三破之法不施中國本止西域何言之哉胡人無二剛強無礼不異禽獸不信虛無老子入關故作形像之教化之又云胡人麁獷欲斷其惡種故令男不娶妻女不嫁夫一國伏法自然滅盡

滅惑論曰雙樹晦跡形像代興固已理精無始而道被無窮者矣案李叟出關運當周季世閑賢隱故往而忘歸接輿避世猶滅其迹況適外域孰見其蹤於是姦猾祭酒造化胡之經理拙辭鄙廝隸所傳尋西胡怯弱北狄凶獷若老子滅惡棄德用刑何愛凶狄而反滅弱胡遂令獯狁橫行毒流萬世豺狼當路

而狐狸是誅淪滑為酷覆載無聞商鞅之続
未至此虐伯陽之道豈其然哉且未服則設
像無施信順則孥戮可息既服教矣方加極
刑一言失道衆僞可見東野之語其如狸何
三破論云蓋聞三皇五帝三王之徒何以学道
並感應而未聞佛教為是九皇忽之為是佛
教未出若是佛教未出則為邪僞不復云云
滅惑論曰神化變通教体匪一靈應感會隱
現無際若緣在妙化則菩薩弘其道化在麁
緣則聖帝演其德夫聖帝菩薩隨感現應殊
教合契未始非佛固知三皇已來感滅而名
隱漢明之教緣應而像現矣若迺三皇德繆

五帝仁教此之謂道似非太上羲農數治秦
聞奏章堯舜緝政寧肯書符湯武抒暴豈當
餌丹五經典籍不齒天師而求授聖帝豈不
悲哉
三破論云道以氣爲宗名爲得一尋中原人
士莫不奉道今中國有奉佛者必是羌胡之
種若言非耶何以奉佛
滅惑論曰至道宗極理歸乎一妙法真境本
固無二佛之至也則空玄無形而萬象並應
寂滅無心而玄智弥照幽數潛會莫見其極
冥功日用靡識其然但言萬象既生假名遂
立梵言菩提漢語曰道其顯跡也則金容以

表聖應俗則王宮以現生拔愚以四禪爲漸
進慧以十地爲階揔龍鬼而均誘涵蠢動而
等慈權教無方不以道俗乖應妙化無外豈
以華戎阻情是以一音演法殊譯共解一乘敷
教異經同歸經典由權故孔釋教殊而道契
解同由妙故梵漢語隔而化通但感有精麁
故教分道俗地有東西故國限內外其弥綸
神化陶鑄群生無異也固能拯拔六趣揔攝
大千道惟至極法惟最尊然至道雖一岐路
生迷九十六種俱号爲道聽名則邪正莫辨
驗法則真僞自分案道家立法厥品有三上
標老子次述神仙下襲張陵太上爲宗尋柱

史嘉遯實惟大賢著書論道貴在無為理歸
靜一化本虛柔然而三世弗紀慧業靡聞斯
迺導俗之良書非出世之妙經也若乃神仙
小道名為五通福極生天体盡飛騰神通而
未免有漏壽遠而不能無終功非餌藥德沿
業修於是愚狡方士偽託遂滋張陵米賊述
記昇天葛玄野豎著傳仙公愚斯惑矣智可
罔歟今祖述李叟則教失如彼憲章神仙則
体劣如此上中為妙猶不足筭況效陵魯醮
事章符設教五斗欲拯三界以蚊負山庸詎
勝乎標名大道而教甚於俗舉号大上而法
窮下愚何故知耶貪壽忌夭含識所同故肉

芝石華譎以翻騰好色嗣情世所莫異故黃
書御女詐稱地仙肌華盈虛群生共愛故室
惜凄噎以灌靈根避災苦病民之恒患故斬
縛魑魅以快愚情憑威恃武俗之書風故吏
兵鈎騎以勤綫心至於消災謠術厭勝無方
理織辭辱非可筆傳事合詭應故比屋歸宗
是以張角李弘毒流讖季盧悚孫恩乱盈晉
末餘波所被寔蕃有徒興非通俟而輕立民
户瑞無虎竹而濫求租稅糜費產業蠱惑士
女運迍則釁國世平則蠹民傷政萌乱豈與
佛同且夫涅槃大品寧比玄妙上清金容妙
相何羨鬼室空屋降伏天魔不慕幻邪之詐

淨修戒行豈同畢春之醜積弘誓於方寸孰
與藏宮將於丹田響洪鐘於梵音豈若鳴天
鼓於脣齒校以形迹精麁已懸覈以至理真
僞豈隱若以麁笑精以僞謗真是瞽對離珠
曰我明也

答道士假稱張融三破論　十九條

僧順法師

論曰泥洹是死未見学死而得長生此滅種
之化也

釋曰夫生生之厚至於無生則張毅單豹之
徒是其匹矣是以儒家云人莫不愛其死而
患其生老氏云及吾無身吾有何患莊周亦

自病痛其一身此三者聖達之流亘以生焉
患夫欲求無生莫若泥洹泥洹者無為之妙
稱談其跡也則有王宮雙樹之文語其實也
則有常住常樂之說子方輪迴五道何由聞
涅槃之要或有三盲摸象得象耳者爭云象
如簸箕得象鼻者爭云象如舂杵雖獲象一
方終不得全象之實子說泥洹是死莫摸象
之一旨矣
論云太子不廢妻使人斷種
釋曰夫聖實湛然跡有表應太子納妃於儲
貳者蓋欲示人倫之道已足遂能棄茲大寶
忽彼恩愛耳至如諸天夕降白騭飛城十号

之理斯在何妻子之可有哉且世之孥孺為
累最深饑寒則生於盜賊飽暖則發於驕奢
是以厲婦夕產忽求火照唯恐似已復更為
厲凡夫之種若厲產尋經云一切衆生皆有
佛性仰尋此旨則是佛種捨家從道棄厲就
佛為集為利寧復是加子迷於俗韻滯於重
惑夢中之夢何當曉哉

論云太子不剃頭使人落髮

釋曰在家則有二親之愛出家則有嚴師之
重論其愛也髮膚為上稱其嚴也剪落為難
所以就剃除而歡若辭父毋而長往者蓋欲
去此煩惱即彼無為髮膚之戀尚或可棄外

物之徒有何可惜哉。不輕髮膚何投身為道。不
辭天屬何用嚴師。譬如喪服。出紹大宗則降
其本生。隆其所後。皆使出子。孰人宗廟之重
割其歸顧之情。還本政自一春。非恩之薄。所
後頓伸三年。實義之厚。礼記云。出必降者有
受我而厚其例矣。經云。諸天奉刀持髮上天
不剃之誅是。何言世子。俱。勇於穿鑿。恃於尋
旨。相為慨然。
論云。子先出家。毋後作尼。則致其子失礼之
甚。釋曰。出家之人。為師重法。棄俗從道。寧可
一概而求。且太子就学。父王致敬。漢祖善嘉令
之言。以太皇為臣。魏之高貴。敬齊王作私覿。

之儲后臣厥父於公庭引共而判則洗矣矣

論云剃頭為浮啚

釋曰經云浮啚者聖瑞靈啚浮海而至故云浮啚也吳中石佛汎海儵来即其事矣今子毀圖像之圖為刑屠之屠則泰伯端委而治故金熱儋仲雍剪髮文身從俗致化遺子今日必羅吠聲之尤事有似而非非而似者外書以仲尼為聖人內經云尼者女也或有謂仲尼為女子子豈信之哉猶如屠啚之相類亦何以殊

論云喪门者死滅之门也

釋曰门者本也明理之所出入出入從本而

與乎

釋氏有不二法門老子有衆妙之門書云禍
福無門皆是會通之林藪機妙之淵宅出家
之人得其義矣喪者滅也滅塵之勞通神之
解即喪門也桑當爲乘字之誤耳乘門者即
大乘門也煩惱既滅過物斯乘故悉云滅門
末云乘門等且八萬四千皆稱法門奚獨喪
桑二門哉

論云胡人不信虛無老子入關故作形像之
化也

釋曰原夫形像始立非爲教本意當由滅度
之後係戀罔已栴檀香像亦有明文且仲尼

既卒三千之徒承言興慕以有若之貌最似
夫子坐之講堂之上令其說法門徒諮仰莫
往日不殊曾參勃然而言曰子起此非子之
座推此而談思仰可知也羅什法師生自殊
方聽敏淵博善談法相襁負佛經流布開輔
詮以真俗二名驗以境照雙寂振無為之高風

激玄流於未悟所謂遺之至於無遺也子謂
胡人不信虛無誠非篤論君子且強理有優
劣不係形像子以形像而語不亦攻乎異端
論云剃頭本不求佛為服亞胡令中國人士
不以正神自訓而取頑胡之法
釋曰夫六戎五狄四夷八蠻不識王化不聞

佛法者譬如畜生事均八難古今聖主隆三
五之治闡一乘之法天人同慶四海訢訢蚑
行喙息咸受其賴喘蠕之蟲自云得所子脫
不自思厝言云云宜急緘其舌亦何勞提耳
論云沙门者沙汰之謂也
釋曰息心達源号曰沙门此則涑祛濯穢反
流歸潔即沙汰之謂也子欲毀之而義逾美
肩可仰之弥高鑽之弥堅者也
論云入國破國
釋曰夫聖必緣感無往非應結繩以後民澆
俗薄末代王教挻揚堯孔至如妙法所沾固
助俗爲化不待形戮而自導無假楚撻而敢

正石王師澄而興國古王諮學以隆道破國
之文從何取說
論云入家破家
釋曰釋氏之訓父慈子孝兄愛弟敬夫和妻
柔備有六睦之美有何不善而能破家唯聞
末學道士有赤章呪咀發擿陰私行壇被髮
呼天叩地不問親疎親相厭殺此即破家之
法矣
論云入身破身
釋曰夫身之爲累甚於桎梏老氏以形骸爲
糞土
釋迦以三界爲火宅出家之士故宜去菁華

棄名利悟逆旅之難常希寂滅之爲樂流俗之徒反此以求全即所謂殺生者不死生生者不生也近代有好名道士自云神術過人尅期輕舉白日登天曾未數丈橫墜於地迫而察之正大鳥之雙翼耳眞所謂不能奮飛者也驗滅亡於即事不旋踵而受誅漢之張陵誣調貢高呼曰未賊亦被夷剪入身破滅無乃角弓乎

論曰歌哭不同者

釋曰人哭亦哭俗内之冥跡臨喪能歌方外之坦情原壤喪親登木而歌孔子過而不非者此亦是名敎之一方耳

論云不朝宗者

釋曰孔子云儒有上不臣天子下不事公侯儒者俗中之一物尚能若此況沙門者方外之士乎昔伯成子高子州交伯但希玄慕道似不近屑人事

論云剃頭犯毀傷

釋曰髮膚之解具於前荅聊更略而陳之言不敢毀傷者正是防其非僻觸冒憲司五刑所加致有殘缺耳今沙門者服膺聖師遠求十地剃除鬚髮被服法衣立身不乖揚名得道還度天屬有何不可而入毀傷之義守文之徒未達文外之旨耳輪扁尚不移術於

其見子何言哉

論云出家者未見君子皆是避役

釋曰噫唉何子之難喻耶左傳云言者身之文莊周云言不廣不足以明道余欲無言其可得乎夫出家之士皆靈根宿固德宇淵深湛乎斯照確乎不拔者也是以其神凝其心道超然遐想宇宙不足點其胸懷豫介無儔塵垢何能攬其方寸割慈親之重恩棄房櫳之歡愛虛室生白守玄行禪或投隨林野委身餧獸或靜節蔬餐精心無怠將勤求十力超登無上解脫天羅銷散地網兆百福於未萌濟蒼生於万劫斯實丈夫之宏圖非吾

子所得聞也避役之談是何言歟孔子瑣喙
三尺者雖言出於口終不以長舌犯人則子
之喙三尺矣何多口之爲累傷人之深哉
論云三丁二出一何無緣者
釋曰無緣即是緣無緣生有緣即是緣有緣
起何以知其然耶世有閹门入道故曰緣有
緣起有生不識比丘故曰緣無緣生十六王
王子同日出家隨父入道是則緣之所牽閹
門頓至何其宜出二之有哉無緣者自就無
緣中求反諸己而已矣子方永墜無間遑復
論此將不欲倒置于戈乎若能反迷殊副所望
論云道家之教育德成國者

釋曰道有九十六種佛爲最尊梵志之徒蓋
是培塿假使山川之神能出雲雨者亦是有
國有家之所祀焉其云育德成國不無多少
但廣濟無邊永拔塗炭我金剛一聖巍巍獨雄
夫太極剖判之初已自有佛但于時衆生因
緣未動故宜且昧名稱何以言之推三皇以
上何容都無礼易則乾坤兩卦屢緣二爻便
當與天地俱生雖曰俱生而名不俱出者良
由機感不發施用未形其理常在其跡不著
耳中外二聖其揆一也故法行云先遣三賢
漸誘俗教後以佛經革邪從正李老之門釋
氏之偏裨矣經云處處自說名字不同或爲

儒林之宗國師道士或寂漠無爲而作佛事
金口所説合若符契何爲東西跳梁不避高
下耶嗟乎外道藉我智慧資我神力遂欲撓
亂我經文虔劉我教訓人之無良一至於此也
論云道者氣
釋曰夫道之名以理爲用得其理也則於道
爲備是故沙門号曰道人陽平呼曰道士釋
聖得道之宗彭聃居道之末得道宗者不待
言道而道自顯居道之末者常稱道而道不
足譬如仲尼博學不以一事成名游夏之徒
全以四科見目莊周有云生者氣也聚而爲
生散而爲死就如子言道若是氣便當有聚

有散有生有死則子之道是生滅法非常住
也嘗聞子瀆又有合氣之事願子勿言此眞
辱矣莊子又云道在屎溺此屎溺之道得非
吾子合氣之道乎

弘明集卷第八

䫋胡帖反 遐邈下莫角反遠也 靄烏蓋反丨曀貌 矯詐上居小反下誑也

詐上居小反誑也 霾莫皆反風而雨土曰丨 闘藪下音叟甌闘藪澤也 消

流上俱玄反細流也 訛詞上愚和反丨丨謬言也 詭蔽上過委反丨誑

也下必祭反掩丨也 煨燼上烏回反下徐刃反 渣糝上側加反下蘇感反滓也

淪滑下息徐反没也 悼音盜傷也 聊音寮 互鄉上乎字丨丨在兗州金鄉

縣此鄉人愚之甚也難與其言 攄寫上丑虛反舒也 波崘下力昆反菩薩名比

〻常啼 弭 兔介反息也 楚錮 下音故牢丨也 造之 上七到反至也 扣

齒 上苦候反擊也 咽唾 上於見反吞也 醴泉 上音禮甘丨也 驟涉 上助

丨瘦 反走也 嗑齒 上石今反此 懋 莫候反美也 纁霞 上兒云反

紅色也 蒻花 上徒浪反毒草也 侮慢 上音武輕丨也 蟒蚰 上母

朗反蚰也 大噏 許及反 子衡 下戶庚反 縻 密碑反 鶴足 上胡谷反

山獠 下竹巧反夷別名 閾外 上兄逼反門丨也一音域字 胷鶴 上傷

犬反繫也 愚戇 下竹降反 僉言 上七廉反皆也 誚責 才笑反責也 窈窈

煙曉反 炁 氣字 醮録 上子笑反丨祭也 媟合 私列反 航魅 上俱

音反 斥 音尺棄也 佚蕩 上遲反溼 丨一 溷漫 上胡本反

濁也 態 他代反 俠道 上胡怙反 鳶望 上音緣老鵶也

野麋 下音眉鹿子也 突 徒骨反觸也 幽竇 下音豆丨穴也 老

稚 下直利反幼 慨然 上苦愛反嘆也 揜撲 下普木反打丨 浹㞐 上子

呫反帀十二日日丨丨誣蔽讒音無謗也詮謚下音亦丨号也頑嚚
下莫登反丨亂也陋僻下疋亦反辭訴下音素告丨也伺吏上相寺反
下力置反討捕下音步丨捉也妖忤下吾故反嫮慢也上音誇奢
崐昊上音昆硠磤上音郎奇遊反石也履也下入靖靜下音
圊廁上音清初使反驢騾下知扇反黃鹵下音魯鹹士也擿頭
字上摘揬額上徒骨反也下亦作頟隆趚懸靡碑下反寬篆門祉

管反丨丨以紙繒繲繫竹於门爲忌懸㮇下吾反梓也蜩蜒埴上詩然反下特力乂又丨八水和土也
上祖管表丨丨丨纘縑繫術於門爲忌開闔门下曰丨音因蕃咤班上莫
江反白黑相禕於宜反雜也僧名秣陵上音末地名膠東上音古
交膠河之在登州欒大上郎反姓也端茅土上莫交反諸侯分茅列士之
東之地甘反酣上酒于命也營逸上惡反岷方上蜀地音閭名嗜
昧上音貪也覜憤聰上房粉反怒也除疊下許近反禍也賑錫

上䡇振二音下朱反丨丨以物濟賜秋蔕下音帝花草貫綴也湫學上子
小反窄小也妖祟下私遂反鬼䴀下音衢詹鈎上之蘇反淮南子詹父鈎
千歲之鞞懸溜下力救反水流下也氐羗上丁兮反胡人也鞞䩦上乎六反揩丨丨謑
說上呼賣反下音鬭丨丨怒也蠶食上昨含反𤅣漫上形了反
下莫半反丨水大貟丨輟食上知劣反丨止也兒侲下定反拔反虒兒
上呼交反虎怒聲也鐵鉗下巨廉反以鐵夾物鵄鵙上尺夷反下丁俱覓反丨丨
伯勞鳥東莞下音官郡名也䌌喑音庯近上音容近也兄諮爽
上弥性反自也熯然上音明也嗔餌藥上而志反食也迺字乃喉天
上音析理上先擊反亦作拼分髡頭上音坤去髮也鬖下音
夫皮丨也包必交反纖毫上息廉反訕所晏反間也又所謗也政阜
下音婦盛也亶憂娛下音歡丨丨也愚餹悖化上蒲沒反逆也昊天
上胡都反道德詩云昊天罔極揆下求癸反理也綴知衛反瞬息

注詩閏反一動目間也抑𢈜力苴斬上子余反苴麻孝冠也斬縗孝
服也音催縗溥撲下普角反質素也化洽下侯夾反洽也搢紳進申
二音排笏於帶也令之仕官者皆搢之丨丨介胄上音界甲別名也下直右反兜
鍪也緇弁上側思反黑繒也下皮變反冠也泔汰下音太三豕下式
旨反盂軻下苦何反麁獷下俱猛反惡也姦猾下玄八反狡也廝隸
斯麗二音賤僕之呼怯弱上苦劫反下音若北狄下徒的反玁狁上諳
檢反下音允丨北狄別名豺狼柴郎二音野狗也狐狸上音胡下力之
反淪潛下息徐反丨沒也酷苦篤反商鞅下於兩反弩戮奴六
二音奴子也戮殺也犧農上興宜反伏犧神農也緝政上七入反理也續也
抒暴上補呂反陵也羌胡上苦良反涵音含陶鑄挑注二音囊音稍
嚚遁下徒困反隱也愚狡下古巧反猾也憲章上音獻法也蚑負
上音羲忌夭下於小反丨亡譎音決詐也丨肌革上音飢丨肉也革皮

也洟唾上音替魑魅上丑知反下眉二反恃武上音市呧底
上音萠田民也賨蓄下音煩租稅上子姑反麋費上峇碑反散也下方
未反毛也蠱惑上音古毒也蝎国上許謁反毒蟲也胡葛反食禾蟲也蠹
民上音妬丨害也畢券下丘頣反㲉以上開萵反考丨瞽音古盲丨張
毅下魚既反單豹上音善簸箕二字上必个反下居之反春杵上詩
容反下尺呂反湛然上宅減反儲貳上音除丨丨副君也白驥下居異反
具也孥孺下而注反孥子也孺稚也飽煖下努管反厲婦上音例醜反也
一概下古愛反倏来上音叔丨忽林藪下叟音係戀上音計
襁負上居兩反之負子於背上織縷訢訢許斤反喜樂也蚑行上渠
支反蟲行也喙息上兄穢反鳥口也喘蠕上昌軟反下音軟丨丨能動之
蟲唇言上七改反濯穢上音浮洗丨也鑽之上子官反民濟下吉
羌反薄也挻揚上夫然反踶躂下他達反咨也咒咀下側助反發擿

他的反 歷於反 檢 桎 梏 丨杻 上音質下古篤反 械之別名 菁 華 音

精丨丨 盛皃也 草 奮 飛 上方問反 旋 踵 上似宣反 下之勇反 丨迴足

也 誣 調 無同二音 諡也 原 壤 下而兩反 近 屑 下先節反 輪 扁 下蒲

太之 古反 術士 噫 喉 鬱哀二音 嘆声也 確 手 上口角反 坚也 祁 凝 下魚

陵反 房 櫳 下郎東反 餧 戰 上紆僞反 飼也 宏 畐 上惠反 大也 蒒 穎 喙

省上 音宇 孔子頭如仰宇 孔子父之象 長三尺也 是也 下同前 闔 門 下胡塔反

閑也 干 戈 下古和反 培 塿 上步口反 下郎小阜也 二 爻 下戶交反

卦象 其 揆 下求癸反 偏 裨 下音卑 助也 跳 梁 上音條 作踉丨丨 下又 躍

也 撓 乱 上呼高反 丨覺 彭 耼 下土甘反 老子也 老彭

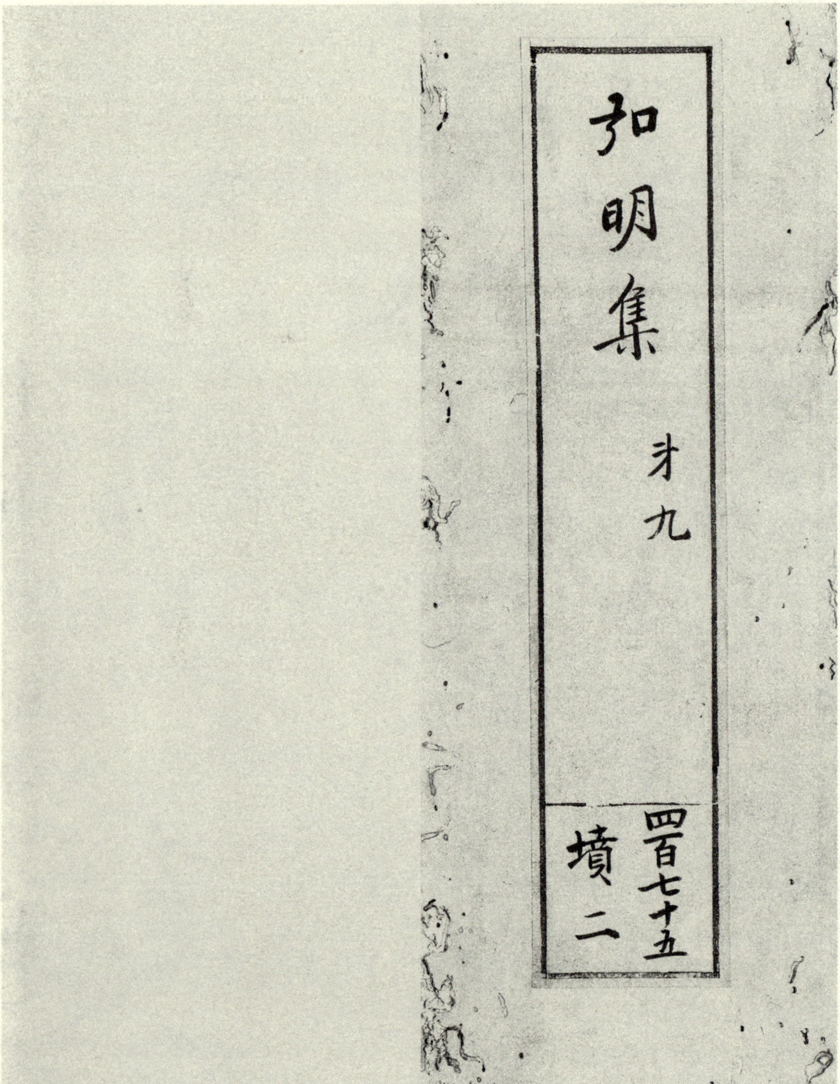
弘明集 才九
四百七十五
墳二

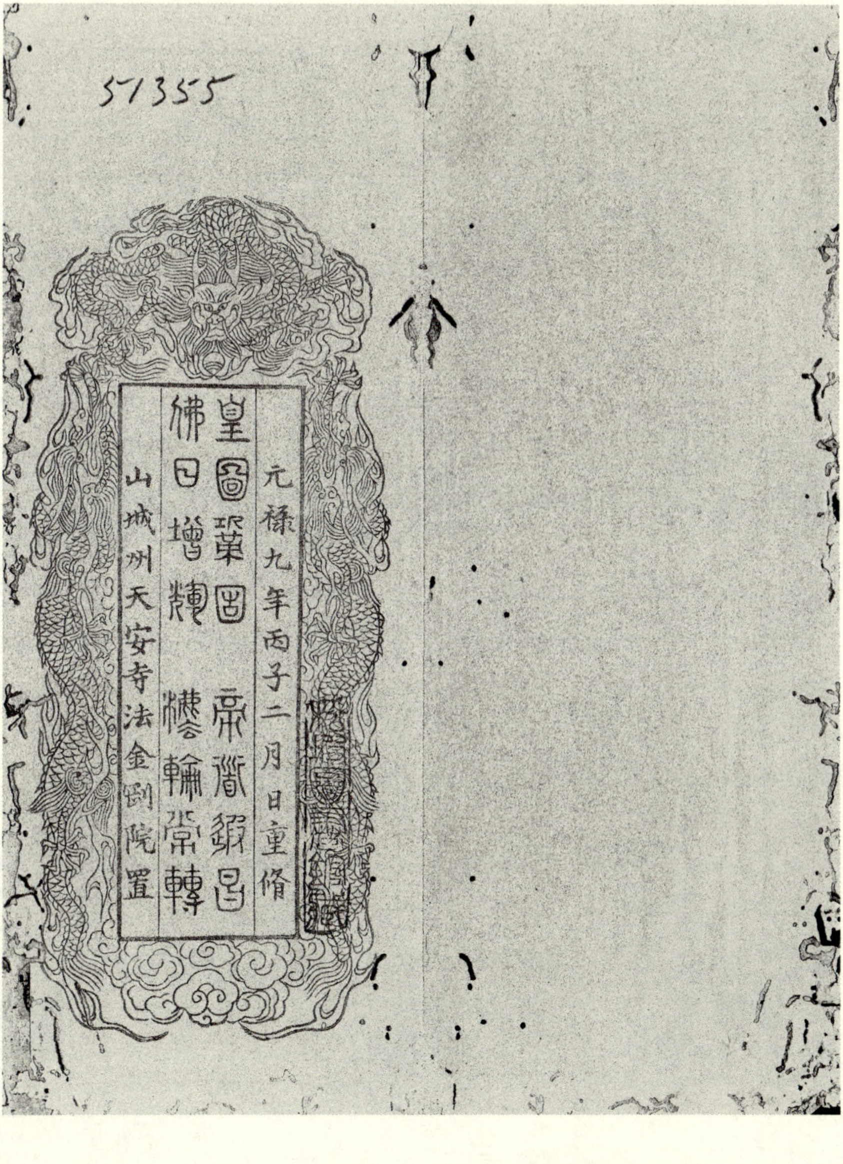
571355

元祿九年丙子二月日重脩

皇圖鞏固　帝道遐昌

佛日增輝　法輪常轉

山城州天安寺法金剛院置

弘明集卷第九

梁釋僧祐撰

大梁皇帝立神明成佛義記 并吴興沈績作序注

蕭琛難范縝神滅論

曹思文難范縝神滅論 并二啓 詔答

大梁皇帝立神明成佛義記 吴興沈績作序注

夫神道冥默宣尼固已絶言心數理妙柱史又所未說非聖智不周近情難用語遠故也是以先代玄儒談遺宿業後世通辯易論滯來身非夫天下之極慮何得而詳焉故惑者聞識神不斷而全謂之常聞心念不常而全謂之斷云斷則迷其性常云常則惑其前斷

因用疑本謂在本可滅因本疑用謂在用弗
移莫能精求互起偏執乃使天然覺性自没
浮談
聖主稟以玄符御茲大寶覺先天垂則觀民設
化將恐支離詭辯搆義横流徵叙繁絲伊誰
能振釋敎遺文其將喪矣是以著斯雅論以
弘至典績早念身空栖心内教每餐法音用
忘寢疾而闇情難曉觸理多疑至於佛性大
義頓迷心路既天誥遠流預同撫覿万夜獲
開千昏永曙分除之疑朗然俱澈竊惟事與
理亨無物不識用隨道合奚心不辦故行雲
徘徊猶感美音之和游魚踊躍尚賞清絲之

韻況以入神之妙發自天衷此臣所以舞之蹈之而不能自已者也敢以膚受謹爲注釋豈伊錐管用窮天奥庶幾固惑所以釋焉

夫涉行本乎立信臣績曰夫愚心闇識必發大明明不欻起起必由行行不自修修必由信信者憑師伏理無違之心也故五根以一信爲本四信以不違爲宗宗信既立万善自行行善造果謂之行也

信立由乎正解臣績曰夫邪正不辨將何取信故立信之本資乎正解

解正則外邪莫擾臣績曰信一心者則万邪滅矣是知內懷正見則外邪莫動也

信立則內識無疑臣績曰識者心也故成實論去心意識體一而異名心既信矣將何疑乎

然信解所依其宗有在臣績曰依者憑也夫安心有本則枝行自從有本之旨顯乎下句也

何者源神明以不斷爲精精神必歸妙果臣績曰神而有盡寧謂神乎故經去吾見死者形壞體化而神不滅隨行善惡禍福

不自追此即不滅斷之義也若化同草木則豈曰精乎以其不斷故終歸妙極憑心此地則觸理皆明明於衆理何行不成信解之宗此之謂也妙果體極常住精神不免無常臣績曰妙果明理已足所以體唯極常精神涉行未滿故之不免遷變無常者前滅後生剎那不住者也臣績曰剎那是天竺國音迅速之極名也生而即滅寧有住乎故淨名歎曰比丘即時生老滅矣若心用心於攀緣前識必異後者斯則與境俱往誰成佛乎臣績曰夫心隨境動是其外用後雖續前終非實論故知神識之性湛然不移故終歸於妙果矣經云心爲正因終成佛果臣績曰略語佛因其義有二一曰緣因二曰正因緣者万善是也正者神識是也万善有助發之功故曰緣因神識是其正本故曰正因經既云終成佛果斯驗不斷明矣又言若無明轉則變成明案此經意理如可求何者夫心爲用本本一而用殊殊用自

有興廢一本之性不移臣續曰陶汰塵穢本識則明明闇相易謂之變也若前去後來非變之謂一本者即無明神明也臣續曰神明本暗即故以無明為因尋無明之稱非太虛之目土石無情豈無明之謂臣續曰夫別了善惡匪心不知明審是非匪情莫識太虛無情故不明愚智土石無心寧辯解惑故知解惑存乎有心愚智在乎有識既謂無明則義在心矣故知識慮應明體不免惑惑慮不知

故曰無明臣續曰明為本性所以應明識緣外塵故內不免惑惑而不了乃謂無明因斯致稱豈旨空也哉而無明體上有生有滅生滅是其異用無明心義不改臣續曰既有其體便有其用語用非體論體非用用有興廢體無生滅者也將恐見其用異便謂心隨境滅臣續曰惑者迷其體用故不斷猜何者夫體之與用不離不即離體無用故云不離用義非體故云不即見其不離故而迷其不即迷其不即便謂心隨境滅

繼無明名下加以住地之目此顯無明即是

神明神明性不遷也臣績曰無明係以住地蓋是斥其迷體而抱惑

之徒未曾喻也何以知然如前心作無間重惡後識

起非想妙善善惡之理大懸而前後相去甚

迴斯用果無一本安得如此相續臣績曰不有一本則

用無所依而惑者見其類續爲一故舉大善斥相續之迷是知前惡自滅

惑識不移後善雖生暗心莫改臣績曰未嘗以善惡生滅

虧其本也故經言若與煩惱諸結俱者名爲無明

若與一切善法俱者名之爲明豈非心識性

一隨緣異乎臣績曰若善惡互起豈謂得乎而恒對其言而常迷其旨故舉

故知生滅遷變酬於往因善惡交

此要文以曉群惑

謝生乎現境臣績曰生滅由於本業非現境使之然善惡生於今境非本業

令其介也而心爲其本未曾異矣臣續曰雖復用由不同其體莫
異以其用本不斷故成佛之理皎然隨境遷
謝故生死可盡明矣臣續曰成佛皎然扶其本也生死可盡由其用
也若用而無本則滅而不成若本而無用則成無所滅矣

難神滅論序　蕭琛

內兄范子縝著神滅論以明無佛自謂辯摧
衆口日服千人予意猶有惑焉聊欲薄其稽
疑詢其未悟論至今所持者形神所訟者精
理若乃春秋孝享爲之宗廟則以爲聖人神
道設教立禮防愚杜伯關弓伯有被介復謂
天地之間自有怪物非人死爲鬼如此便不
得詰以詩書校以往事唯可於形神之中辨

其離合脫形神一體存滅罔異則范子奮揚蹈厲金湯邈然如靈質分途興毀區別則予剋敵得雋能事畢矣又予雖明有佛而體佛不與俗同尒兼陳本意係之論左焉

神滅論（問荅者論本客主之辭也難者今之所問也）

問曰子云神滅何以知其滅耶

荅曰神即形也形即神也是以形存則神存形謝則神滅也

問曰形者無知之稱神者有知之名知與無知即事有異神之與形理不容一形神相即非所聞也

荅曰形者神之質神者形之用是則形稱其

質神言其用形之與神不得相異

難曰今論形神合體則應有不離之證而直
云神即形形即神形之與神不得相異此辯
而無徵有乖篤喻矣予今據夢以驗形神不
得共體當人寢時其形是無知之物而有見
焉此神遊之所接也神不孤立必憑形器猶
人不露處須有居室但形器是穢闇之質居
室是蔽塞之地神反形内則其識微惛惛故
以見爲夢人歸室中則其神暫壅壅故以明
爲昧夫人或夢上騰玄虚遠適万里若非神
行便是形往耶形既不往神又弗離復焉得
如此若謂是想所見者及其安寐身似僵木

氣若寒灰呼之不聞撫之無覺既云神與形均則是表裏俱勸既不外接聲音寧能內與思想此即形靜神馳斷可知矣又疑凡所夢者或反中詭遇趙簡子夢童子躶歌可吴入郢晉小臣夢負公登天而負公出諸廁之類是也或理所不容呂錡夢射月中之吴后夢膓出繞昌門之類是或先覺未兆呂姜夢天名其子曰虞曹人夢衆君子謀欲亡曹之類是也或假借象類蔡茂夢禾失爲秩王濬夢三刀爲州之類是也或即事所無胡人夢舟越人夢騎之類是也或乍驗乍否殷宗夢得傅說漢文夢獲鄧通驗也否事衆多不復具載此皆神化茫眇幽明不測易以約通難用理檢若不許以神遊必宜求諸形內恐塊介潛靈外絕覲覿雖復扶以六夢濟以想因理亦然也

問曰神故非質形故非用不得爲異其義安在
荅曰名殊而體一也
問曰名既已殊體何得一
荅曰神之於質猶利之於刃形之於用猶刃之於利利之名非刃也刃之名非利也然而捨利無刃捨刃無利未聞刃没而利存豈容形亡而神在
難曰夫刃之有利砥礪之功故能水截蛟螭陸斷兕虎若窮利盡用必摧其鋒鍔化成鈍刃如此則利滅而刃存即是神亡而形在何云捨利無刃名殊而體一耶刃利既不俱滅形神則不共亡雖能近取譬理實乖矣

問曰刃之與利或如來說形之與神其義不然何以言之木之質無知也人之質有知也人既有如木之質而有異木之知豈非木有其一人有其二耶

答曰異哉言乎人若有如木之質以爲形又有異木之知以爲神則可如來論也今人之質質有知也木之質質無知也人之質非木質也木之質非人質也安在有如木之質而復有異木之知

問曰人之質所以異木質者以其有知耳人而無知與木何異

答曰人無無知之質猶木無有知之形

問曰死者之形骸豈非無知之質耶
荅曰是無知之質也
問曰若然者人果有如木之質而有異木之知矣
荅曰死者有如木之質而無異木之知生者有異木之知而無如木之質
問曰死者之骨骼非生者之形骸耶
荅曰生形之非死形死形之非生形區已華矣安有生人之形骸而有死人之骨骼哉
問曰若生者之形骸非死者之骨骼死者之骨骼則應不由生者之形骸不由生者之形骸則此骨骼從何而至

荅曰是生者之形骸變爲死者之骨骼也

問曰生者之形骸雖變爲死者之骨骼豈不因生而有死則知死體猶生體也

荅曰如因榮木變爲枯木枯木之質寧是榮木之體

問曰榮體變爲枯體枯體即是榮體如絲體變爲縷體縷體即是絲體有何咎焉

荅曰若枯即是榮榮即是枯則應榮時彫零枯時結實又榮木不應變爲枯木以榮即是枯故枯無所復變也又榮枯是一何不先枯後榮要先榮後枯何也絲縷同時不得爲喻

問曰生形之謝便應豁然都盡何故方受死

形綿歷未已耶

荅曰生滅之體要有其次故也天欻而生者必欻而滅漸而生者必漸而滅欻而生者飄驟是也漸而生者動植是也有欻有漸物之理也

難曰論云人之質有知也木之質無知也豈不以人識涼燠知痛痒養之則生傷之則死耶夫木亦然矣當春則榮在秋則悴樹之必生拔之必死何謂無知今人之質猶如木也神留則形立神去則形廢立也即是榮木廢也即是枯木子何以辯此非神知而謂質有知乎凡万有皆以神知無以質知者也但草

木蝨蟲之性栽覺榮悴生死生民之識則通安危利害何謂非有如木之質以爲形又有異木之知以爲神耶此則形神有二居可別也但木禀陰陽之偏氣人含一靈之精照其識或同其神則異矣骨骼形骸之論死生授受之說義既前定事又不經安用曲辯哉

問曰形即神者手等亦是神耶

荅曰皆是神分

問曰若皆是神分神應能慮手等亦應能慮也

荅曰手等有痛痒之知而無是非之慮

問曰知之與慮爲一爲異

荅曰知即是慮淺則爲知深則爲慮

問曰若尒應有二處處既有二神有二乎

荅曰人體唯一神何得二

問曰若不得二安有痛痒之知而復有是非之處

荅曰如手足雖異揔爲一人是非痛痒雖復有異亦揔爲一神矣

問曰是非之處不關手足當關何也

荅曰是非之處心器所主

問曰心器是五藏之心非耶

荅曰是也

問曰五藏有何殊别而心獨有是非之處

荅曰七竅亦復何殊而所用不均何也

問曰慮思無方何以知是心器所主
荅曰心病則思乖是以知心爲慮本
問曰何知不寄在眼等分中耶
荅曰若慮可寄於眼分眼何故不寄於耳分
問曰慮體無本故可寄之於眼分眼自有本
不假寄於他分
荅曰眼何故有本而慮無本苟無本於我形而可遍寄於異地亦可張甲之情寄王乙之軀李丙之性託趙丁之體然乎哉不然也
難曰論云形神不殊手等皆是神分此則神以形爲體體全即神全體傷即神缺矣神者何識慮也今人或斷手足殘肌膚而智思不

亂猶孫臏刖趾兵略愈明膚淨解腕儒道方
謐此神與形離形傷神不害之切證也但神
任智以役物託器以通照視聽香味各有所
憑而思識歸乎心器譬如人之有宅東閣延
賢南軒引景北牖招風西櫺映月主人端居
中霤以牧四事之用焉若如來論口鼻耳目
各有神分一目病即視神毁二目應俱盲矣
一耳疾即聽神傷兩耳俱應聾矣今則不然
是知神以爲器非以爲體也又云心爲慮本
慮不可寄之他分若在於口眼耳鼻斯論然
也若在於他心則不然矣耳鼻雖共此體不
可以相雜以其所司不同器用各異也他心

雖在彼形而可得相涉以其神理均妙識慮
齊功也故書稱啓尒心沃朕心詩云他人有
心予忖度之齊桓師管仲之謀漢祖用張良
之策是皆本之於我形寄之於他分何云張
甲之情不可託王乙之軀李丙之性勿得寄
趙丁之體乎

問曰聖人之形猶凡人之形而有凡聖之殊
故知形神異矣

荅曰不然金之精者能照穢者不能照能照
之精金寧有不照之穢質又豈有聖人之神
而寄凡人之器亦無凡人之神而託聖人之
體是以八彩重瞳勛華之容龍顏馬口軒皐

之狀此形表之異也比干之心七竅並列伯
約之膽其大如拳此心器之殊也是以知聖
人區分每絕常品非唯道華群生乃亦形超
萬有凡聖均體所未敢安
問曰子云聖人之形必異於凡敢問陽貨類
神尼項籍似虞帝舜項孔陽智華形同其故
何耶
荅曰珉似玉而非玉鶡類鳳而非鳳物誠有
之人故宜介項陽貞似而非實似心器不均
雖貞無益也
問曰凡聖之殊形器不一可也聖人圓極理
無有二而立且殊姿陽文異狀神不係色於

此益明
荅曰聖與聖同同於聖器而器不必同也猶
馬殊毛而齊逸玉異色而均美是以晉棘楚
和等價連城驊騮盜驪俱致千里
問曰形神不二旣聞之矣形謝神滅理固宜
然敢問經云爲之宗廟以鬼饗之何謂也
荅曰聖人之教然也所以從孝子之心而厲
渝薄之意神而明之此之謂矣
問曰伯有被甲彭生豕見墳素著其事寧是
設教而已耶
荅曰妖怪茫茫或存或亡強死者衆不皆爲
鬼彭生伯有何獨能然乍人乍豕未必齊鄭

之公子也
問曰易稱故知鬼神之情狀與天地相似而
不違又曰載鬼一車其義云何
荅曰有禽焉有獸焉飛走之別也有人焉有
鬼焉幽明之別也人滅而爲鬼鬼滅而爲人
則吾未知也

難曰論云豈有聖人之神而寄凡人之器亦
無凡人之神而託聖人之體今陽貨類仲尼
項籍似帝舜即是凡人之神託聖人之體也
珉玉鶡鳳不得爲喻今珉自名珉玉實名玉
鶡号鵕鶡鳳曰神鳳名既殊稱貞亦奭實今
舜重瞳子項羽亦重瞳子非有珉玉二名唯

覩重瞳相類又有女媧蛇軀皐陶馬口作直聖神入於凡器遂乃託于虫畜之體此形神殊別明暗不同茲益昭顯也若形神為一理絶前因者則聖應誕聖賢必產賢勇怯愚智悉類其本旣形神之所陶甄一氣之所孕育不得有堯睿朱嚚瞍頑舜聖矣論又云聖同聖器而器不必同猶馬殊毛而齊逸今毛復是逸器耶馬有同毛色而異駑駿者如此則毛非逸相由體無聖器矣人形骸無凡聖之別而有貞脆之異故遐靈栖於遠質促神寓乎近體唯斯而已耳向所云聖人之體指直語近舜之形不言器有聖智非矛盾之說勿

迷於此惑也
問曰知此神滅有何利用
荅曰浮屠害政桑門蠹俗風驚霧起馳蕩不
休吾哀其弊思拯其溺夫竭財以趣僧破產
以趨佛而不恤親戚不憐窮匱者何耶良由
厚我之情深濟物之意淺是以圭撮涉於貧
友吝情動於顏色千鍾委於富僧歡懷暢於
容髮豈不以僧有多稌之期友無遺秉之報
務施不關周給立德必於在己又惑以茫昧
之言懼以阿鼻之苦誘以虛誕之辭欣以兜
率之樂故捨逢掖襲橫衣廢俎豆列瓶鉢家
家棄其親愛人人絕其嗣續至使兵挫於行

閭吏空於官府粟罄於情游貨殫於土木所
以姦宄佛勝頌聲尚權惟此之故也其流莫
已其病無垠若知陶甄稟於自然森羅均於
獨化忽焉自有怳尒而無來也不禦去也不
追乘夫天理各安其性小人甘其壟畝君子
保其恬素耕而食食不可窮也蠶以衣衣不
可盡也下有餘以奉其上上無爲以待其下
可以全生可以養親可以爲己可以爲人可
以匡國可以霸君用此道也

難曰佛之有無寄於神理存滅旣有往論且
欲略言今指辨其損益語其利害以彌夫子
過正之談子云釋氏蠹俗傷化費貨損役此

或者爲之非佛之尤也佛之立教本以好生
惡殺修善務施好生非止欲繁育鳥獸以人
靈爲重惡殺豈可得緩宥逋逃以哀矜斷察
修善不必瞻丈六之形以忠信爲上務施不
苟使殫財土木以周給爲美若悉絶嗣續則
必法種不傳如並起浮圖又亦播殖無地凡

人且猶知之况我慈氏寧樂介乎今守株桑
門迷稽俗士見寒者不施之短褐遇餒者不
錫以糠豆而競聚無識之僧爭造衆多之佛
親戚棄而弗眄祭祀廢而弗修良繒碎於刹
上丹金糜于塔下而謂爲福田期以報業此
並體佛未深解法不妙雖呼佛爲佛豈曉歸

佛之旨兮僧爲僧寧達依僧之意此亦神不
降福予無取焉失六家之術各有流弊儒失
於僻墨失於蔽法失於峻名失於訐咸由祖
述者失其傳以致泥溺今子不以僻蔽誅孔
墨峻訐責韓鄧而獨罪我如來貽茲正覺是
忿風濤而毀舟檝也今悖逆之人無賴之子
上罔君親下虐儔類或不忌明憲而乍懼幽
司憚閻羅之猛畏牛頭之酷遂悔其穢惡化
而遷善此佛之益也又罪福之理不應殊於
世敎背乎人情若有事君以忠奉親唯孝與
朋友信如斯人者猶以一眚掩德蔑而棄之
哉犯蟲魚陷于地獄斯必不然矣夫忠莫踰

於伊尹孝莫尚乎曾參若伊公宰一畜以膳
湯曾子烹隻禽以養點而皆同趣炎鑊俱赴
鋒樹是則大功没於小過奉上反於惠下昔
彌子矯駕猶以義弘免戮嗚呼曾謂靈匠不
如衞君子乎故知此爲忍人之防而非仁人
之誡也若能鑒彼流宕疊不在佛觀此禍福
識悟教誘思息末以尊本不拔本以拯末念
忘我以弘法不後法以利我則雖曰未佛吾
必謂之佛矣

難范中書神滅論　　曹思文

難神滅第一并啓　詔荅

范荅第一

重難神滅第二　　重啓　詔荅

難范中書神滅論

論曰神即形也形即神也是以形存則神存形謝則神滅也

難曰形非即神也神非即形也是合而爲用者也而合非即矣生則合而爲用死則形留而神逝也何以言之昔者趙簡子疾五日不知人秦穆公七日乃寤並神遊於帝所帝賜之鈞天廣樂此其形留而神遊者乎若如論言形滅則神滅者斯形之與神應如影響之必俱也然形既病焉則神亦病也何以形不知人神獨遊帝而欣歡於鈞天廣樂乎斯其

寐也魂交故神遊於蝴蝶即形與神分也其覺也形開遽遽然周也即形與神合也然神之與形有分有合合則共爲一體分則形亡而神逝也是以延陵窆子而言曰骨肉歸復于土而魂氣無不之也斯即形亡而神不亡也然經史明證灼灼也如此寧是形亡而神滅者也

論曰問者曰經云爲之宗廟以鬼饗之通云非有鬼也斯是聖人之教然也所以達孝子之心而厲渝薄之意也

難曰今論所云皆情言也而非聖旨請舉經記以證聖人之教孝經云昔者周公郊祀后

稷以配天宗祀文王於明堂以配上帝若形神俱滅復誰配天乎復誰配帝乎且無神而爲有神宣尼云天可欺乎今稷無神矣而以稷配斯是周旦其欺天乎果其無稷也而空以配天者既其欺天矣又其欺人也斯是人之教教以欺妄也設欺妄以立教者復何達

孝子之心厲渝薄之意哉

原尋論旨以無鬼爲義試重詰之曰孔子菉羹瓜祭祀其祖禰也記云樂以迎來哀以送往神既無矣迎何所迎神既無矣送何所送迎來而樂斯假欣於孔貞送往而哀又虛淚於丘體斯則夫子之祭禮也斯僞滿於方寸

虛假盈於廟堂聖人之敎其若是乎而云聖
人之敎然也何哉
思文啓竊見范縝神滅論自爲賓主遂有三
十餘條思文不惟闇蔽聊難論大旨二條而
已庶欲以此傾其根本謹冒上聞但思文情
用淺匱懼不能微析詭經仰黷
天照伏追震悸謹啓
所難二條當別詳覽也
右　詔謹荅
荅曹錄事難神滅論
難曰形非即神也神非即形也是合而爲用
者也而合非即也

荅曰若合而爲用者明不合則無用如蛩駏相資廢一則不可此乃是滅神之精據而非存神之雅決子意本欲請戰而定爲我援兵耶

難曰昔趙簡子疾五日不知人秦穆公七日乃寤並神遊於帝所帝賜之鈞天廣樂此形留而神逝者乎

荅曰趙簡子之上賓秦穆之遊上帝既云耳聽鈞天居然口甞百味亦可身安廣厦目悅玄黃或復披文繡之衣控如龍之轡故知神之須待既不殊人四肢七竅每與形等隻翼不可以適遠故不比不飛神無所闕何故憑形以自立

難曰若如論旨形滅則神滅者斯形之與神應如影響之必俱也然形既病焉則神亦病也何以形不知人神獨遊帝所

荅曰若如來意便是形病而神不病也今傷之則痛是形痛而神不痛也惱之則憂是形憂而神不憂也憂慮痛廢形已得之如此何用勞神於無事耶曹以爲生則合而爲用則痛廢同也死則形留而神遊則故遊帝與形不同也

難曰其寐也魂交故神遊於蝴蝶即形與神分也其覺也形開遽遽然周也即形與神合也

荅曰此難可謂窮辯未可謂窮理也子謂神遊蝴蝶是真作飛蟲耶若然者或夢爲牛則

貧人轅轎或夢爲馬則入人跨下明旦應有
死牛死馬而無其物何也又腸繞閶門此人
即死豈有遺其肝肺而可以生哉又日月麗
天廣輪千里無容下從匹婦近入懷袖夢幻
虛假有自來矣一旦實之良足偉也明結想
霄坐周天海神昬於內妄見異物豈莊生實

亂南園趙簡眞登閶闔鄒外弟蕭琛亦以夢
爲文句甚悉想就取視也
難曰延陵窆子而言曰骨肉歸復于土而魂
氣無不之也斯即形亡而神不亡也
荅曰人之生也資氣於天稟形於地是以形
銷於下氣滅於上氣滅於上故言無不之無

不之者不測之辞耳豈必其有神與知耶

難曰今論所云皆情言也而非聖旨請舉經記以證聖人之教孝經云昔者周公郊祀后稷以配天宗祀文王於明堂以配上帝若形神俱滅復誰配天乎復誰配帝乎

荅曰若均是聖達本自無教教之所設實在黔首黔首之情常貴生而賤死死而有靈則長畏敬之心死而無知則生慢易之意聖人知其若此故廟祧壇墠以篤其誠心肆筵授几以全其罔已尊祖以窮郊天之敬嚴父以配明堂之享且忠信之人寄心有地强梁之子茲焉是懼所以聲教照於上風俗淳于下

用此道也故經云爲之宗廟以鬼享之言用
鬼神之道致茲孝享也春秋祭祀地時思之
明厲其追遠不可朝死夕亡也子貢問死而
有知仲尼云吾欲言死而有知則孝子輕生
以殉死吾欲言死而無知則不孝之子棄而
不葬子路問事鬼神夫子云未能事人焉能

事鬼適言以鬼享之何故不許其事耶死而
有知輕生以殉是也何故不明言其有而作
此悠漫以荅耶研求其義死而無知亦已審
矣宗廟郊社皆聖人之教迹彝倫之道不可
得而廢耳
難曰且無神而爲有神宣尼云天可欺乎今

稷無神矣而以稷配斯是周旦其欺天乎既其欺天又其欺人斯是聖人之教以欺妄以欺妄爲教何達孝子之心厲渝薄之意哉

荅曰夫聖人者顯仁藏用窮神盡變故曰聖達節而賢守節也寧可求之蹄筌局以言敎夫欺者謂傷化敗俗導人非道耳苟可以安上治民移風易俗三光明於上黔黎悦於下何欺妄之有乎請問湯放桀武伐紂是弑君非耶而孟子云聞誅獨夫紂未聞弑君也子不責聖人放弑之迹而勤勤於郊稷之妄乎郊丘明堂乃是儒家之淵府也而非形神之滯義當如此何耶

難曰樂以迎來哀以送往云云
荅曰此義未通而自釋不復費辞於無用禮記有斯言多矣近寫此條小恨未周耶

思文啓始得范縝荅神滅論猶執先迷思文試料其理致衝其四證謹冒奏聞但思文情識愚淺無以折其鋒鋭仰塵

聖鑒伏追震悚謹啓

具一二縝既背經以起義乖理以致談滅聖難以聖責乖理難以理詰如此則言語之論略成可息

右　詔謹荅

重難范中書神滅驗

論曰若合而爲用者明不合則無用如蛩駏
之相資廢一則不可此乃是滅神之精據而
非存神之雅決子意本欲請戰而定爲我援
兵也論又云形之於神猶刃之於利未聞刃
沒而利存豈形亡而神在又伸延陵之言即
形消於下神滅於上故云無不之也又云以

稷配天非欺天也猶湯放武伐非弒君也子
不責聖人放弒之迹而勤勤於郊稷之妄耶
難曰蛩蛩駏驉是合用之證耳而非形滅即
神滅之據也何以言之蛩非驉也驉非蛩也
今滅蛩蛩而駏驉不死斬駏驉而蛩蛩不亡
非相即也今引此以爲形神俱滅之精據又

爲救兵之良援斯倒戈授人而欲求長存也
悲夫斯則形滅而神不滅之證一也論云形
之與神猶刃之於利未聞刃没而利存豈容
形亡而神在雅論據形神之俱滅唯此一證
而已愚有惑焉何者神之與形是二物之合
用即論所引蛩駏相資是也今刃之於利是
一物之兩名耳然一物兩名者故捨刃則無
利也二物之合用者故形亡則神逝也今引
一物之二名以徵二物之合用斯差若毫氂
者何千里之遠也斯又是形滅而神不滅之
證二也又申延陵之言曰即是形消於下神
滅於上論云形神是一體之相即今形滅於

此即應神滅於形中何得云形消於下神滅
於上而云無不之乎斯又是形滅而神不滅
之證三也又云以稷配天非欺天也猶湯放
武伐紂非弑君也即是權假以除惡乎然唐虞
之君無放伐之患矣若乃運非太平世值三
季權假立教以救一時故權稷以配天假文
以配帝則可也然有虞氏之王天下也禘黄
而郊嚳祖顓而宗堯旣淳風未殄時非權假
而今欺天罔帝也何乎引證若斯斯又是形
滅而神不滅之證四也斯四證旣立而根本
自傾其餘枝葉庶不待風而靡也
論曰樂以迎來哀以送往此義不假通而自

釋不復費於無用禮記有斯言多矣又云夫
言欺者謂傷化敗俗耳茍可以安上治民復
何欺妄之有乎
難曰前難云迎來而樂是假欣於孔貞送往
而哀又虛淚於丘體斯實鄙難之雲梯弱義
之鋒的在此言也而荅者曾不惠解唯云不
假通而自釋請重言之曰依如論旨既已許
孔是假欣而虛淚也又許稷之配天是指無
以爲有也宣尼云亡而爲有虛而爲盈斯爻
象之所不占而格言之所攸棄用此風以扇
也茲化何得不傷茲俗於何不敗而云可以
安上治民也何哉論云已通而昧者未悟聊

重徃諸側閭提耳

弘明集卷第九

墳

沈績上音審下子曆反　蕭琛下丑今反　范縝下之忍反　詭辯上過委反丨詐

撫覿下徒的反見也　曙曉時庶反丨也　澈清丑列反丨也　理亭

下許庚反通也　天衷下音中　蹈之舞上音盜丨　錐管上質追反針丨

庶幾下居衣反丨冀望也丨　歘起上許勿反卒起負　迅速上思閏反

疾也也　陶汏下音大　稽疑上音雞遲也　詢息旬反諸也　孝享下許兩反丨杞

詰起一反窮問也　邈然上眉角反遠也　辯擢音角揚丨大舉也　儁俊字　僵木

上音倒也　蘁　躶歌上魯果反赤體也　入鄹下側愁反　呂齮下音蟻　呂

姜下薑音　王濬下私閏反　傅說付悅二音　莛眇下美小反　塊介

上傾對反　砥礪紙例二音磨石也　蛟螭上音交下丑知反丨丨似龍無角

鋒鍔上音峯下吾各反丨丨利刃也　鈍刃下徒困反不利也　骨骼下

陌反豁然上兄活反涼燠下於六反暑熱也痛癢下音痒養遂
反枯丨也七竅下苦弔反孔丨丨也面上有丨丨係臏下毗忍反丨丨古之善兵
機之帥也刖趾上音月又吾骨反下音止丨丨斷足也解腕下烏貫反手丨也
方謚下音蜜北牖下音酉小戶也西櫺下音零窻丨也中霤下力
救反丨丨中庭也以牧下音目守也沃朕上烏篤反忖度上七本反
下徒各反齊桓下惠官反重瞳下音童勛華上兄云反丨堯名放
勛舜字重華軒皐下音高丨陶堯時人名珉音閩美石也鶡音居
鷄丨海鳥也驎騮隣留二音並馬名盜驪下音離豕見上式旨反
女媧下音瓜女皇也練石補天者陶甄上音桃下居延反丨丨瓦窯也今取
鈞鑄之義堯睿下羊歲反帝堯也睿聖也朱嚚下音銀堯之子曰丹朱頑嚚也
瞍頑上舜之父目盲曰瞽瞍駑駿上音奴鈍馬也下子閏反良馬也
貞脆下取歲反不堅也矛盾上莫浮反下時尹反兵器也令謂一是一非白

丨丨也蠱俗上音妬害也拯其溺上至忍反拔也下奴的反沉丨也
恤思律反憐丨也窮匱下求位反乏也圭撮下七活反六十四黍曰圭四圭
曰撮十圭曰合吝良刃反惜丨也多稌下他胡反稻也俎豆上音阻祭器也
兵挫下祖卧反折丨殫音丹盡也姦究下俱水反無垠下魚斤反丨岸
也森羅上音參怳尒上兄往反壟畝上吕勇反田丨蠶蚕字緩
宥上玄伴反寬也下萱右赦丨也逋逃上必蒲反竄也播殖上必箇反下特

力反種也迷瞀下莫候反又眉角反昏亂貞也短褐下胡割反上衣也餧
者上乃每反飢也不錫下先擊反賜也弗眄下音麵視也繒碎上自
陵反丨緤也下蘇對反靡于上密碑反丨爛也僻疋亦反偏丨也蔽
必癸反埯丨也峻私閏反高也訐居謁反丨露人私也貶悲檢反丨黜也舟
檝下音接丨棹也下虐下魚却反暴也明憲下音獻法也憚徒旦反畏
丨也酷苦篤反之甚也毒一眚下所景反目病也又災也蔑而上莫結互

陷于𨹧侯反 膳時扇反食也 烹延庚反煮也 炎 鑊下胡郭反 獼
子息淺反又作彌 矯駕上居小反 流宕下徒浪反 疊許近反禍
也 奏穆下音目 遽其預反 窆子 上彼檢反埋也 詰起一反
祖禰下乃禮反祖廟也 孔貌下音貞 析詭上先擊反剖丨也 下具
適委反丨詐也 仰黷下音讀 震悸下求季反心動貌也 蚤駏上恭反
足下音丨長巨北方有獸名蹷 短而著白不能得食蚤蚤駏驢比肩而行前
足短後足長走則蹷倒而璅 援兵上手 廣扊
距每負之而走以今取食 卷反 下苦反
上音夏屋頭走晳貫 纞 秘 七竅 下弔芳反
穳架謂之丨控反反 音鞍 丨 傾 吠下側反
上音園下竹由反 跨 上化反 胡 肝胇 鞞 倚也
丨並車具也 上音 下 也 鄉外 愁上 蕭琛
羽鬼反 闇闠 昌天 門下 祖他 廟彫 也反 下音
奇上 也 大 也 巨 廉 反 廟 祧 遠下 悠漫 上 壇墠
林下田 反 黔首 上黑 民也 闕也 反 以 命 其 音 下
善丨 亦 殉死 從上 物詞 也 反 莫 半 反 丨
壇也

遠兒彞余之反倫|攸常也踳筌下七全反取魚竹器㲉武上渠

夏列|反伐紂下直右反殷|弑君上音試上謂之|下殺折其上之

舌反鋒銳下|羊歲反|利也毫氂下之反禘音弟大祭

也郊嚳下苦篤反高辛氏也祖顓頊下音專|高陽氏殄徒典反滅也

弘明集 才十

四百七十五

墳三

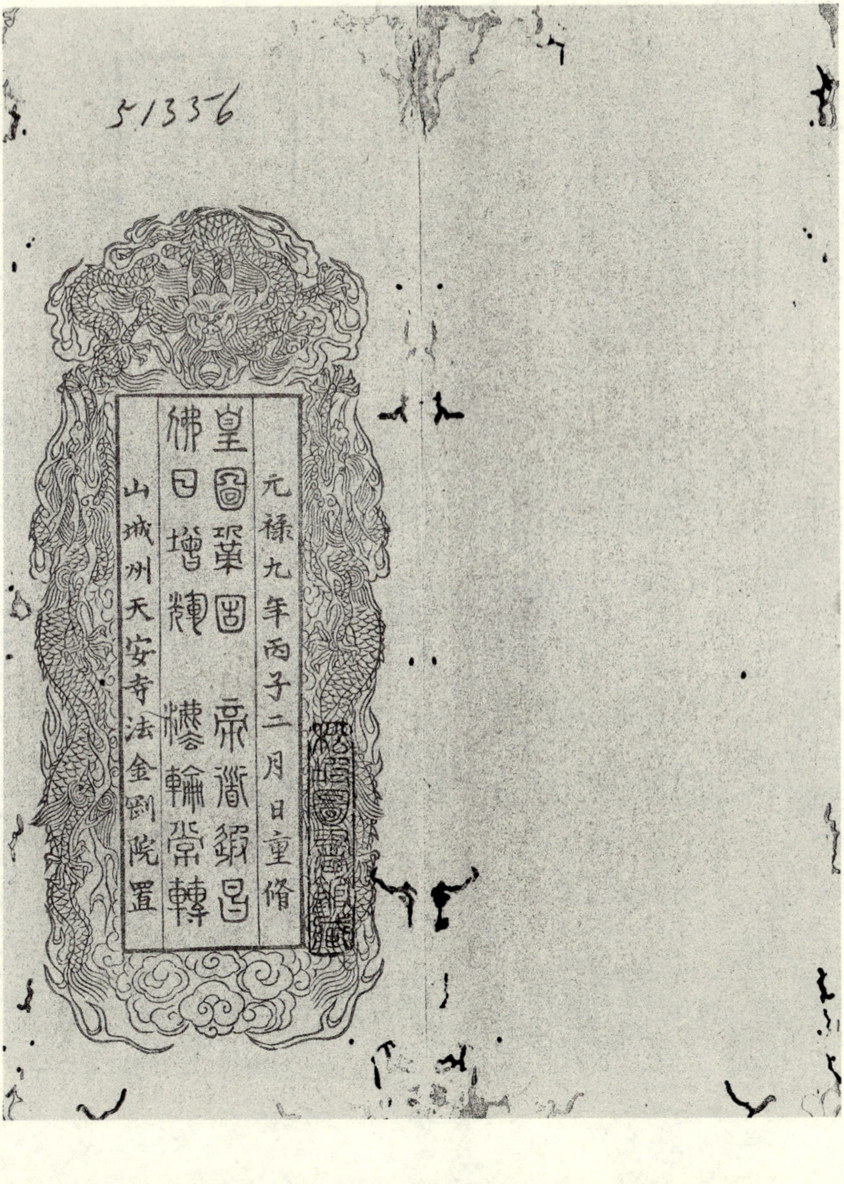
51336
元祿九年丙子二月日重脩
皇圖鞏固　帝道遐昌
佛日增輝　法輪常轉
山城州天安寺法金剛院置

弘明集卷第十　　　　　　　　　　　　　　　　　　　　　　　　　　　　　墳

梁釋僧祐撰

二

大梁皇帝勅答臣下神滅論

莊嚴寺法雲法師與公王朝貴書

并公王朝貴答

大梁皇帝　勅答臣下神滅論

位現致論要當有體欲談無佛應設賓主標其宗旨辨其短長來就佛理以屈佛理則有佛之義既蹟神滅之論自行豈有不求他意妄作異端運其隔心鼓其騰口虛畫瘡痏空致詆訶篤時之虫驚疑於往來滯甃之鼃河漢於遠大其故何也論蒙息而爭一息抱孤

陋而守井幹豈知天地之長久溟海之壯闊
孟軻有云人之所知不如人之所不知信哉
觀三聖設教皆云不滅其文浩博難可具載
止舉二事試以爲言祭義云惟孝子爲能饗
親禮運云三日齋必見所祭若謂饗非所饗
見非所見違經背親言語可息神滅之論於
所未詳

莊嚴寺法雲法師與公王朝貴書并公王朝貴六十二人荅

主上荅臣下審神滅論今遣相呈夫神妙寂
寥可知而不可說義經丘而未曉理涉旦而
猶昏主上凝天照本襲道赴機垂荅臣下旨
訓周密孝享之禮既彰桀懷曾史之慕三世

之言復闡紆懏波崙之情須非草木誰不歌
歎希同扡風猷共加弘讚也釋法雲呈
公王朝貴荅
臨川王荅
得所送　勑荅神滅論伏覽淵　旨理精辟
詣二敎道叶於當年三世棟梁於今日足使
迷途自反妙趣愈光遐近竊對更具披析蕭
宏和南
建安王荅
辱告惠示　勑荅臣下審神滅論　天識昭
遠聖情淵察伏覽玄徽實曉庸昧猥能存示
深承篤顧偉和南

長沙王答
惠示　勑答臣下審神滅論　睿旨淵凝機
照深邈可以筌蹄惑見訓誘蒙心鑽仰周環
洗滌塵慮遂能存示戢眷良深蕭淵業和南
尚書令沈約答
神本不滅久所伏膺神滅之談良用駭惕近
約法師殿內出亦蒙　勑答臣下一本懽受
頂戴尋覽忘疲豈徒伏斯外道可以永摧魔
衆孔釋兼弘於是乎在實不刊之妙旨萬代
之舟航弟子亦即彼論微歷疑覈比展具以
呈也沈約呈
光祿領太子右率范岫答

岫和南伏見　詔旨所答臣下審神滅論鑿
照淵深動鑒機切敷引外典弘兹内教發蒙
啓滯訓誘未悟方使四海禀仰十方讃抃異
見杜口道俗同欣謹加習誦寤寐書紳惠以
逮示深承眷憶范岫和南

丹楊尹王瑩答

辱告伏覽　勑旨神不滅義　睿思機深天
情雲發標理明例渙若冰消指事造言赫如
日照用啓蒙愚載移瞽蔽凡厥含識莫不抃
佩謹以書紳奉之没齒弟子王瑩和南

中書令王志答

辱告伏覽　勑答臣下神滅論旨高義博照

若發蒙弟子夙奉釋教練服舊聞有自來矣
非唯雷同遠大贊激　天旨而已且垂答二
解厭伏心靈藻燭聞見更不知何以闡揚玄
猷光彰聖述且得罔象不滙於眞内外無紛
如之滯寔懷嘉抃猥惠來示佩眷唯深王志
和南

右僕射袁昂答
　　　　　勑答臣下審神滅論奉讀循
辱告并伏見
環頓醒昏縛夫識神冥漠其理難窮粤在庸
愚豈能探索近取諸骸内尚日用不知况乎
幽昧理歸惑解仰尋聖典旣顯言不無但應
宗教歸依其有就有談有猶未能盡性遂於

不無論無斯可遠矣自非神解獨脫機鑒絕
倫何能妙測不斷之言深悟相續之旨兼引
喻二證方見神在轍然求之三世不滅之理
弥著可謂鑽之弥堅仰之弥高者也方使衆
惑塵開羣迷反路伏誦無斁舞蹈不勝弟子
袁昂和南

御尉卿蕭昺答

辱告并伏見　詔答臣下審神滅論夫三世
雖明一乘教遠或有偏蔽猶執異端　聖上
探隱索微凝神繫表窮理盡性包括天人內
外辨析辭旨典奧豈直群生靡惑實亦闡提
即曉方宣揚四海垂範來世惠使聞見唯深

佩服孤子蕭昺頓首和南
吏部尚書徐勉荅
天旨所荅臣下神滅論一日粗蒙垂示辱告
重送伏加研讀窮理盡寂精義入神文義兼
明起深俗表詳求三世皎若發曚非直謹加
誦持輙令班之未悟惠示承眷至弟子徐勉
和南
太子中庶陸杲荅
杲和南伏覽　勑旨荅臣下審神滅論夫從
無住本在黙阻恩伏如來藏宵絕難言故使
仲初建薪火之執宣遠廣然滅之難傳疑衆
談隮論曠稔宸聰天縱聖照生知了根隧藥

隨方運便遂乃辨禮矯枉指孝示隅良由迷
發俗學使俗以洗況道感資外文即就外以
明内任言出以出奇因所據理固以城塹三
世負荷群生現在破闇當來摑網一牘之間
于何不利片言之益豈可覼縷生因曩慶至
德同時預奉餘論頂戴踊躍惠示不遺深抱

篤念陸杲和南
散騎常侍蕭琛荅
弟子琛和南辱告伏見　勑旨所荅臣下審
神滅論妙測機神發揮禮教實足使淨法增
光儒門敬業物悟緣覺民思孝道人倫之本
於兹益明詭經亂俗不攜自壞誦讀藻抃頂

戴不勝家第闇短招愆今在比理公私煎懼
情慮震越無以仰讚洪謨對揚精義奉化聞
道伏用竦怍眷獎覃示銘佩仁誘弟子蕭琛
和南

二王常侍彬緘答
辱告伏見　勑旨答臣下審神滅論
聖思淵凝天理孤絶辯三世則釋義明舉二
事則孝道暢塞鑽鑿之路杜異途之口足使
魔㵗永淪正峯長峻弟子伏膺至道預奉天
則喜躍之心寧復恒准王彬緘頓首和南

太子庶子陸煦答
猥辱逮告伏見　至尊答臣下審神滅論俯

仰贍拜徘徊空首竊聞聖惟一揆唐虞未有
前言知幾其神今日獨奉梁詔道載則萬有
擠其淪迷德壽則九服揚其照簉方旨振民
育德百年均其攝受勞民動物千古咸其折
伏法師智深決定受持之持僉允志洽通敏
承神之神諧克陸煦和南
黃門郎徐緄荅
緄和南辱告并逮示　勑荅神滅論伏覽淵
旨跡心蕩累竊惟希夷之本難尋妙密之源
莫覿自非上聖無以談其宗非夫至睿焉能
導其極　皇上窮神體寂鑒道居微發德音
則天世自彰布善言而千里承響誠叶禮敬

義感人祇理扇玄風德被幽顯悠悠巨夜長
昏倏曉蠢蠢愚生一朝獨悟鹿苑之澘切
澍法潨於日用鴻名永播懋實方馳迷滯知
反淪疑自息弟子歸向早深倍兼抃悅輒奉
以周旋弗敢云墜但蠡測管窺終懷如失耳
徐緝和南

侍中王暕荅
枉告并奉覽　勑荅臣下審神滅論
聖旨玄照啓寤群矇義顯幽微理宣寂昧夫
經述故身之義繫敘遊魂之談愚淺所辨詳
已爲非滅況復睿思弘遠盡理窮微引文證
典煥然冰釋肉眼之人虔恭迴向惑累之衆

悛改浮心發明既往訓導將來伏奉淵教欣
蹈罔已王暕和南
侍中柳惲荅
辱告惠示　勑所荅臣下神滅論夫指歸無
二宗致本一續故不斷釋訓之弘規入室容
聲孔經之深旨中外兩聖影響相符雖理在
固然而疑執相半伏奉淵旨照若發蒙顧會
玄趣窮神知寂測情盡狀天地相似千載闕
疑從春冰而俱泮一世顛倒與浮雲而俱開
祗誦環徊永用懸解存及之顧良以悲戢弟
子柳惲頓首白
常侍柳憕荅

辱告惠示　勑荅臣下審神滅論淵旨沖邈
理窮幾奥竊以修因趣果神無兩識由道得
滅佛唯一性殷人示民有知孔子祭則神在
或理傳妙覺或義闡生知而楊墨紛綸徒然
穿鑿凝滯遂往將掩名教聖情玄覽理證無
間振領持綱舒張毛目抑揚三代汲引同歸
實假雙祛朗然無礙伏奉循環疑忿俱盡來
告存及悲抱唯深抑惱頓首白

太子詹事王茂荅

茂和南辱告伏見　勑旨荅神滅論頂戴欣
懽不及抃舞神理悠曠雖非建言所極列聖
遺文炳然昭著莫不撫柱虔襟式遵彝典豈

可妄陳虛矯厚誣前詰謂來緣之不期棄享
薦之至禮迷路茫茫歸塗靡薄苦空一到有
悔無追　主上含明體聖妙窮眞假發義照
辞舟航淪溺豈唯天人讚仰信亦諸佛迴光
弟子夙昔棲心本憑淨土數延休幸預逢昌
世方當積累來因永陶慈誘藻悅之誠非止
今日未獲祗叙常深翹眷比故循諮此白無
仲王茂和南

太常卿庾詠荅

辱告惠示　至尊荅臣下神滅論伏覽未周
煙雲再廓竊惟蠕動有知草木無識神滅督
論欲以有知同此無識乃謂種智亦與形骸

供盡此實理之可悲自非德合天地均天域
中屬反流之日值飲化之幾則二諦之言無
以得被三世之談幾乎息矣聖上愍此四生
方論六道研校孔釋共相提證使窮陸知海
幽都見日至言與秋陽同朗群疑與春冰俱
釋雖發論弘道德感沖襟而預聞訓誘俯欣
前業法師服膺法門深同此慶謹當鑽味吟
誦始終無斁弟子庾詠和南

豫章王行事蕭昂荅

辱告宣示　勑荅臣下審神滅論　聖旨披
折使惑者渙然神之不滅著於通誥理既渺
默故致有迷　主上識照知來鑒踰藏往摘

機外之妙恩攻異端之妄說又引禮經取驗
虛實孝敬之道於此方弘孤子蕭昂頓首和南
太中大夫庾曇隆荅
辱告伏見 主上荅臣下審神滅論昏蒙啓
悟煥尒照朗夫至理虛寂道趣空微上聖極
智乃當窮其妙實步浮生自不辨深達玄淵
如聞立論者經典垂訓皆是教跡至於在佛
胡書詭恠難以理期此則言語道斷仰勞聖
思爲臣下剖釋群情豈不欣讚銘挹明旨抱
周始終法師曲誨弥增慙戢弟子庾曇隆和南
太子洗馬蕭靡荅
惠示 勑荅臣下審神滅論披覽未周情以

抃悦主上凝神天縱將聖多能文奥不刋辝
溢繫表義證周經孝治之情爰著旨該釋典
大慈之心弥篤謹置之座隅陳之机枕寢興
鑽閱永用書紳班示不遺戢眷良厚弟子蕭
靡和南
御史中丞王僧孺荅
辱告惠示送　主上所荅群臣御諮神滅論
伏覽循環載深鑽奉發曚袪蔽朗若披雲竊
以事藴難形非聖莫闡理寂區位在愚成惑
若非神超繫表思越機前豈能燭此微言若
開金石洞茲妙境曾靡榛蹊蹫之以必蕩示
之以如在使夫持論者不終泥於遥轍專謬

者無永沉於惑海預奉淵謩孰不懽肅裁此

酬白不申繫辨王僧孺呈

黃門侍郎王揖荅

辱告惠示　勑荅臣下審神滅論夫昊蒼玄默本絕言議性與天道固亦難聞而愛育之仁依方感動開誘之教訟事降設矜局蛙於井谷哀危蟪於寸陰思發神衷言微理鏡引據前經文約旨遠凝神杳翳一理能貫墳典紛綸一言以蔽顯列聖之潛旨決終古之滯惑存滅由斯而曉孝敬同茲而隆信足以警誡重昏儀範百代所謂聖謩揚揚嘉言孔章者也弟子既懟辨理跡懵知音遂得預聞道

訓須覿妙藻式抃下陳永佩聖則弟子王揖
和南
吏部侍郎王泰答
一日曲蒙讌私預聞范中書有神形潛滅之
論斯人逕庭不近人情直以下才未能折五
鹿之角耳辱告垂示 聖旨微引孝道發揚
冥致謹當尋誦永祛矇惑弟子王泰頓首和南
侍中蔡僔答
辱告奉宣 勅旨荅諮神滅論夫神理玄妙
良難該辨雖復前聖眷言後英猶惑叡旨爰
釋皎若發矇固以陵萬古而擅奇悟方來以
不朽伏奉朝聞載深抃躍謹以書紳永祛迷

滯蔡儁和南

建康令王仲欣荅　詔所荅臣下神滅論伏

仲欣白辱告惠示　皇帝穀性自天機神獨

讀淵麗抃不勝躍

遠五禮外照三明内映金輪徐轉則道濟八

紘玉瓚既陳則孝隆七廟開慧日於清漢垂

法雲於大千如在之義重闡兹晨常住之明

永證來劫故以德冠百王聲高万古弟子棲

心法門崇信大典舞蹈之誠獨深梟藻王仲

欣和南

建安王外兵叅軍沈績荅

弟子績和南垂示　勑荅臣下神滅論伏深欣

躍弟子竊惟道不自弘弘實由人人須其識
識須其位周易所稱聖人大寶曰位豈其意
乎然或位而不人或人而不位三者亡備其
理至難故宣尼絕筆於獲麟孟軻反身於天
爵誠無其位也嗚呼眞化殆將淪没今天子
以仁聖盛明據至尊之位蓋層山可以衆煦
飄其和不可移也鍾鼓可以鷄狏亂其鳴不
可聞也將使喋喋黠首濟其長夜自非德合
天地誰能若斯弟子早沐虛風旣聞之矣然
而鷦雀之集猶或相昬飛蓬之門尚自交構
聖旨爰降辭高理愜敦以人天之善誡以莫
大之刑一言作訓內外俱闡夫以孺子入井

凡民猶或傷之況乃聖慈御物必以隱惻爲
心耶能指白馬之非白猶見屈於中庸至於
神享機外志存弘化魍魎摧其頰舌焉足哉
神牘天貴本非窺覩遂能存示用懃寡德弟
子沉績和南
祠部郎中司馬筠荅

辱告并垂示　勑荅臣下審神滅義伏讀凋
流式歌且舞夫識慮沉隱精靈幽妙近步無
以追凡情不能測外聖知其若此所以抑而
不談故涉孔父其尚昬經姬公其未曙而碌
碌之徒忘理信目雖晝管窺異見鋒起荀徊
離賢之名逐迷霜露之實愚惑到此深可矜

傷我皇道貫幽顯明踰日月窮夫地之極以
盡終始之奥忌猶紫之妨薰朱器珉雉之亂
鳳王爰發聖衷降茲雅義信之以光揚妙覺
極厥沉涯近照性靈之極遠明孝德之本實
使異學剪其邪心四方篤其羡慕謬以多幸
預奉闔均沐澤飲和有兼慶躍㳂遁曲被佩

荷弥深司馬筠呈

豫章王功曹叅軍沈緄荅

緄和南弟子竊以爲交求之道必取與爲濟
至於續蒙示告則空致衡衡儵魚之觀殆將
可息所以自絶諮受豈深莫窺誠自愧也徒
以闇識因果循循局誠冀履霜不退堅氷可

至耳而法師弘心山藪幸能藏疾雖未升堂
遂招以法流杜夷云召渴馬於淲泉不待鞭
策而至矣垂示　上答臣下神滅論晨宵伏
讀用忘疲寢構斯法棟導彼迷流天屬既伸
三世又辯鬼神情狀於焉可求然謂海實廣
廣孰能知謂天蓋高高不可測　聖論鉤深
旨超繫表曚情易點愚能是空銘末示終愧
鑽仰弟子沈緄和南

建安王功曹王緝答

惠示　勑答臣下審神滅論竊以神一冥默
歷聖未傳宣尼猶稱不言莊生空搆其語求
之方策歎昧交深謬覿今論天思淵發妙旨

疑深至理既弘孝機兼極信足韜超万古照
燭來今弟子生屬昌辰預覯聖藻既氷涣於
懷抱信曉惑於隨便凡厥靈知孰不鑽仰矧
伊矇蔽激抃寔深王緝和南
右衛將軍韋叡答
至理虛寂冥晦難辨言有似無言無實有妙
於老談精於釋教辭炳金書文稽玉牒者由
來尚矣　主上道括宇宙明並日月隱顯之
機必照有無之要已覽遂垂以明論訓折臣
下導誘既深訓義方給凡在有心孰不慶幸
蒙示天製謹加讀誦垢紊雲消特兼懽抃法
師果深昔緣因會今法離五慾而入八解去

三界而就一乘復得預聞德音弥足欣讃惠
告沾及戢佩寔深韋叡和南
廷尉卿謝綽荅
綽和南辱告蒙示　勑荅臣下審神滅論伏
覽淵謨用清魂府旣排短說實啓群疑竊惟
人生最靈神用不極上則知來藏往次乃隣
於庶幾以此觀之理無可滅是以巨儒伸其
祀事大慈照其生緣內外發明已足祛滯況
復天誨諄諄引諭弥博弘資始於黔黎導識
業於精爽固令開矇出鄣坐測重玄異端旣
絕正路斯反論者懃其壘守范氏悟其膏肓
預在有識孰不擊讃但弟子徒懷遊聖終慚

管窺頂奉戴躍永懽膺誘謝綽和南

司徒祭酒范孝才答

弟子孝才和南辱告逮示　勅旨答臣下審
神滅論竊以彭生豕立名現齊公元伯纓垂
事高漢史且斬籌爲喻義在必存神之不滅
法俗同貫欲滅其神內外成失所謂管闚穹
極寧辨西東蠡度滄溟安知髣髴天旨弘深
懇懃於妙象　聖情隱惻流連於饗祭豈直
經教增隆實使蒙愚悟道眷逮所覃曲垂頒
及銘茲訓誘方溢寸心弟子范孝才和南

常侍王琳答

辱告惠示至尊答臣下審神滅論謹罄庸管

恭覽　聖製聲溢金石理洞淵泉義貫六爻
言該三世足使僻學知宗迷途識反弟子生
幸休明身叨渥澤復得傾耳天土拭目神藻
凫抃之誠良無紀極猥惠須逮銘躍唯重弟
子王琳答

庫部郎中何炟答

炟和南辱所賜書并垂示答臣下審神滅論
竊聞神其如在求前王而未測任常任其不
移從伏膺而曉鑽仰淵秘涣介冰開故知紛
綸聖跡不由一道參差動應本自因時今澆
流已息無明將啓物有其機教唯斯發篤孝
治之義明覺者之旨預有靈識誰不知慶豈

炎昊所得爭衡非軒唐所能競奕巍巍至德
莫或可名昭然大道於斯爲極何俎和南

豫章王主簿王筠荅

筠和南辱告垂示　上荅臣下審神滅論竊
聞儍然有見禮典之格言今則不滅法教之
弘旨但妙相虛玄神功凝靜自非體道者豈
能默領其宗不有知機者無由冥應其會聖
主迹同萬機心遊七淨哀愍羣生嫗煦庶物
滌彼蓋纏勗以解慧祛其蒙惑濟之仁壽信
大哉爲君善於智度者也弟子世奉法言家
傳道訓而學淺行踈封累猶軫既得飡稟聖
教預聞弘誘一音得解万善可借抃躍之情

無以譬說弟子王筠和南
倉部郎中孫挹答
辱告惠示　勑答臣下審神滅論伏奉欣仰
喜不自支夫江海淵曠非井蛙所達怕然入
定豈外道能干故一毛不動則衆邪退散舟
航既濟而彼岸斯登聖后體蘊二儀德兼三
代撫靈機而揔極秉上智以調民發号施令
則風行草偃臨朝尊默而化動如神隆五帝以
比蹤超万劫其方永猶復震金聲於指掌降
妙思以發蒙理既仰而方深趣弥鑽而踰遠
均寶珠於無價齊蓮華之不塵孝敬被乎羣
黎訓範侔於先聖蚑行喘息同識斯懽翾飛

蠕動共陶兹慶班告末臨用深榮荷謹頂受
書紳永啓庸惑弟子孫挹和南
丹楊丞蕭昞素答
厚告并伏見　勑答臣下審神滅論性與天
道稱謂理絶曠劫多幸猥班妙訓接足頂受
懽敬載懷竊謂神道寂漠法海難邊是以智
積麻葦而未測識了色塵而猶昧豈其庸末
所能激仰然自慧雲東漸寶舟南濟歲序綿
長法音流遠明君良宰雖世能宗服至於躬
挹玄源親體妙極者竟未聞焉是使兩諦入
解獨闕皇言九部三藏偏蕪國學嗚呼可爲
歎息者也竊尋神滅之起則人出樓伽經名

衛世雖義屈提婆而餘俗未弭故使羣疑異
學習以成見若不稟先覺之教實終累於後生聖
上道濟天下機洞無方虎觀聿興龍宮并闡
至德與實相齊導故能符俗。教而諦眞道郎
孝享以弘覺性照此困蒙拔茲疑網雖復牟
屈之柔軟巧說孔文之博約善誘咼以喻斯
巍巍乎十善已行金輪何遠法師稟空慧於
曠生習多聞於此運法輪轉而八部雲會徵
言發而天人攝受故能播戒香於鳳闈藻覺
花於宸側信矣哉能以佛道聲令一切聞者
也弟子無記釋藏不逮孔門雖願朝聞終慙
希薄庶緣無盡之法兼利人我耳疾塞甫尒

心慮惛悖謹力裁白不識詮次傾遲諮展親承至教也弟子蕭眎素頓首和南

中書郎伏暅答

猥垂班示　至尊所荅臣下審神滅論伏奉淵旨頓祛羣疑天情獨照妙鑒懸覽故非凡愚所可鑽仰然常師管見亦竊懔佳求今復稟承敎義遠尋經旨重規疊矩信若符契法師宣揚豰理弘讃聖言方使二教同歸眞俗一致預得餐沐誨誘陶染至化抃擊下風實兼舞蹈遲比諮覿乃盡襟誠臨白欣佩不知裁述伏暅呈

五經博士賀瑒荅

辱告垂示　勅荅臣下審神滅論鑽仰反復
誦味循環故知妙蘊機初事隔凡識神凝繫
表義絕庸情　皇上叡覽通幽性與天道所
以機見英遠獨悟超深述三聖以導未曉標
二事以洗偏惑故係孝之旨愈明因果之宗
弥暢崛山粹典即此重彰洙水清教於茲再
朗譬諸日月無得踰焉弟子雖冥煩多蔽謬
奉格言研求妙趣猶知蹈舞法師宣揚至道
光闡大猷猥惠未及益增銘荷弟子賀瑒呈
太子中舍劉洽荅
辱告奉覿　勅旨所荅臣下審神滅論伏披
素札仰瞻玄談文貫韶夏義測爻繫囊括典

經牢籠述作弘彼正教垂之方簡希夷卓尒
難得而聞斟酌賢聖剖破毫髮兼通內外之
塗語過天人之際矣自非體玆至德思與神
會豈能深明要道人知企及謹書諸紳永以
爲珮泠乎既入照若發矇比故修詣共伸講
復也弟子劉泠頓首呈

五經博士嚴植之答
辱告伏見　勑旨答臣下審神滅論夫形分
渉麁或微隱難悟況識理精密豈庸見能曉
所以斷常交騖一異競奔若中道居懷則欲
流可反二邊滯意彼岸長乖神滅之論斯障
實重仰賴　聖主棟梁至教明　詔爰發朗

若披雲非直冥符訓典俯弘孝義蓋妙達生源幽窮行本使執禮之性踐霜露而弥篤研神之識仰禪悅而增心皆當習忍慧途鱗流惑海弟子早標素心未知津濟伏讀懽欣充遍身識猥惠存勗荷眷唯深嚴植之呈

東宮舍人曹思文答

厚送　勑書弟子適近亦親奉此　旨范中書遂迷滯若斯良爲可慨　聖上深懼黔黎致惑故垂折哀之　詔此旨一行雖復愚暗之識了知神不滅矣弟子近聊就周孔以爲難今附相簡願惠爲一覽之折其詭經不尋故東展此不多白弟子曹思文和南

秘書丞謝舉答
辱告惠示　勑答臣下審神滅論竊聞語曰
萬物紛紜則懸諸天象言𣸸舛則折乎聖理
昭昭自古事蔚在茲伏尋叡訓垂文義深陶
鑄彌綸彖匪臻希微孰識綸幽至極盡性窮神
愍斯六蔽哀此四執默小言之亂道拯經行
於夷路旨肆而隱義宛而彰博約載弘廣大
悉備一音半偈顯茲悟拔慧日心水蕩此塵
迷俾宗奧有歸教思攸在異端自杜誣善知
息凝繫表於繩初導禪流於苦海豈伊含孕
三藏冠冕七籍而已哉弟子幸邀至運側承
格誘沐泳歡擊奉以書紳謝舉和南

司農卿馬元和答
辱告頒示　勑旨垂答臣下審神滅論竊聞
標機之旨非凡所窺符神之契唯仁是極故
衆教徘徊理詣於惇善羣經委曲事盡於開
濟伏惟　至尊先天製物體道裁化理絶言
初思包象外攻塞異端闡道歸一万有知宗
人天仰式信滄海之舟梁玄霄之日月也神
滅之論宜所未安何者前聖摛教抑引不同
括而言之理實無二易云積善之家必有餘
慶積不善之家必有餘殃孝經云生則親安
之祭則鬼享之雖未顯論三世其旨已著薪
盡火滅小乘權教妙有湛然究竟通說因情

即理理實可依且慎終追遠民德歸厚禮有
國有家歷代由之三才之寶不同降清神滅
之爲論妨政寔多非聖人者無法非孝悖者無
親二者俱違難以行於聖世矣弟子庸乏懵
於至道濫蒙須訪所據凡淺荷惕之誠追以
無厝弟子馬元和和南

公論郎王靖答

垂示　聖旨答臣下審神滅論伏惟至尊垂
拱巖廓遊心萬古居無棄日道勝唯機爰訪
群下恢弘孝義　睿藻淵玄理深樞極自非
聰明徇齊之君就日望雲之主豈有剖判冥
寂明章雅論闡大聖於須臾定俗疑於俄頃

非唯理測宸衷亦乃義切臣子含和飲德之邪
衣裳道素之域莫不傾首仁澤沐浴唐風弟
子江淮孤生不學無術雖復從師北面一經
不明縱憶舊文豈伊髣髴五經紛綸事類弘
博神明之旨其義多端至如金石絲竹之響
公旦伐武之說寧非聖旨且祭義而談尤爲
顯據若論無神亦可無聖許其有聖便應有
神理且炳然豈容寂絕弟子所見庸淺無以
宣揚至澤既洮訪逮輒率所懷弟子王靖和南
散騎侍郎陸任
辱告惠示　　太子中舍陸倕答
至尊所答臣下審神滅論昔者
異學爭途孟子抗周公之法小乘亂道龍樹

陳釋迦之教於是楊墨之黨舌舉口張六師
之徒轍亂旗靡言神滅者可謂學僻而堅南
路求燕比轅首楚以斯適道千里而遥聖上
愍其迷途爰奮天藻鉤深致遠盡化知神俾
此因蒙均斯法水陳玆要道同彼月照弟子
並以凡薄沾竊恩紀纓冕則天之朝飡捉稽
古之論贊幸之誠獨知踊躍猥頒告逮謹用
書紳陸倕呈
領軍司馬王僧恕答
辱告惠示　勑旨答臣下審神滅論甚哉理
之大也斯寧寸管之所見言性之可聞而隨
類儻遇怡然曚釋奉戴周旋以次以誦法師

德邁當今聲標万古知十之談每會起予之
富必酬想闡弘聖旨煥然雲消耶弟子學慙
聚螢識非通見何能仰贊洪煇宣猷妙範者
歟但論者執一惑之情循一往之轍固不可
以語大方焉知致遠恐必泥哉夫幽明之理
皎然不差因果相起義無獨立形滅自可必

草木爲籌神明常隨緣而在所以左氏有哉
生豕見尚書則祖考來格禮云若樂九變人
鬼可得禮矣結草之報豈其遂滅元規所夢
何得無神神明不滅著之金口丘尼所説弥
有多據若文雖五千詩乃三百得其理者自
可一言而以蔽故不復煩求廣證夫三聖雖

有明教百家常置弘理而尚使狂簡斐然成章
攻乎屢作今皇明體照幽寂識周内外以前聖
之久遠感異端之妄興霈然爰發乃垂眷翰
使闡提一悟遂獲果通闇浮執惑豁然洗滯
况復縉紳之士爲益因其弘哉弟子飡道無
紀法師許其一贊遂能班逮神藻使得預味
清風頂戴懽舞無以自譬戢銘兼深弥其叉
叉弟子王僧恕頓首和南

五經博士明山賓答

辱告惠示　勑旨答臣下審神滅論源深趣
遠豈庸鬼所測隨類得解或亦各欣其所見
奉以周旋不勝舞躍法師學冠一時道叶千

載起予之寄允在明德想弘宣妙旨無復遺
藴耶弟子業謝専經智非通識豈能仰述淵
猷讚揚風教論者限以視聽豈達曠遠目覩
百年心惑三世謂形魄既亡神瑰俱滅斯則
既違釋典復乖孔教矣焉可與言至道語妙
理者哉夫明則有禮樂幽則有鬼神是以孔
宣垂範以知死酬問周文立教以多才代終
詩稱三后在天書云祖考來格且濠上英華
著方生之論柱下叡哲稱其鬼不神爲薪而
火傳交臂而生謝此皆陳之載籍彰彰其明
者也夫緣假故有滅業造故無常是以五陰
合成終同煙盡四微虚構會均火滅竊謂神

明之道非業非緣非業非緣故雖遷不滅能
緣能業故苦樂殊報此能仁之妙唱縉紳之
所仰也雖教有殊途理還一致今棄周孔之
正文背釋氏之眞說未知以此將欲何歸正
法住世尚有斷常之說況像法已淙而無異
端之論有神不滅乃三聖同風雖典籍著明
多歷年所通儒碩學並未能值　皇上智周
空有照極神源爰發聖衷親淥神翰弘辯至
教啓悟重昏令夫學者永袪疑惑眷逮不遺
使得預餐風訓沐浴頂戴良兼欣戢明山賓
和南

通直郎庾黔婁答

孝經云生則親安之祭則鬼饗之
樂記云明則有禮樂幽則有鬼神
詩云肅雝和鳴先祖是聽
周官宗伯職云樂九變人鬼可得而禮
祭義云入戶愾然必有聞乎其嘆息之聲
尚書云若示三王有太子之責
左傳云鯀神化為黃能伯有為妖彭生豕見
右七條
第子生此百年早聞三世驗以衆經求諸故
實神鬼之證既布中國之書菩提之果又表
西方之學聖教框符性靈無泯致言或異其
揆唯一但以聖人之化因物通感抑引從急

與奪隨機非會不言言必成務非時不感感
唯濟物而參差業報取捨之塗遂分往還緣
集論悟之情相舛狎其小識晦茲大旨滯親
聞見莫辯幽微此揄枋所以笑九万赤縣所
以駭大千故其宜也若斯之倫遂復構穿鑿
爲危辯詖僞言煽非學是謂異端故宜尸之

所害也我　皇繼三五而臨万機紹七百以
御六辯勳格無稱道還淳粹經天緯地之德
左日右月之明皇王之所未曉羣聖之所不
備億兆之所宜通將來之所必至莫不罄其
玄波而達其幽致者也伏覽神論該冠眞俗
三才載朗九服移心跂行蠢蠕猶知舞蹈況

在生靈誰不撫節弟子少鈌下帷尤蔽名理
既符夙志竊深踴躍至如百家恢恢所述良
多搜神靈鬼顯驗非一且般若之書本明斯
義旣魔從所排輒無兼引自非格言孰能取
正略説七條皆承經典譬猶秋毫之憑五嶽
觸氏之附六軍敢瀝微塵秖增悚忏弟子庾

黔婁和南

太子家令殷鈞答

近辱告惠示　主上所答臣下審神滅論性
與天道誠不得聞徒觀二諦兼通三聖俱闡
片言折妙半字合靈辭存五禮之中旨該六
合之外譬河海之紀地猶日月之麗天伏讀

歡愉魂影相慶何者弟子夙陶玄化及長不
虧常恐識業未弘中塗迴枉或端然靜念心
翔翔而靡薄或吐言設論時見屈於辯聰夫
大道甚夷而黎元好徑咸用此也今猥奉神
旨昭若發矇且服且誦永爲身寶數日來公
私牽挽還輒頓卧未即白答銜眷弥深殷勤

和南

秘書郎張緬答

尋三世昞然二果昭著安可惑六塵而不曉
迷五塗而長没以爲形謝神滅骸亡識朽此
外道之邪見豈可御瞿曇之正法所謂輕陳
一旅敵堂堂之鋒輒馳駑駘與騏驥而並行

恐長劫有盡領蟲方至一身死壞復受一身
精神無異人畜隨緣涅槃明文瑞應高說主
上聖照幽深鏡察潭遠譬兩祭而知不滅喻
妄作於背親義隨八引而舛入言比性道而
難聞弟子少遊弱水受戒樊鄧師白馬寺期
法師屢爲設生死之深趣亟說精神之妙言
介來歸心絶此疑想復覩斯判益破魔徒非
但闡覿於今方欲結緣於後徒知歸信闇比
求名猥惠沾示深承眷篤弟子張緬和南
五經博士陸璉答
璉白遠告垂示　勑答臣下審神滅論伏讀
天旨照鏡塵蒙弟子門宗三寶少奉道訓雖

誠歸至教識暗玄津謹尋內外羣聖開引殊
文如來說三乘以標一致言二諦以悟滯方
先王詮五禮以通愛敬宣六樂以導性靈或
顯三世以徵因果或明誠感以驗應實豈可
頓排神源永絶緣識者哉若則善惡之報虛
陳祭敬之設爲妄求之情理其可安乎而昧
惑之徒尚多偏執是以聖明玄覽遊神妙門動
言出理皎若朝暉發文顯證朗如宵燭頓足
開建愚昏懵信凡鄙者也伏習詔旨綜檢心
源謹裁還白不宣抃舞弟子陸璉呈
楊州别駕張翻答
辱告伏見 勑答臣下審神滅論盛旨窮機

微言含道生知出六儒之首自然該十聖之外至如感果之規理照三世孝饗之軌義貫百王妙會與春冰等釋至趣若秋旻共朗足使調闡變情桀跖移志反澆風於遂古振淳波乎方冊英聲茂實奧不可尚法師精理之秀擅高日下俱沐聖化獨遊神明深鑒道蘊洞識宗塗弟子昔聞師説悟太傅之旨今偶昌時奉不滅之訓信以照哲希蒙紓洗塵蓋足蹈手舞言象豈能勝張翻和南

太子左率王珍國答

辱告伏見　勑答臣下神滅論神之不滅經典明文即心語事皎然在理論有神滅實所

駭歎天照淵凝妙旨周博折彼異端弘茲
教範信可以朗悟冥塗棟梁千載矣伏覽懽
戴竊深罔極比故詣展遲獲咨伸王珍國呈
領軍將軍曹景宗答
枉告所宣答神滅　勑理周萬古旨包三世
六趣長迷於此永悟五道恒疑曉若發蒙自
非鑒窮入解照侔十号排罔逸俗安得如此
奉佩書紳敢違寢食法師識踰有境學詣無
生揄揚之善煥如東里披翫周環用忘所疾
曹景宗白答
光祿勳顏繕答
猥枉明誥頒述　勑旨審神不滅以答臣下

理據昞然表裏該妙所以慧現獨宣舟梁含
氣夫曰所不覩唯屛爲廣耳所不聞遐迹致
擁不得以不聞不見便謂無聲無物今欲詰
内教當仗外書外書不殊内教茲現書云魂
氣無所不之佛經又曰而神不滅既内外符同神在
之事無所多疑疑其滅者即蜉蝣不知晦朔蟪蛄
之非春秋寧識大椿之永久日月之無窮　主上
聖明超古微妙通神三世之旨有諡孝饗之理斯
光蒼生管見已晦而復曉晚俗淪冥既迷而更
悟弟子宿植逢幸預從餐道投心慈氏歸敬誠
深唯彝來緣可期載懷梟藻而巳弟子顙縫呈
五經博士沈宏答

弟子宏稽首和南辱告伏覽　勅答臣下審
神滅論夫唯幾難曉用晦易昏自非凝神斯
鑒探賾斯朗豈能拯重雲於有惑豈能運獨
見於無明竊惟大聖御宇上德表物垂法雲
以湛潤開慧日而增暉遠比溟海近譬井幹
粵今遂古孰能識乎此焉至如經喻雀飛瓶
在火滅字存禮云非類弗歆祭乃降祉且夢
蘭以授鄭穆結草以抗杜回凡此羣列不可
悉紀又五道遞往六度同歸皆神之顯驗不
滅之幽音但郄克躧足豈從邯鄲比蹤盧敖
捷至寧與若士齊跡今仰鑒天璪俯逮闡提
所謂若披重霧以攀合璧出幽夜而眄燭龍

短綆爰汲望瀾覘海寶歡喜頂戴若無價寶
珠沇宏稽首和南
建康平司馬裴荅
辱告惠示　勑難滅性論竊以慈波洪被道
冠衆靈智照淵凝理絶群古七禪八慧之辨
三空四諦之微故以煥乎載藉炳於通誥也
所以優陀云喻如百首齊音同讚妙覺尚不
能言萬分之一矣夫業生則報起因往則果
來雖義微而事著亦理幽而證顯自近可以
知遠尋邇可以探遐譬如日月懸天無假离
朱之目鳴鍾在耳不勞子期之聽而議者自
昏迷途難曉苟徇所懷坐顛坑穽伏覽

皇上令旨理妙辭縟致極鈎深究至寂而更
闡啓幽途以還晰雖復列聖齊鑣羣經聯奧
靈山金口禪水玉舌終不能捨此以求通達
茲而得正信哉濞江漢之波塵滓以滌導德
齊禮還風反化法俗兼通於是乎在付比言
展方盡述讚弟子司馬褧呈

左丞丘仲孚答
伏覽　勑旨答臣下審神滅論　聖照淵深
包括眞俗理超繫表義貫羣識鑽奉神猷伏
深舞蹈惠示戢存眷丘仲孚白

弘明集卷第十　　　　墳

躓音致礙也瘖痏下為水反瘡也呵訌上音底丨呰也滯斄
下側瘦反井也黿烏瓜反蝦蟇別名也井幹下音寒井欄也盂軻下苦何反
波崘下力昆反同挹下音邑丨酌也蕭宏下惠萌反猥能上烏每反
鄙也深邈下眉角反遠也鑽仰上子官反洗滌下徒的反戢眷上阻
溢反荷恩也駭惕上胡買反驚丨也下他的反悚丨也不刊下苦寒反刻也
舟航下戶剛反疑覈下閑鬲反丨考事實也范岫下音袖㕡照

上半歲反讚抃下皮變反舞丨杜口上徒戶反塞也玉瑩下紆定反渙
若上音喚釋也赫如上許客反丨丨丨明盛貞也瞽蔽上音古音丨掩蔽也
藻燭上音早不溷下胡困反丨濁素昂下吾剛反循環旬還二音
粤在上音越探索上土含反取也下史責反求也曒然上音皎明也
無戮下音亦厭也蕭昺下音丙繫表上胡計反窅絕上煙曉反
深也踳淪上只尹反丨雜也倫没也曠稔下汝審反丨丨遠年也城壍

下七醆反也也摑綢上俱婁反裂也覼縷上郎和反下呂主反曩慶上乃
黨反昔也蕭琛上丑今反不撝下許為反闇短下丁管反招愆下去
乹反罪也丨悚怍上息勇反下音昨慙也覃示上徒南反及也彬緘
上彼巾反下古咸反鑽鑿上子官反下音昨魔堞下音牒墻也峻私閏
反高也膜拜上莫胡反胡人禮拜也一揆下求癸反理也擠其上子
兮反排也簽方上音逝徐緄下古本反倏急上音叔瘯貞也澍
音涟懋莫候反美也蠡測上螺字同下昌力反以螺殼測海豈能知其深廣也
管窺下傾彌反莊子曰用管窺天不亦小乎王睞下古眼反悛敀上七
全反丨亦敀也惲紆粉反泮音判冰散也悲戢下阻濇反鍛也又荷恩也
澄音澄抑揚上意力反汲引上音急祛丘居反除也疑吝下良
刃反炳然上音丙撫衽下汝審反拘衣襟也撫虔襟
下音今丨懷也彝典上音夷法也虛矯下居小反誣音無謗也舟

航下戸剛反翹着上渠摇反庾詠上於主反蠕動上音軟細蝡動類也
瞽音古音丨斁音亦厭也昂吾剛反渙然上音喚渺默上美小反
摛丑知反舒也煥尒上音喚銘挹上音冥机枕上居矣反鑽
閱上子官反丨下音悅視也鑿僧孺下而注反榛蹊上劫巾反叢刺也下
音兮丨徑也遥蹴下直列反車跡也淵謩下莫胡反議也王揖
下伊入反昊蒼上胡道反丨丨天也矜居陵反丨憐也扃蛙下烏瓜反蝦蟇
也危蟪下音惠丨蛄蟬名神衷下音中杳翳上煙曉反遠也下一
計反隱丨也警戒上音景彌懵下莫鄧反懵丨頒覿班敵二音借
滅上音皆俱也同也徑筳上古定反下他定反直也蔡僔下兹
本反睿旨上羊歲反聖也八紘下惠萌反八方也王瓚下昨筭反圭丨
祭器宗廟之盛禮也一去黄金爲杓以王爲柄又瓚盤大五升口闊八寸鳧藻上音
扶沈績上音審下子曆反孟軻下苦何反鷄豘下音乇惵惵

音牒懼負黔首上巨廉反同前理惬下苦怗反心伏也孺子上而注反
頹上徒回反神犢下音讀鈎音匀碌碌音鹿多負錐晝上質追反
針丨也下音獲畫也胡卦反苟徇下詞閏反蕕紫上音由臭草也珉雉上音
閣美石也下旨反野雞也直沆緄下古本反鯈魚上音條或作鰷山藪下音
叟滮泉上皮休反水流負駘惡上音臺鈍馬也緝七入反韜超
上土刀反覯古候反見也矧伊上尸忍反況也文稽下音雞留也綽
昌約反諄諄之倫反厚也膏肓下音荒丨丨之病鍼藥所不至而不可醫
也懵莫鄧反惽丨也管闚下傾彌反丨視也穹極上去弓反天也
所覃下徒南反及也言詖下古哀反博也僻疋亦反偏丨
渥澤上於角反猥惠上烏每反何炟桂囧一音或作炅稷
徙下斯綺反炎昊上于廉反下胡道反炎帝少昊也僾然上於豈反見不
了負嫗煦上紆句反下兄句反丨丨和氣也滌徒的反除也勖許玉反勸

也井鼃下烏瓜反亦作蛙蝦蟇也泊然上音魄安靜也侔音牟等也跂
行上渠支反細蟲能行之類曰丨丨也喘息上昌軟反翾飛上兄
緣反細蟲能飛之類蠕動上音軟細蟲能動之類蕭眕下之忍反弭米爾
反丨息也巍巍愚歸反鳳闈下音圍宮丨也惛悸下衢季反心動皃也
䀏兄遠反瑒音羊崛山上求勿反粹典上私遂反洙水上音殊
交繫上戶交反卦丨也下胡計反周易有繫辭斟酌上音針企及上丘

智反望也珮蒲妹反交鶩下音務馳也慨苦愛反嘆也折東浙中
二音紛紜下俱有反丨丨亂皃淆舛上戶交反下昌軟反丨丨雜錯皃
蔚音鬱茂盛也匪臻上芳尾反不也下側巾反至也盪音蕩洗丨也冠
冕音免沐詠木詠二音惇善上都昆反厚也摛丑知反舒也荷惕
下他的反悚丨也恢弘上苦回反大也樞極上昌朱反愫音惠仁愛也
倕音垂恐泥下去聲丨寧也斐然上芳尾反霈然上普蓋反多澤也

豁然上呼括反通也縉紳進申下音同前一簣下求位反盛土籠也濠
上上音毫庚黔婁上於主反中巨廉反下音樓慷然上苦愛反大息
也骸古本反禹父名也黃能下音奴臺反三足鼈也禹父骸化丨
丨泯美忍反絕也揆其癸反揄枋俞方二音駭胡買反驚也煽
式然反亦音扇淳粹下私遂反緯地上音謂經天丨丨嵧其上田向反
通也該冠上古哀反下丨音貫牽挽下音晚昞然上音丙一旅

下音呂軍丨也駑駘奴臺二音鈍劣馬也騏驥其冀二音良馬也亟說
上去記反璉呂展反惛惿下尼力反愧也綜檢上子宋反摠也六儒
下而注反碩學也秋旻下莫巾反天名桀跖上竭下隻古之賊人
粵不上音越紓洗上神呂反丨解也蜉蝣浮由二音朝生
暮死蟲名也蟪蛄惠姑二音小蟬大椿下丑倫反木名有八千歲茂一去二
万戚唯孱下助[illegible]反[illegible]地皃藻上音扶沈宏上音審下惠前反探

絲縟引下高下克䪼
奧文下水加反吾逆上助丨
直上彩音索猛捷反丘隔
音也辱也反至灑反
澡晰覘反上足㕣
洗音明旨視田疾ま丨上京
也早也熱也廉也菜徐所井
塵反反天步綺斡
滓齊聚璪行反井下
反下鏕反俱冠下也丨欄音
濁側今下茗晃音邯也䇿
也史云必坑也早鄲陊
滌齊苗穽眄音寒杺
除徒鏕反地下視音地丹福下
也的並馬穴音也麵名二丨音
反馬行銜也靜短盧也沁
仲池也辭綆敖鄒

二無反

（南朝梁）釋僧祐 撰

宋思溪藏本弘明集

第四册

國家圖書館出版社

第四册目録

卷十一

卷十二

卷十三

卷十四

弘明集　第十一

四百七十五

墳四

元祿九年丙子二月日重脩

皇圖鞏固　帝道遐昌

佛日增輝　法輪常轉

山城州天安寺法金剛院置

弘明集卷第十一　墳

梁釋僧祐撰

何令尚之荅宋文皇帝讚揚佛教事

高門二法師荅李交州淼難佛不見形事 并李書

司徒文宣王書與孔中丞稚珪釋疑惑并牋荅

恒摽二公荅姚主勸罷道書 并書

僧䂮僧遷鳩摩荅姚主奏 并書

遠法師荅桓玄勸罷道書 并書

釋僧巖荅劉青州勸還俗書 并劉荅往反三首

何令尚之荅宋文皇帝讚佛教事

元嘉十二年五月乙酉有司奏丹楊尹蕭摹之上言稱佛化被于中國已歷四代塔寺形像所在千計進可以繫心退足以招勸而自頃世已來情敬浮末不以精誠爲至更以奢競爲重舊宇頹圮曾莫之修而各造新搆以相誇尚甲地顯宅於玆殆盡材竹銅綵糜損無極違中越制宜加檢裁不爲之防流遁未已請自今已後有欲鑄銅像者悉詣臺自聞興造塔寺精舍皆先詣所在二千石通發本末依事列言本州必須報許然後就功其有輒鑄銅制輒造寺舍者皆以不承用詔書律論銅宅材瓦悉沒入官奏可是時有沙門慧琳

假服僧次而毁其法著白黑論衡陽太守何
承天與琳比狎雅相擊揚著達性論並拘滯
一方詆呵釋教永嘉太守顔延之太子中舍
人宗炳信法者也檢駮二論各万餘言琳等
始亦往還未抵蹟乃止炳因著明佛論以廣
其宗帝善之謂侍中何尚之曰吾少不讀經
比復無暇三世因果未辨致懷而復不敢立
異者正以前達及卿輩時秀率皆敬信故也
范泰謝靈運每云六經典文本在濟俗爲治
耳必求性靈眞奥豈得不以佛經爲指南耶
顔延年之折達性宗少文之難白黑論明佛法
汪汪尤爲名理並足開奬人意若使率土之

賓皆純此化則吾坐致太平夫復何事近蕭摹
之請制未全經通即已相示委卿增損必有以
式遏浮淫無傷弘獎者乃當著令耳尚之對
曰悠悠之徒多不信法以臣庸蔽獨秉愚勤
懼以闕薄貽黷大教今乃更荷褒拂非所敢
當至如前代羣賢則不負明詔矣中朝已遠
難復盡知渡江已來則王導周顗宰輔之冠
蓋王濛謝尚人倫之羽儀郄超王坦王恭王
謐或号絕倫或稱獨步韶氣貞情又爲物表
郭文謝敷戴逵等皆置心天人之際抗身煙
霞之間亡高祖兄弟以清識軌世王元琳昆
季以才華冠朝其餘范汪孫綽張玄殷覬略

數十人靡非時俊又炳論所列諸沙門等帛
曇邃者其下輩也所與比對則庾元規自邃
巳上護蘭諸公皆將亞迹黃中或不測人也
近世道俗較談便尒若當備舉夷夏爰逮漢
魏奇才異德胡可勝言寧當空天性靈坐棄
天屬淪惑於幻妄之説自陷於無徵之化哉
陛下思洞機表慮玄象外鈎深致遠無容近
取於斯自臣等巳降若能謹推此例則清信
之士無乏之於時所謂人能弘道豈虚言哉慧
遠法師甞云釋氏之化無所不可適道因自
教源濟俗亦爲要務世主若能剪其訛僞獎
其驗實與皇之政並行四海幽顯協力共敦

黎庶何成康文景獨可奇哉使周漢之初復
兼此化頌作刑清倍當速耳竊謂此說有契
理奥何者百家之鄉十人持五戒則十人淳
謹矣千室之邑百人修十善則百人和厚矣
傳此風訓以遍寓内編戶千万則仁人百万
矣此舉戒善之全具者耳若持一戒一善悉
計爲數者抑將十有二三矣夫能行一善則
去一惡一惡既去則息一刑一刑息於家則
万刑息於國四百之獄何足難錯雅頌之興
理宜倍速即陛下所謂坐致太平者也論理
則其如此徵事則臣復言之前史稱西域之
俗皆奉佛敬法故大國之衆數万小國數百

而終不相兼并内屬之後習俗頗弊猶甚淳弱罕行殺伐又五胡亂華已來生民塗炭冤横死亡者不可勝數其中誤獲穌息必釋教是賴故佛圖澄入鄴而石虎殺戮減半澠池塔放光而符㨗椎鋸用息蒙遜反噬無親虐如豺虎末節感悟遂成善人法逮道人力兼万夫幾亂河渭面縛甘死以赴師範此非有他敬信故也夫神道助教有自來矣雷霆所擊暑雨恒事及展廟遇震而書爲隱慝桀紂之朝冤死者不可稱紀而周宣晉景獨以深刑受祟撿報應之數既有不符徵古今之例秖更增惑而經文載之以彰勸戒万一影像

猶云深切豈若佛教責言義則有可然可信
之致考事實又無已乖已妄之咎且觀世大
士所降近驗並即表身世衆目共覩祈求之
家其事相繼所以爲勸戒所以爲深切豈當
與彼同日而談乎而愚闇之徒苟遂毀黷忽
重殉輕滯小迷大恚僧尼之絶牉育嫉像塔
之費朱紫此猶生民荷覆載之德日用而不
論吏司苦堙瘞之勞有時而誣慢慧琳承天
蓋亦然耳蕭摹啓制臣亦不謂全非但傷蠹
道俗最在無行僧尼而情貞難分未可輕去
金銅土木雖靡費茲深必福業所寄復難得
頓絶臣比思爲斟酌進退難安今日親奉德

音實用夷泰時吏部郎羊玄保在座進曰此談蓋天人之際豈臣所宜預竊恐秦楚論強兵術孫吳盡吞并之計將無取於此耶帝曰此非戰國之具良如卿言尚之曰夫禮隱逸則戰士怠貴仁德則兵氣衰若以孫吳為志苟在吞噬亦無取堯舜之道豈唯釋教而已帝悅曰釋門有卿亦猶孔氏之有季路所謂惡言不入於耳

高明二法師荅李交州淼難佛不見形書并李書

夫道處淸虛四大理常而有法門妙出群域若稱其巧能利物度脫無量為教何以不見眞形於世眞空說而無實耶今正就尋西方

根源伏願大和上垂懷允納下心無惜神誥

弟子李淼和南

釋道高白奉垂問至聖顯晦之迹理味淵博辭義照洗敬覽反覆彌高德音使君垣墻崇邃得門自難輒罄愚管象罔玄珠夫如來應物凡有三焉一者見身放光動地二者正法如佛在世三者像敎髣髴儀軌髣髴儀軌應令人情人情感像孰爲見哉故淨名經云善解法相知衆生根至於翅頭末城龍華三會人情感見孰爲隱哉故法華經云時我及衆僧俱出靈鷲山曩佉之宮𡪢然可期西方根源何爲不覩而世之疑者多謂經語不符闇

寄情少咸以不覩生滯夫三皇五帝三代五
覇姬旦孔丘删詩制禮並聞史籍孰覩之哉
釋氏震法鼓於鹿園夫子揚德音於際曾皆
耳眼所不得俱信之於書契若不信彼不患
疑此既能了彼何獨滯此使君聖思淵遠洞
鑒三世願尋壽量未盡之教近取定光儒童
之迹中推大通智勝之集以釋衆人之幽滯
若披重霄於太陽貧道言淺辭拙語不宣心
冀奉見之日當申之於論難耳謹白
李淼和南旋省雅論位序區别辭況沖羙欣
會良多所謂感化異時僚正殊俗援外以映
内徵文以驗實敬範來趣無所間然然夫受

悟之由必因鑒觀闇寄生疑疑非悟本若書
契所存異代齊解萬世之後可不待聖而師
矣若乃聲迹並資言像相濟大義既乖儒墨
競興豈徒正信不朗將亦謗誤增疊得不取
證於示見印記以自固乎大聖以無礙之慧
垂不請之慈何爲慘昭昭之明晦倍尋之器
絕羣望於泥洹之後興罪垢於三會之先芻
狗空陳其能悟乎儀像虛設其能信乎至於
帝王姬孔訓止當世來生之事存而不論故
其隱見廢興權實莫辨今如來執業彌貫三
世慈悲普潤不得以見在爲限羣迷求解不
可以滅盡致窮是以化度不止於篇籍佛事

備列於累萬問今之所謂佛事者其爲在乎若如雅況所信在此所驗在彼而聖不世出孔釋異塗即事而談罔非矛盾矣其可相驗乎未能嘿廢聊復寓言幸更詳究遲覩清釋

釋道高白

重奉深誨義華旨遠三讀九思方服淵致故知至理非庸近能測微言奥辭非鄙訥所參今謹率常淺麁陳所懷夫万善爲教其途不一有禪宴林藪有修德城傍或曲躬彈指或歌讚頌詠皆耳眼所共了爲者亦無量斯則受悟之津由闇寄之稱何必受悟於因鑒觀何必闇寄其則生疑疑亦悟本請當論之疑

則求解解則能悟悟則入道非本如何雖儒墨之競興九流之是非乃爝火之不息非日月之不暉何急急於示見而促促於同歸哉今不同季俗無證驗以徵誠亦不謬大聖裕昭昭之光明而世之疑者据以不覩形遂長迷於大夢橫沉淪而溺生死先儒往哲粗有舊荅既途無異轍輒述而不作夫亡身投誠必感則俱見不感不見其有見者以告不見其不見者會不信見聖人何嘗不在羣生何嘗不見哉聞法音而稱善芻狗非謂空陳覩形像而曲躬靈儀豈爲虛設姬孔救頹俗而不瞻何暇示物以將來若丘旦生遇於結繩

則明三世而不已問今佛事其焉在乎伍首合掌莫非佛事但令深悟有方殊途同歸耳前蹤所引彼此疑信者正爲世人不見便謂無佛故取不見周孔爲其繩准耳此乃垂拱而相隨豈矛盾之謂哉使君生知無假素氣天然居大寶之地運頴脫之思流浪義苑涉步書園吐握餘暇優遊永日德音旣宣莫不側聽貧道學業麁淺弥慙簡扎上酬謬略懼塵盛藻追增悚愧流汗霡霂謹白

李淼和南雅論明受悟之津爰自疑得闇寄有餘無取鑒觀鞠躬讃誦咸足屆道覽復往況弥覩淵賾然所謂像法乖正求悟理麁借

堅會旨無假示見此固姬孔所以垂訓輝光所以不表取之世典綽焉足矣放光動地徒何爲乎若正信不止於俯仰而佛事備舉於形聲大覺所由妙其色涉求之所基始故知信者必以儒墨致疑學者將由無證自悔吝明無咎於三五潛景道德愆於十号矣豈不然乎又所謂姬孔務拯頹季無暇來生設在結繩三世自明亦又不然七經所陳義兼未來釋典敷載事止緣報故易云積善餘慶積惡餘殃經云無我無造無受者善惡之業亦不亡此則緣教常緩兼訓已弘豈謂所務在此所聞在彼哉來論雖美故自循環之說耳

望復擢新演異以洗古今之滯使夷路坦然積
礙大通也深願大和上垂納亮欸弟子李淼
謹呈

釋法明白巨論爰降欹覽移日馥若幽蘭清
若惠風貧道器非霜穎運非庖生動乖理間
獨躓疑族良由辭訥旨滯劇難星陳愚謂貳
暗寄奇鑒觀示見鞠躬歌讃感動靈變並趣道
之律梁清升之嘉會故宜寄觀雙舉疑驗兩
行豈得罷絶示見頓漏神彩齊軌姬孔同範
世訓放光動地徒爲空言夫法身凝寂妙色
湛然故能隱顯順時行藏莫測顯則乘如而
來隱則善逝而去即言求旨何惑於十号哉

餘暉所映足光季俗信者豈以螢燭增疑正
向旦白黑比肩塔像經書弥滿世界學者豈
以無證自悔又引七經義兼未來積善餘慶
積惡餘殃雖新新生滅交臂代謝善惡之業
不得不受此乃過明三世愈亮七經徵翰檢
實則闇命矣前論云帝王姬孔訓止當世來
生之事存而不論故其隱見廢興權實莫辨
似若矛盾義將安寄當仁不讓伏聽淵賾前
跡粗述至聖沉浮而義据未照詞況未泯謹
更詳究共弘至道夫羣生長寢於三有衆識
永惛於六塵潛移爲吞噬之主相續爲迴轉
之輪形充遊旅之館神當過憩之賓往來三

惡而苦楚經離八難而酸辛欣樂暫娛憂畏
永勤一身死壞復受一身雖世智辨聰羣書
滿腹百家洞了九流必達知死生有命富貴
在天鬼神莫之要聖哲弗能預未免謬見以
翳情疑似以千慮寄懷於巫精投誠於符呪
執邪以望正存僞以待眞遲迴於兩心躊躇
於二逕放光動地其可見乎所以玄籍流布
列筌待機機動必感感而後應者也自有棲
志玄宅下操幽淵明一生若朝露辨三世
之弗虛縱轡於眞之術斂控於濁僞之衢
植德耘邪而薈蔚樹福灌正而扶踈苦節競
辰於寸陰潔已爭逝於桑榆懷誠抱向感而

遂通豈不親映光彩而覩其靈變哉若耳聦
所不自了惑通夢之所見如漢明因夢以感
聖大法於是而來遊帝主傾誠以歸德英豪
斂衽以服化沙門齊肩於王公僧尼直躬於
大子九十六種孰爲高哉宋武皇帝始登帝
位夢一道人提鉢就乞因而言曰君於前世
施維衛佛一鉢之飯今居斯位遣問嚴公徵
其虛實嚴公即送七佛經呈聞吳主孫權初
疑佛法有靈驗當停罷省遂獲舍利光明照
宮金鐵不能碎爐冶不能融今見帝京建初
寺是吳郡有石佛浮身海水道士巫師人從
百數符章鼓舞一不能動黑衣五六未張𢿱

四薄亦奉接遂相勝舉即今見在吳郡北寺
惇誠至到者莫不有感朱張連世奉佛由覩
驗致郭文舉祗崇三寶正信堅明手探虎鯁
深識安危蘭公拂嚴雪於猛獸護公感枯泉
而洪流並高行逸羣清身邁俗皆有異迹世
咸記焉自兹以外不可勝論貧道少惰學業
迄于白首孤陋寡聞彰於己誠直言朴辞未
必可採懼不允當伏追慙悚謹白
荆州宗居士造明佛論稱伯益述山海申毒
之國偎人而愛人郭朴注申毒即天竺浮屠
所興（浮屠者那啚也）劉向列仙叙七十四人在佛學
者之管闚於斯又非漢明帝而始也道人澄

公仁聖於石勒虎之世謂虎曰臨菑城中有古阿余王寺處猶有形像承露盤在深林巨樹之下入地三十餘丈虎使者依圖掘求皆如言得阿余王者阿育王也

姚略叔父爲晉王於河東蒲坂故老所謂阿育王寺處見有光明鑿求得佛骨於石函銀匣之中光曜殊常隨路迎覩於灞上比丘今見辛寺由此觀之有佛事於齊晉之地久矣所以不說於三傳者亦猶千寶孫盛之史無語稱佛妙化實彰有晉而盛於江左也

文宣王書與中丞孔稚珪釋疑惑并牋荅也

覽君書具一二每患浮言之妨正道激烈之

傷純和亦已久矣孟子有云君王無好智君
王無好勇勇智之過生乎患禍所遵正當仁
義爲本今因修釋訓始見斯行之所發誓念
履行欲卑高同其美且取解脱之喻不得不
小失存其大至於形外之間自不足及言具
俗之教其致一耳取之者未達故横起異同
君云積業栖信便是言行相舛豈有奉親一
毁一敬而云大孝未之前聞夫人仁之行非
殘害加其美廉潔之操不藉貪竊成其德如
此則三歸五戒豈得一念而可捨十善八正
寧瞥想之可遺未見輕其本而能重其末所
謂本既傾矣而後枝葉從之今云二途雖異

何得相順此言故是見其淺近之談耳君非
不覩經律所辨何爲偏志一方埋没通路夫
士未常離俗施訓即世之教可以知之若云
斯法空成詭妄更增疑惑應當毁滅就即因
而言閨門孝悌者連鄉接黨竟有幾人今可
得以無其多絓諸訓誥經史箴誡悉可焚之

不君今遲疑於内教亦復與此何殊哉所以
歸心勝法者本不以禮敬標其心兢仰祇崇
者不以在我故忘物今之慇懃克己者政爲
君輩之徒耳欲令相與去憍矜除慢慠節情
慾制貪求修禮讓習謙恭奉仁義敦孝悌課
之以博施廣之以泛愛賞之以英賢拔之以

儁異復何慙於鬼神乎孜孜策勵良在於斯
雖未能奉遵亦意不忘之今未有夜光之投
而案劍己起欲相望於道德寧不多愧當由
未見此情故常信期心耳在懷則不然每苦
其不及司徒之府本五教是勸方共敦斯美
行以率無慾使詭諂佞望門而自殄浮僞蕩
逸踐庭而變迹爭彼息心之館齊此無慾之
臺不亦善乎一則仰順宸極普天之慈二則
敬奉儲皇垂愛之善宵旦而警惕者正患此
心無遂耳悠悠之語好自多端其云願善政
言未知傷化之重儻令詭事以忠孝佞悅以
仁義虛投以禮讓假往以方直乃至一日克

已天下歸仁況能旬朔有餘所望過矣本自
開心所納正若此矯不多如其此煩未廣故
鄙薄深慨君政應規諫其乖開發未達云何
言傷孝本語損義基於邑有懷非所望也若
此事可棄則欣聞餘善又云未必勸人持戒
當令善由下發必如此而弘教者放勛瑱四
凶華而啓聖虞舜待商均賢而德明如斯而
遂美其可望乎君之此意則應廣有所折便
當詰堯以土階之儉嘉離宫之麗與禹以茅
茨之陋崇阿房之貴恥汲黯之正容崇梲鮀
之媚色其餘節義貞信謙恭之德皆當畋途
而反面復何行之可修也凡闘於言必察其

行觀於行必求於理若理不乖而行不越者
請無造於異端眞殊途同歸未必爲然一貫
頌亦多有與君此意同者今寄言此紙情不
專一者唇心於疑妄國君普宣示之略言其
懷無見髣髴翰迹易煩終不盡意比見君别
更委悉也

夫以人心之不同猶若其皃豈其容一而等其
智乎鑒有待之參差足見情靈之乖舛矣一
得其志者非言談之所盡一背其途者豈遊
説之所翻見君雖復言面委盡而不及此處
者良由彼我之見既異幸可各保其方差無
須空構是非橫起謗議耳栖心入信者前良

不無此志今以効善之爲樂故挫憍陵以待
物君若以德越往賢聖逾前修智超羣類位
極人貴者自可逍遥世表以道化物高其懷
無求自足而退於前良恐未能懸絶空秉兩
途獨異勝法若悠悠相期本不及言意在不
薄爲復示期懷耳比面別一二近聊有此釋
滞兩卷想於外已當見之今送相示若已覽
者付反幸無勞形自脱未覩者爲可一歷意
本不期他翻正是自釋疑滞耳君見之必當
撫掌也蕭子良疏

孔稚珪書并荅

稚珪啓民早奉明公提拂之仁深蒙大慈弘

引之訓恩擗所驅性命必盡敢瀝肝髓乞照
神襟民積世門業依奉李老以沖靜爲心以
表退成行迹蹈万善之淵神期至順之宅民
仰攀先軌自絕秋塵而宗心所向猶未敢墜
至於大覺明教波若正源民生平所崇初不
違背常推之於至理理至則歸一置之於極
宗宗極不容二自仰稟明公之訓憑接明公
之風導之以正乘引之以通戒使民六滯頓
袪五情方旭迴心頂禮合掌願持民齊敬歸
依早自淨信重律輕條素已半合所以未變
衣鉢眷黃老者實以門業有本不忍一日頓
棄心世有源不欲終朝悔遁既以二道大同

本不敢惜心迴向實顧言稱先業宜不忍身
門志耳豈不思樂方廣勤志一乘況仰資明
公齊禮道德加須奉誦明公清信至制淨住
子序万門朗奥億品宣玄言雖願違心不覺
醉更未測明公善誘之妙一至如此博約紛
綸精暉照出欲罷尚其不能欲背何以免向
而昔而前民固不敏而今而後斯語請事民
之愚心正執門範情於釋老非敢異同始移
追尋民門昔嘗明一同之義經以此訓張融
融乃著通源之論其名少子少子所明會同
道佛融之此悟出於民家民家既亦民復何
礙始乃遲遲執迹今輒息攵人心一不空言

黃老一則歸依正覺不期一朝爟然大悟惺
之所導舉自明公不勝踊躍之至謹啓
事以聞復竊研道之異佛止在論極極未盡
亘道之論極極在諸天佛乃鄙此不出三界
斯則精麁遠近實有懸於大方矣然尋道家
此教指設機權其猶仲尼外典極唯天地蓋
起百姓所見二儀而已教本因心取會万物
用其所見順而尊之當其尊地俱窮妙物故
老子之槖籥維摩之無我合德天地易家有
太極所以因物之崇天仍崇之以極妙而至
極終有地固淵于於天表老子亦云有物混
成先天地生已是道在天外猶不以天爲[illegible]

也何異佛家羅漢亦指極四果方至勝鬘自
知有餘地道之崇天極猶佛有羅漢果佛竟
不止於羅漢道亦於天不息甫信道之所道
定與佛道通源矣民今心之所歸輒歸明公
之一向道家戒善故與佛家同耳兩同之處
民不苟捨道法道之所異輒婉輒入公大乘
請於今日不敢復位異同矣服膺之至謹啓
下誠伏願採其末悔亮其始位退自悔始自
恭自懼謹啓

十一月二十九日州民御史中丞孔稚珪啓

得示具懷甚有欣然理本無二取捨多途諍
論云云常所慨也但在始通道則宜然斆而

學者則未可君但廣尋諸經不患論滯其迹
也比面别一二蕭公荅曰君此書甚佳宜廣
示諸未達者

道恒道標二法師荅僞秦主姚略勸罷道書
并姚主書

姚主書與恒標二公

卿等樂道體閑服膺法門皦然之操義誠在
可嘉但朕臨四海治必須才方欲招肥遁於
山林搜陸沉於屠肆况卿等周旋篤舊朕所
知盡各挹幹時之能而潛獨善之地此豈朕
求賢之至情卿等兼弘深趣耶昔人有言國
有驥而不乘方惶惶而更索是之謂也今勅

尚書令顯便奪卿等二乘之福心由卿清名
之容室讚時益世豈不大哉苟心存道味寧
係白黑望體此懷不以守節爲辭
奉去月二十八日詔勑尚書令奪道恒標等
法服承命悲懼五情失守俯仰惄遑無地自
厝恒等誠才質闇短染法未久所存既重眷
慕亦深猥蒙優詔褒飾過美開諭誨勵言理
備至但情之所安實懷罔已法服之下誓畢
身命兼少習佛法不閑世事徒發非常之舉
終無殊異之功雖有拔能之名而無益時之
用未見機毫之補將有山岳之損竊爲陛下
不取也光武尚能縱嚴陵之心魏文全管寧

之操折至尊之高懷遂延夫之微志在宥群方靡不自盡況陛下以道御物兼弘三寶使四方義學之士萃於京師新異經典泒乎遐迩大法之隆於兹爲盛方將闡揚洪化助明振暉嗣祇洹之遺響扇靈鷲之餘風建千載之軌模爲後生之津塗而恒等豈可獨屈於明時不得伸其志願伏願鑒其元元之情特垂曠蕩通物之理更賜明詔聽遂微心則銜恩九泉感德累劫不勝戰悚謹奏以聞

省所奏具意今所以相屈者時所須也不復相推本心以及於此煩慇懃廣自料理吾之情趣想卿等以體之在素不復煩言便可奉

承時命勉菩薩之蹤耳
道恒等近自陳寫冀悟聖鑒重奉明詔不蒙
矜恕伏讀悲惶若無神守陛下仁弘覆載使
物悦其性恒等少習法化愚情所樂誓以微
命與法服俱盡而過恩垂及眷忘其陋勸弘
菩薩兼濟之道然志力有限實所不堪非徒
餘年苟自求免直愚懷所存私懷必守伏願
鑒恕一往之誠不責偏執之咎特賜恩旨聽
遂微心屢延明詔隨用悚息不勝元元之至
謹重奏以聞
得重奏一二具之情事具如前詔但當開意
以從時命無復煩於鄭重也

道恒等愚意所執具如前表精誠微薄不能
感悟聖心累蒙還詔未蒙慈恕俯仰憂怖無
復心情陛下道懷虛納養物無際願開天地
之恩得遂一分之志愚守之誠畢命無章分
受違詔之愆甘引無恨屢紆聖聽追用悚息
不任罔極之情謹奏以聞

僧䂮僧遷鳩摩耆婆三法師荅姚主書停恒

標奏并姚主書

姚主與鳩摩羅耆婆書

別已數旬旋有思想漸暖比自何如小虜遠
舉更無處分正有憒然耳頃万事之殷須才以
理之近詔道恒等令釋羅漢之服尋菩薩之

跡想當盤桓耳然道無不在法師可勸進之苟
廢其尋道之心亦何必須介也致意遷上人
别來何似不審碧統復何如多事不能一二
爲書恒等亦可煩諸上人勸其令造菩薩行

姚主與僧遷等書

省疏所引一二具之朕以謂獨善之美不如
兼濟之功自守之節未若拯物之大雖子陵
頡頏於光武君平慠岸於蜀肆周黨辭禄於
漢朝杜微稱聾於諸葛此皆偏尚耿介之士
耳何足以關嘿語之要領高勝之趣哉今九
有未乂黔黎荼蓼朕以寡德獨當其弊思得
羣才共康至治法師等雖潛心法門亦毗世

宣敎縱不能導物化時勉人爲治而遠美辞世之許由近高散髮於謝敷若九河横流人盡爲魚法師等雖毗世宣敎亦安施乎而道恒等伏膺法訓爲日久矣然其才用足以成務故欲枉奪其志以輔暗政耳若福報有徵佛不虚言拯世急病之功濟時寧治之勲功福在此而不在彼可相誨喻時副所望

僧䂮僧遷法服法支鳩摩耆婆等表止恒標罷道奏

蓋聞太上以道養民而物自是其須有德而天下治是以古之明王審違性之難御悟任物之易因故堯放許由於箕山陵讓放杖於魏國高祖縱四皓於終南叔度辭蒲輪於漢

世者晉國戴逵被褐於剡縣謝敷鼂髮於若
耶蓋以適賢之性爲得賢也故上有明君下
有草帶逸民之風垂訓於今矣今道標恒等
德非圓達分在守節且少習玄化伏膺佛道
一往之誠必志匪席至於敷演妙典研究幽
微足以啓悟童稚助化功德使物識罪福則
有濟苦之益苟佛不虚言標等有弘毗耶之
訓矣竊聞近日猥蒙優詔使釋法服將擢翠
翅於寒條之上曜扶渠於重氷之下斯誠陛
下仁愛愷悌寬不世之恩然𥜥等眷眷竊有
愚心以陛下振道德之綱以維六合恢九德
之網以羅四海使玄風扇千載之前仁義陶

万世之後宇宙之外感純德以化寬九域之内肆玄津以逍遥延夫無溝壑之怨嫠婦無停緯之歎此實所以垂化海内所以御賴愚謂恒標雖區區一分守所見爲小異然故在羅網之内即是陛下道化之一臣昔孛佐治十二年未聞釋奪法衣形服世議苟於時有補袈裟之中亦有弘益何足復奪道與俗違其適性昔巢由抗節堯許俱高四皓匪降上下同矣斯乃古今之一揆百代之同風且德非管仲不足華軒堂埤智非孔明豈足三顧草廬願陛下放既往之恩從其微志使上不過惠下不失分則皇唐之化於斯而在箕潁

之賓復見今日矣碧等虜近獻愚直言懼觸
天威追用悚息僧碧等言
廬山慧遠法師荅桓玄勸罷道書并桓玄書
桓玄書
夫至道緬邈佛理幽深豈是悠悠常徒所能
習求沙門去棄六親之情毀其形骸口絕滋
味被褐帶索山栖枕石永乖世務百代之中
庶或有一髣髴之間今世道士雖外毀儀容而
心過俗人所謂道俗之際可謂學步邯鄲匍
匐而歸先聖有言未知生焉知死而令一生
之中困苦形神方求冥冥黄泉下福皆是管
見未體大化迷而知反去道不遠可不三思

運不居人忽焉將老可復追哉聊贈至言幸能納之

遠法師荅

大道淵玄其理幽深銜此高旨實如來談然貧道出家便是方外之賓雖未踐古賢之德取其一往之志削除飾好落名求實若使幽冥有在故當不謝於俗人外似不盡内若斷金可謂見形不及道哀哉哀哉帶索枕石華而不實管見之人不足羨矣雖復養素山林與樹木何異夫道在方寸假練形爲真卞和號慟於荆山患人不別故也昔聞其名今見其人故莊周悲慨人生天地之間如白駒之

過隙以此而尋孰得久停豈可不爲將來作
資言學步邯鄲者新無功失其本質故使邯
人匍匐而歸百代之中有此一也豈渾同以
通之貧道已乖世務形權於流俗欲於其中
化未化者雖復沐浴踞傲奈疑結何一世之
榮劇若電光聚則致離何足貪哉淺見之徒
其惑哉可謂下士聞道大而笑之眞可謂迷
而不反也貧道形不出人才不應世是故毀
其陋質被其割截之服理未能心冥玄化遠
存大聖之制豈捨其本懷而酬高誨貧道年
與時頹所患未痊乃復曲垂光慰感慶交至
檀越信心幽當大法所寄豈有一傷毀其本

也將非彼旬試嬈之言辭拙寡聞力酬高命
蓋是不逆之懷耳
僧巖法師辭青州刺史劉善明舉其秀才書
并劉善明荅之
貧道弱齡出家早違俗務遊心釋風志乖孔
教雖復道場未即故亦洙訓緬矣方將委質
饑獸庶超九劫之功分肌哺鴿情存乘雲之
馭寧能垂翼中田反跡籠樊捨夫塗中之適
嬰茲廟堂之累哉且夫官人以器位必須才
未有叨越分之舉終能保其榮也今輒奉還
板命願收過恩無令曹公重嘆王舟再慙補
秀之召非所克堪釋僧巖呈

荅僧巖道人
莊篇有弱喪之謬釋典有窮子之迷每讀其
書爲之長慨敬愼髮膚揚名後史仰顯旣重
俯卬爲大遠尋聖言斯教爲最近取諸身實
迷情理瞿曇見此亦當莫逆於心況君辨破
秋毫識洞今古裂冠不疑拔本不悟幽冥相
駭遐迩致驚昔呂尚抱竿於八十之年志鈞
由時未遇君沉淪未及冀能有美若人耳如
其不介豈不悲哉僕忝莅梓蕃庶在明仄觀
貢帝庭必盡才懿故欲通所未通屈所未屈
如來告紛紜有乖眞唱苟爲誕說豈所期耶
昔王祥樵採沂側耳順始應州命公孫弘牧

豕海上白首方充鄉舉終能致位元台朝天
變地道暢當年聲流万載君意何如敬布腹
心想更圖之劉君白荅
僧巖重荅
紆辱還誨優旨仍降徵莊援釋理據皎然徒
欲伏義辨情末由也已雖高義出象微言入
神鄙懷所執猶或可曉何者夫知人者哲自
審者明忘分昧進良所未安昔成直應命終
獲滅名之懃遵祖聘能卒招楊鵠之恥若遺
我欲效彼追蹤王吕恐曝鰓龍津點額衆矣
盗所盜器與盗同罪舉失其才亦賔主交鄙
可不慎乎又禮云非指玉帛孝乎豈止保膚

故割肌無譏於前代斷髮有加於曩辰斯蓋斬手全軀所存者大夫何怪哉願貸愚執賜遂陋襟釋僧巖呈

重荅

重獲來簡始見玄解皎然之悟可謂相視而笑矣君識鑒衆流智該理奧每撿感應之源窮尋分石之説何常不句句破的洞盡義宗而苟自謙光乖其側席仍蹕覆車無悔敗轍非知之難行之不易也夫去國三年見似家人者喜作客日久寧不悲心今誓捨重擔而安坐棄羇旅如還家對孔懷之好敦九族之美趙門欣欣爲樂已甚況復文明御運姬邵協政思賢讚道日仄忘餐以君之才弘君之

德帶玉聲朝披錦振遠功濟世猷名揚身後
與夫髭剪之辱縲絕之苦豈可同年而語哉
相與契闊久要頗練深志若隱畏禽之賢怨
招戚氏不忠之責故力疾題心重敷往白歲
云暮矣時不相待君其勉之勿有噬臍之悔

劉君白荅

僧巖重書

比日之事爲可聊作一樂不謂恩旨綢繆芳
音驟届勞誨之厚一至於斯伏讀未周媿汗
交集然鄙志區區已備前款且巖之壯也猶
後於人今既老矣豈能有爲夫以耄耋之年
指麾成務此自蒼靈特授假首失功協侔龍

飛之英翼贊華命之美今欲以東畝之農夫西園之抒叟側景前光參蹤古列無異策駑足以均驊騮繫澤雉以雙鸞鶴斯之不倫寧俟深察昔子泰伏命撫節公孫豫報智伯漆身靡悔今日過賞德粹兩賢正恨年逼崦嵫命急濛汜吞炭倒戈永與願隔臨紙惻愴罔識所陳幸收過眷不復翻覆釋僧巖

重答

君談天語地神情如鏡纖毫拂簡智思入淵而幼失理根蹭蹬皓鬓借君之辛恒用歎息君雖心在雲上而形屈坎下既與黃雀爲群恐没鸑鷟之美故率亐帛之禮盈膺賓主之

舉徽牘三枉陋札再訓苟自謙沖固辭年耄度君齒德方亨元吉未能俯志者正當遊翔擇木待椅桐竹實耳鄙命輕召曷足降哉敬揖清風肅從所尚本圖既乖裁還慙憫劉君白荅

弘明集卷第十一

墳

淼美小反
稚珪上直利反下音圭
䂮音略
桓玄上惠官反
蕭摹下莫胡反
頹圯上徒回反隧也下皮美反毀也
殆盡上音待厄丨也
靡損上密碑反費也
流遁下徒困反
琳音林
比狎下胡甲反習也近也
詆呵上音底呰也
檢駮下必角反
抵蹟上音底下音跡丨礙也
汪汪烏光反
遏於葛反止也
貽點上余之反遺也
周顗下語豈反
郄超

上丘逆反戴逵下具追反孫綽下昌約反般覬下居異反曇邃上徒
含反下私遂反較談上音角比丨也訛僞上愚和反入鄴下音業地名
殺戮下音六洮池上音桃推鋸上土回反下音據反噬下音
逝虐如上魚却反酷也豺虎上音柴師範下音犯雷霆下音亭
隱匿下尼力反桀紂上音竭下直九反毀黷下音謗丨
徇軀上詞閏反屈身從物胖育上音判丨合夫婦也堙瘞上音
因塞也下例反埋也一傷蠹下音妬害也垣墻上音園崇邃下私
遂反深也翅頭上施智反蠰佉上而羊反下丘迦反弥勒下時王名也孱
然上助閑反鄹曾上側愁反地名孔子生處也援外上音園引也增
疊下許近反禍也蒭狗上楚俱反以草爲狗雖有其形而無所悟矛盾上莫
浮反下時尹反寓言上音過寄也鄙訥上碑美反陋也下奴
骨反丨也謇爝火上音雀又才約反炬火也据以上音居

穎脫上余領反鋒利也霡霂上音麥下音木小雨皃淵賾下助
隔反淵深也嘖幽微也僧銓下七全反取魚竹器悔悋上呼每反下良刃反
愆去乾反失也拯頹上蒸字上聲丨拔也下徒回反墜也擢音濁拔也出也
馥音伏香氣也庖生上步交反蹟音致礩也劇難上奇逆反加也愈
亮下力向反明也義据下音居泯美忍反呑嗑下音逝丨齧也過
愬下立側反丨息也止也酸辛上蘇官反蹔娛上暫字下音愚樂也躊
躇上直流反下音除進退不定皃下橾下七到反縱轡下音秘馬銜也耘
耶上音云除草也下邪字薈蔚上烏外反下於勿反丨丨繁茂也扶踈
符踈二音樹木蔚盛皃鍛衽下汝審反衣襟也爐冶下音野惇誠
上丁昆反厚也信也手探下土舍反取也虎鯁下加猛反骨剌喉也迄于
上許訖反丨至也偎人上烏回反仁愛也管闚下傾弥反同前臨菑
下側思反正作淄蒲坂下音反相舛下昌軟反差丨也瞥想上普

滅反見貞暫絓諸上音書結也箴誡上音針競仰上居陵反謹慎
貞泛愛上芳梵反廣也雋異上俊字孜孜音茲諂佞下奴定反
自殄下徒典反儲皇上音除副君也警惕上音景下他的反矯居小
反放勛上方囲反下兄云反堯名也貶悲檢反丨黜也茅茨上莫
交反下在咨反丨丨草屋也阿房下步忙反宫名汲黯上音急下烏滅反人
名祝鮀上之叔反下音陀人名也挫則卧反神襟下音今方[illegible]
下許玉反悔遁下徒囷反槖籥託藥二音槖韛也丨萹也玄宗注五千言謂卜
可以皷風籥可以運吹皆虚而無心也婉紆阮反斅胡敎反丨做也皦然
上音皎肥遁上房非反下徒囷反丨丨嘉隱也幹時上苦巨反圭也強也
驥居異反馬也宥音右寬也赦也萃才遂反集也料理上音寮䂮
音略小虜下音魯憒然上俱妹反心頒亂也頡頏上胡結反下何朗反
類物揖得慠岸上吾告反丨高慢也丨耿介上加猛反丨丨性烈也黔

黎上巨廉反荼蓼音了二音苦菜也戴逵下具追反被褐下胡葛反
大衣也剡縣上時淡反䰎髮上音離盡頭巾也童稚下直利反
擢音濁拔也翠翹下巨摇反丨丨薪之美者也愷悌
上口改反下音弟和樂也恢苦回反火也溝壑上古侯反下呼
各反嫠婦上力之反寡婦也丨停緯下音謂孛佐上蒲没反堂
埠下音婦草廬下力居反舍也緬邈下眉角反丨丨遠也邯鄲寒丹
二音匍匐上音蒲下蒲北反卞和上皮變反進玉人也過隙下丘逆反
壁孔也試嬈下乃鳥反弄也弱齡下音令幼年也洙訓上音殊丨泗水
名孔子於此訓諸童蒙餧獸上紆瑞反飼也肌哺上音飢丨肉也下音步食
丨也之馭下音御駕也駭胡買反驚丨也黍蒞下音利臨也梓藩
上音子州名也下音鱴作蕃誤明庂音側才懿下乙器反美也大也樵
掾上自搖反沂側上魚衣反水名牧豕上音目下式肯反丨丨放猪也擾

繹上音爰丨引也釋解也騁能上疋併反楊鵠下胡篤反曝鰓上蒲
報反下思來反貸他代反借丨也陋衿下音今正作襟丨懔羇旅上居宜反
下音呂姬邵上居之反下市照反恊胡怙反髡鬊上音坤去髮也鰥
絕上俱還反無妻曰丨契闊上苦結反臧氏上則郎反噬臍上音逝舌
取物也下音齊肶丨也丨丨事不及也綢繆上直流反下密幽反丨丨優密貞驟
助瘦反疾也耄耋上莫報反下徒結反老也指麾下許為反抒叟上音
序丨丨酌水之人也駑足下音奴鈍馬也驊騮上惠瓜反下音留周穆王馬目
丨丨澤雉下直里反野鷄漆身上音七崦嵫上邑盍反下音
兹山名也日落之處濛汜上音蒙下音似水名也亦日沉之處蹭蹬上七贈反
下徒磴反丨丨行不寬度鸑鷟上音岳下助角反丨丨鳳子也黴黷
上音驒丨美也下音讀簡丨也椅桐上於宜反梧同也憅憫下音敏傷丨也

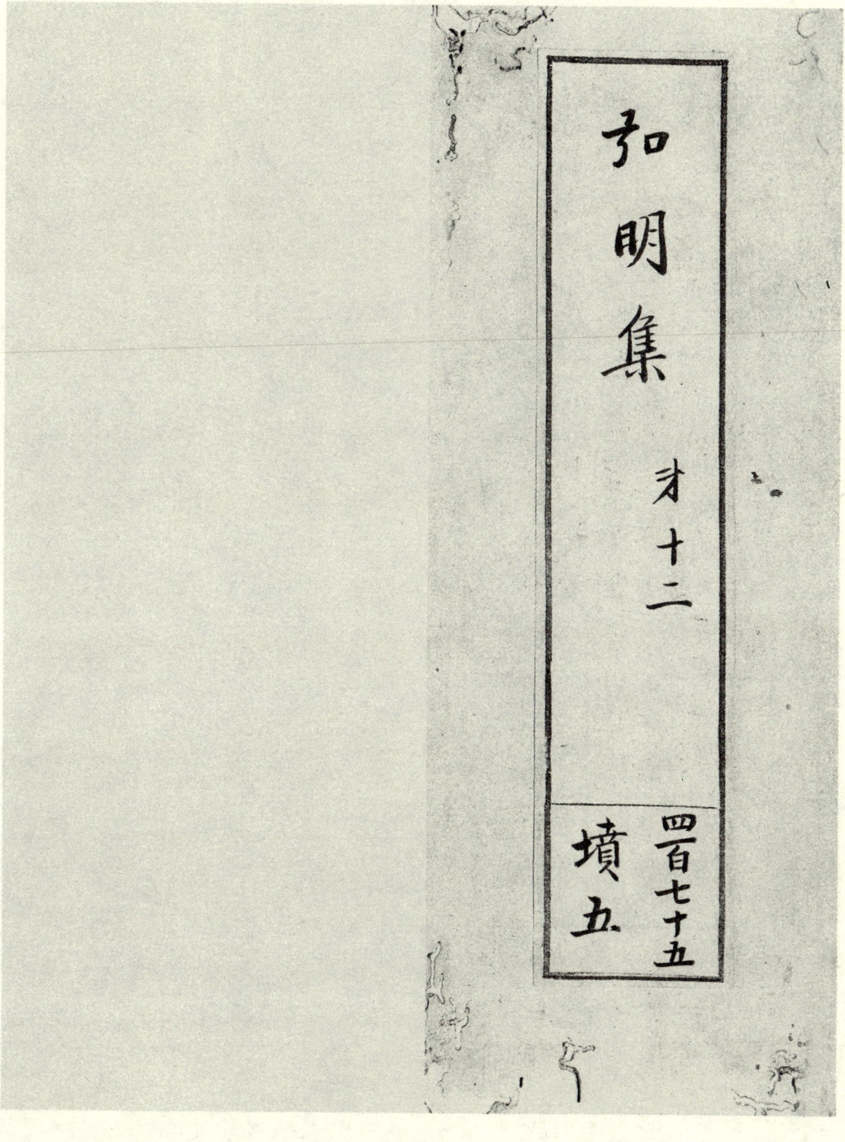
弘明集　才十二
四百七十五
墳五

元禄九年丙子二月日重脩

皇圖鞏固 帝道遐昌

佛日增輝 法輪常轉

山城州天安寺法金剛院置

弘明集卷第十二

梁釋僧祐撰　墳

桓玄與王令書論敬王事并王令荅往反八首

廬山慧遠法師荅桓玄論沙門不應敬王者書一首并桓玄書二首

桓玄詔沙門不復敬天子并卞嗣之等荅往反五首

廬山慧遠法師與桓玄論料簡沙門書一首并桓玄教一首

支道林法師與桓玄論州符求沙門名籍書一首

天保寺釋道盛啓齊武帝論檢試僧事

余所撰弘明並集護法之論然爰録書表者蓋事深故也尋沙門辞世爵禄弗縻漢魏以

來歷經英聖皆致其禮莫求其拜而庾君專威妄起異端桓氏疑陽繼其浮議君何公莫言則法相永沉遠上弗論則僧事頓盡望古追慨安可不編哉易之蠱爻不事王侯禮之儒行不臣天子在俗四民尚有不屈況棄俗從道焉責㠯禮故不在於休明而頪出於季運也至於恒標辞略遠公距玄雖全已非奇然亦足敦厲法要曰燭既寤俗之談即仙三檄亦摧魔之説故兼載焉

與釋道安書　習鑿齒

興寧三年四月五日鑿齒稽首和南承應真履正明白内融慈訓兼照道俗齊蔭宗虛者

悟無常之旨存有者達外身之權清風藻於中夏鑾鷔響厲乎八冥玄味遠猷何勞如之弟子聞天不終朝而雨六合者弥天之雲也弘淵源以潤八極者四大之流也彼直無爲降而萬物賴其澤此本無心行而高下蒙其潤況哀世降步愍時而生資始繫於度物明道存乎練俗乘不疾之輿以涉無遠之道命外身之駕以應十方之求而可得玉潤於一山冰結於一谷望閬風而不迴儀指此世而不誨度者哉且夫自大教東流四百餘年矣雖蕃王居士時有奉者而眞丹宿訓先行上世道運時遷俗未僉悟藻悅濤波下士而已唯肅

祖明皇帝實天降德始欽斯道手晝如來之
容口味三昧之旨戒行峻於巖隱玄祖暢乎
無生大塊旣唱萬竅俱怒呼賢哲君子靡不
歸宗日月雖遠光景弥暉道業之隆莫盛於
今豈所謂月光首寂将生眞土靈鉢東遷忽
驗于兹乎又聞三十得道俱見南陽明學開
士陶演眞言上考聖達之誨下測道行之驗
深經普往非斯而誰懷道邁訓舍兹孰降是
以此方諸僧咸有傾想目欣金色之瑞耳遲
無上之箴老幼等願道俗同懷繫詠之情非
常言也若慶雲東徂摩尼迴曜一躡七寶之
座暫視明哲之燈雨甘露於豐草殖栴檀於

江湄則如來之教復崇於今日玄波逸響重蕩濯於一代矣不勝延豫裁書致心意之蘊積曷云能暢弟子襄陽習鑿齒稽首和南庚闡

樂賢堂頌序亦云肅祖明皇帝雅好佛道手摹靈像

譙王書論孔釋 并張新安答

佛教以罪福因果有若影響聖言明審令人寒心然自上古帝皇文武周孔典謨訓誥靡不周備未有述三世顯叙報應者也彼衆聖皆窮理盡性照曉物緣何得忍視陷溺莫肯援接曾無一言示其津逕且鈎而不綱弋不射宿博碩肥腯上帝是享以此觀之蓋所難了想二三子揚攉而陳使晝然有證祛其惑焉張新安答

仰復淵旨匪迩伊教俯惟未造鞠躬汎對竊
以爲遂通資感陟悟藉緣誠徵良因則河漢
滋惑故待問擬乎撞鍾啓發俟於悱憤夫妙
學窮理乃聖乃神光景燭八維頻仰觀九有
然而運值百齡宵均万劫者豈非嘉緣未構
故業化莫孚哉是以聖靈輟軌斯文莫載靡
得明徵理歸指斥宗致祇以微顯婉而成潛
徙冥遠之生導三世之源積善啓報應之轍
網宿照仁蒐畋弘信既以漸漬習成叅滯彐
祛然後道暢皇漢之朝訓敷永平之祀物無
韙熒人斯草偃寔知放華猶昏文宣未旭非
旨睽以異通諒理均而俱躓者附會玄遠孰

夷冒言謬犯不韙輕率狂簡

與禪師書論踞食　　鄭道子

夫聖人之訓修本袪末即心爲教因事成用未有反性違形而篤大化者也雖復形與俗乖事高世表至於拜敬之節揖讓之禮由申所至道俗不殊也故齋講肆業則備其法服禮拜有序先後有倫敬心内充而形肅于外稽首至地不容企踞之禮斂衽十拜事非偏坐所預而以踞食爲心用遺儀爲斂麁事理相違未見其通者也夫有爲之教義各有之至若般舟苦形以存道道親而形踈行之有理用之有本踞食之教義無所弘進非苦形

退貽慢易見形而不及道者失其恭肅之情
而啓駭慢之言豈聖人因事爲教章甫不適
越之義耶原其所起或出於殊方之性或於
矯枉之中指有所救如病急則藥速非服御
長久之法也夫形教相稱事義有倫既制其
三服行其禮拜節以法鼓列以次序安得企踞
其間褻慢相背者哉在昔宜然則適事所至
一日之用不可爲永年之訓理可知也故問
仁者衆而復禮爲本今禪念化心而守跡不
變在理既未於用又麁茍所未達敢不布懷
鄭君頓首

與王司徒諸人書論道人踞食　范伯倫

范泰敬白公卿諸賢今之沙門坐有二法昔
之祇洹似當不然據今外國言語不同用捨
亦異聖人隨俗制法因方弘教尚不變其言
何必苦同其制但一國不宜有二一堂寧可
不同而今各信偏見自是非彼不尋制作之
意唯此雷同爲美鎮之無主遂至於此無虚
於受人有同於必執不求魚兔之實競攻筌
蹄之末此風不革難乎取道樹王六年以致
正覺始明玄宗自敷高座皆結跏趺坐不偏
據也坐禪取定義不夷俟據之食美在乎食
不求飽此皆一國偏法非天下通制亦由寒
鄉無絺綌之禮日南絕旃裘之律不可見太

禹解裳之初便謂無復章甫請各兩捨以付折中君子范泰區區正望令集一食之同過此已往未之或知禮以和貴僧法尚同今升齋堂對聖像堂如神在像中四雙八輩義無云異自矜之情寧可試暫不我釋公往在襄陽偏法已來思而不變當有其旨是以投錫乘車義存同衆近禪師道場天會亦方其坐豈非存大略小理不兼舉故耶方坐無時而偏據有時自方以恒適異爲難嘗變取同爲易且主人降已敬賓有自來矣更諮義公了不見酬是以敬白同意以求厥中願惠咳唾之餘以蔽怯弱之情

釋慧義荅范伯倫書

祇洹寺釋慧義等五十人敬白諸壇越夫沙門之法正應謹守經律以信順爲本若欲違經反律師心自是此則大法之深患穢道之首也如來制戒有開有閉開則行之無疑閉則莫之敢犯戒防沙門不得身手觸近女人凡持戒之徒見所親漂溺深水視其死亡無敢救者於是世人謂沙門無慈此何道之有是以如來爲世譏嫌開此一戒有難聽救如來立戒是晝一之制正可謹守而行豈容以意專輒改作俗儒猶尚謹守夏五莫敢益其月者將欲深防穿鑿之徒杜絶好新樂異之

客而況三達制戒豈敢妄有通塞范檀越欲
令此衆改偏從方求不異之和雖貪和之爲
美然和不以道則是求同非求和也祇洹自
有衆已來至於法集未嘗不有方偏二衆既
無經律爲證而忽欲改易佛法此非小事實
未敢高同此寺受持僧祇律爲日已久且律
有明文說偏食法凡八議若無偏食之制則
無二百五十矣云食不得置於床上所棄之
食置於右足邊又云不得懸足累脛此豈非
偏食之明證哉戒律是沙門之秘法自非國
主不得預聞令諸檀越疑惑方偏欲生興廢
貧道不得不擢其輕重略舉數條示其有本

甘受宣戒之罪佛法通塞繼諸檀越通則共
獲護法之功塞必相與有滅法之罪幸願三
思令幽顯無恨

荅義公

荅曰前論已包此通上人意強氣猛弗之尋
耳戒以防非無非何戒故愚惑之夫其戒隨
俗變律華夏本不偏企則聚骨交脛之律故
可得而略手食之戒無用匙筯之文何重偏
坐而輕手食律不得手近女人尋復許親溺
可援是爲凡夫之疑果足以改聖人之律益
知二百五十非自然定法如此則固守不爲
全得師心未足多怪夏五闕文固守不爲疑

明慎所見苟了何得顧衆而動企之爲義意在宜進欲速則事不得行端坐則不安其居時有踞傲之夫故非禮法所許一堂兩制上人之同泯焉莫逆弟子之和孑然單獨何敢當五十大陣是用畏敵而默庶乎上善之救

范伯倫與生觀二法師書

外國風俗還自不同提婆始來義觀之徒莫不沐浴鑽仰此蓋小乘法耳便謂理之所極謂無生方等之經皆是魔書提婆末後說經乃不登高座法顯後至泥洹始唱便謂常住之言衆理之最般若宗極皆出其下以此推之便是無主於内有聞輒變譬之於射後破

奪先則知外國之律非定法也偏坐之家無時而正高座說法亦復企踞外國食多用手飛無匙筯慧義之徒知而不改至於偏坐永爲不懃同自爲矛盾其誰能解弟子意常謂與人同失賢於自代其是推心樂同非敢許以求直

今之奉法白衣決不可作外國被服沙門何必苦守偏俗

論踞食表　范伯倫

臣言陛下體達佛理將究其致遠心遐期研精入微但恨起予非昔對揚未易臣少信大法積習善性頗聞餘論髣髴玄宗往者侍座

過蒙眷誘意猥詞訥不能有所運通此之爲
恨畢世無已臣近難慧義踞食蓋區區樂同
之意不敢求長於人側餐下風已達天聽臣
請此事自一國偏法非經通永制外國風俗
不同言論亦異聖人不變其言何獨苦改其
用言以宣意意達言忘儀以存敬敬立形廢
是以聖人因事制誡隨俗變法達道乃可無
律思夫其防弥繁用捨有時通塞惟理膠柱
守株不以疎乎今之沙門匠之善誘道無長
壹各信所見尠能虛受乃至競異於一堂之
甘不和於時雍之世臣竊耻之況於異臣者
乎司徒弘達悟有理中不以臣言爲非今之

令望信道未篤意無前定以兩順爲美不斷
爲大俟此而制河可清矣慧嚴道生本自不
企慧觀似悔始位伏度聖心凡當有在令不
望明詔孤發但令聖旨粗達宰相則下觀而
化孰曰不允皇風方當遠暢文軌將就大同
小異雖微漸不可長青青不伐將尋斧柯故

宜自迹及遠令無思不服江左中興高座來
遊愛樂華夏不言此制釋公信道最篤不昔
其節思而不改容有其旨羅什卓犖不羈不可
不測落髮而不偏踞如復可尋禪師初至詣
闕求通欲以故牀入踞理不可開故不許其
進後東安衆集果不偏食此即先朝舊事臣

所親見者也謹啓

重表

臣言陛下近遊祇洹臣固請碑讚如憶髣髴有許法駕旣遊臣輒仰刋碑上曰皇帝讚正此三字而已專輒之罪思臣所甘至於記福冥中未知攸濟若賜神筆數字臣死且不朽以之弘奬風尚有益而無損万踞脫有未暇聖旨自可笑㖡之左史侍衛之臣寧無自效之心裨諶世叔何遠之有可不勞聖慮亦冕旒之意也臣事久謝生塗已盡區區在心唯來世而已臣受恩深重祿賜有餘自度終無報於聖世已矣蓋首並結草之誠願陛下哀

而弗責臣言　詔知與慧義論機食近亦粗
聞率意不異來旨但不看佛經無經制以所
見耳不知慧嚴云何道生便是懸同慧觀似
未肯悔其始位也比自可與諸道人更求其
中耶祇洹碑讚乃不憶相許既非所習加以
無暇不獲相酬甚以爲恨

重表

臣言奉被明詔悚懼屏營營宄偏見不足陳
聞直以事已上達不寧寢默今勑又令更求
其中是用猖狂復申本懷臣謂理之所在幸
可不以文害意五帝不相襲禮三王不沿其
樂革命隨時其義並本莊周以古今譬舟車

孟軻以專信書不如無書是故證羊非直聞
斯兩用大道之行天下爲家臣之區區一堂
之同而況異俗偏制本非中庸之教生義觀
得蒙弘接聖旨晩有下問望其依理上酬不
敢以多自助取長於人
慧觀荅臣都無理據唯褒臣以過言貶臣以
干非推此疑其必悔未便有反善怗辞臣弘
亦謂爲然慧義弘陣已崩走伏路絶恃此爲
救難乎自免況復司契在上道辞知窮臣近
難慧觀輒復上呈如左臣以愚鄙將智而耄
豈惟言之不中深懼不覺其惛侍衛之臣實
時之望旣不能矜臣此意又不能誨臣不逮

此皆臣自招之自咎而已伏願陛下録其一往之至不以知拙爲罪復敢冒昧干穢竊恃古典不加刑之年

尚書令何充奏沙門不應盡敬（并詔五首）

晉咸康六年成帝幼沖庾氷輔政謂沙門應盡敬王者尚書令何充等議不應敬下禮官詳議博士議與充同門下承氷旨爲駮尚書令何充及僕射褚翜諸葛恢尚書馮懷謝廣等奏沙門不應盡敬

尚書令冠軍撫軍都鄉侯臣充散騎常侍左僕射長平伯臣翜散騎常侍右僕射建安伯臣恢尚書關中侯臣懷守尚書昌安子臣廣

等言世祖武皇帝以盛明革命肅祖明皇帝
聰聖玄覽豈于時沙門不易屈膝顧以不變
其修善之法所以通天下之志也愚謂宜遵
承先帝故事於義爲長
庾冰重諷旨謂應盡敬爲晉成帝作詔
夫萬方殊俗神道難辨有自來矣達觀傍通
誠當無怪況跪拜之禮何必尚然當復原先
王所以尚之之意豈直好此屈折而坐遘槃
辟哉固不然矣因父子之敬建君臣之序制
法度崇禮秩豈徒然哉良有以矣旣其有以
將何以易之然則名禮之設其無情乎且今
果有佛耶將無佛耶有佛耶其道固弘無佛

耶義將何取繼其信然將是方外之事方外之事豈方内所體而當矯形骸違常務易禮典棄名教是吾所甚疑也名教有由來百代所不廢昧旦丕顯後世猶殆殆之爲弊其故難尋而今當遠慕芒昧依俙未分棄禮於一朝廢教於當世使夫凡流傲逸憲度又是吾之所甚疑也縱其信然縱其有之吾將通之於神明得之於胷懷耳軌憲宏模固不可廢之於正朝矣凡此等類皆晉民也論其才智又常人也而當因所説之難辨假服飾以陵度抗殊俗之慠禮直形骸於萬乘又是吾所弗取也諸君並國器也悟言則當測幽微論

治則當重國典苟其不然吾將何述焉
尚書令何充及褚翌諸葛恢馮懷謝廣等
重表
尚書令冠軍撫軍都鄉侯臣充散騎常侍左
僕射長平伯臣翌散騎常侍右僕射建安伯
臣恢尚書關中侯臣懷守尚書昌安子臣廣
等言詔書如右臣等闇短不足以讚揚聖旨
宣暢大義伏省明詔震懼屏營輙共尋詳有
佛無佛固非臣等所能定也然尋其遺文鑽
其要旨五戒之禁實助王化賤昭昭之名行
貴冥冥之潛操行德在於忘身抱一心之清
妙且興自漢世迄于今日雖法有隆衰而弊

無妖妄神道經久未有其比也夫詛有損也
呪必有益臣之愚誠實願塵露之微增潤嵩
岱區區之況上俾皇極令一令其拜遂壞其
法令修善之俗廢於聖世習俗生常必致愁
懼隱之臣心竊所未安臣雖矇蔽豈敢以偏
見疑誤聖聽直謂世經三代人更明聖令不
爲之制無虧王法而幽冥之格可無壅滯是
以復陳愚誠乞垂省察謹啓

成帝重詔

省所陳具情旨幽昧之事誠非寓言所盡然
其較略及大人神常度粗復有分例耳大都
百王制法雖質文隨時然未有以殊俗參治

怪誕雜化者也豈曩聖之不達而來聖之宏
通哉且五戒之十善粗擬似人倫而更於世
主略其禮敬耶禮重矣敬大矣爲治之綱盡
於此矣萬乘之君非好尊也區域之民非好
卑也而卑尊不陳王教不得不一二之則亂
斯曩聖所以憲章體國所宜不惑也通才博
採往往備其事修之家可以修之國及朝則
不可斯豈不遠也省所陳果亦未能了有之
與無矣縱其了猶謂不可以參治而況都無
而當以兩行耶
尚書令何充僕射褚翜等三奏不應敬事
臣等雖誠暗蔽不通遠旨至於乾乾夙夜思

循王度寧苟執偏管而亂大倫直以漢魏逮晉不聞異議尊卑憲章無或暫虧也今沙門之愼戒專專然及爲其禮一而已矣至於守戒之篤者亡身不恡何敢以形骸而慢禮敬哉每見燒香呪願必先國家欲福祐之隆情無極已奉上崇順出於自然禮儀之簡蓋是專一守法是以先聖御世因而弗革也天網恢恢踈而不失臣等慺慺以爲不令致拜於法無虧因其所利而惠之使賢愚莫敢不用情則上有天覆地載之施下有守一修善之人謹復陳其愚淺願蒙省察謹啓

于時庾冰議寢竟不施敬

桓玄與八座書論道人敬事

玄再拜白頓首八日垂至舊諸沙門皆不敬王者何庾雖已論之而並率所見未是以理屈也庾意在尊主而理據未盡何出於偏信遂論名體夫佛之爲化雖誕以茫浩推于視聽之外然以敬爲本此處不異蓋所期者殊非敬恭宜廢也老子同王侯於三大原其所重皆在於資生通運豈獨以聖人在位而比稱二儀哉將以天地之大德曰生通生理物存乎王者敬尊其神器而禮寔惟隆豈是虛相崇重義存君御而已哉沙門之所以生生資存亦日用於理命豈有受其德而遺其禮

沽其惠而廢其敬哉旣理所不容亦情所不安一代之大事宜共求其衷想復相與研盡之比八日令得詳定也桓玄再拜頓首

八座荅　此一首出故事

中軍將軍尚書令宜陽開國侯桓謙等惶恐死罪奉誨使沙門致敬王者何庾雖論意未究盡此是大事宜使允中實如雅論誨然佛法與老孔殊趣禮敎正乖人以髮膚爲重而髡削不疑出家棄親不以色養爲孝土木形骸絶欲止競不期一生要福万劫世之所貴已皆落之禮教所重意悉絶之資父事君天屬之至猶離其親愛豈得致禮萬乘勢自應

廢弥歷三代置其絶羈當以神明無方亦不
以涯檢視聽之外或別有理令便使其致恭
恐應革者多非惟拜起又王者奉法出於敬
信其理而變其儀復是情所未了即而容之
乃是在宥之弘王令以別荅公難孔國張敞
在彼想已面諮所懷道寶諸道人並足酬對
高旨下官等不諳佛理率情以言愧不足覽
謙等惶恐死罪
桓玄書與王令書論道人應敬王事并王令荅往復八道
沙門抗禮至尊正自是情所不安一代大事
宜共論盡之今與八座書向已送都今付此
信君是宜在此理者遲聞德音

王令荅桓書

領軍將軍吏部尚書中書令武岡男王謐惶恐死罪奉誨及道人抗禮至尊并見與八座書具承高旨容音之唱辭理兼至近者亦粗聞公道未獲究盡尋何庾二旨亦恨不悉以爲二論漏於偏見無曉然厭心處眞如雅誨

夫佛法之興出自天竺宗本幽遐難以言辨既涉乎教故可略而言耳意以爲殊方異俗雖所安每乖至於君御之理莫不必同今沙門雖意深於敬不以形屈爲禮迹充率土而趣超方内者矣是以外國之君莫不降禮良以道在則貴不以人爲輕重也尋大法宣流

爲日誠久年踰四百歷代有三雖風移政易
而弘之不異豈不以獨絕之化有日用於陶
漸清約之風無害於隆平者乎故王者拱已
不恨恨於缺戶沙門保眞不自疑於誕世者
也承以通生理物在乎王者考諸理歸實如
嘉論三復德音不能已已雖欲奉酬言將無
寄猶以爲功高者不賞惠深者忘謝雖復一
拜一起亦豈足荅濟通之德哉公眷盻未遺
猥見逮問輒率陳愚管不致嫌於所奉耳願
不以人廢言臨白反側謐惶恐死罪

桓難

來示云沙門雖意深於敬而不以形屈爲禮

難曰沙門之敬豈皆略形存心懺悔禮拜亦篤於事爰暨之師逮于上座與世人揖跪但爲小異其制耳既不能忘形於彼何爲忽儀於此且師之爲理以資悟爲德君道通生則理宜在本在三之義豈非情理之極哉

來示云外國之君莫不降禮良以道在則貴不以人爲輕重也

難曰外國之君非所宜喻而佛教之興亦其指可知豈不以六夷驕強非常教所化故大設靈奇使其畏服既畏服之然後順軌此蓋是本懼鬼神福報之事豈是宗玄妙之道耶道在則貴將異於雅旨豈得被其法服便道

在其中若以道在然後爲貴就如君言聖人之道道之極也君臣之敬愈敦於禮如此則沙門不敬豈得以道在爲貴哉

來示云歷年四百歷代有三而弘之不異豈不以獨絶之化有日用於陶漸清約之風無害於隆平者乎

難曰歷代不革非所以爲證也曩者晋人略無奉佛沙門徒衆皆是諸胡且王者與之不接故可任其方俗不爲之檢耳今主上奉佛親接法事事異於昔何可不使其禮有准日用清約有助于敎皆如君言此蓋是佛法之功非沙門傲誕之所益也今篤以祗敬將無

弥濃其助哉
來示云功高者不賞惠深者忘謝雖復一拜
一起豈足荅濟通之恩
難曰夫理至無酬誠如來示然情在罔極則
敬自從之此聖人之所以緣情制禮而各通
其寄也若以功深惠重必略其謝則釋迦之
德爲是深耶爲是淺耶若淺耶不宜以小道
而亂大倫若深耶豈得彼肅其恭而此施其
敬哉
公重荅
難曰沙門之敬豈皆略形存心懺悔禮拜亦
篤於事哉

荅曰夫沙門之道自以敬爲主但津塗旣殊
義無降屈故雖天屬之重形禮都盡也沙門
所以推宗師長自相崇敬者良以宗致旣同
則長幼成序資通有係則事與心應原佛法
雖曠而不遺小善一分之功報亦應之積毫
成山義斯著矣

難曰君道通生則理應在本在三之義豈非
情理之極哉

荅曰夫君道通生則理同造化夫陶鑄敷氣
功則弘矣而未有謝惠於所稟厝感於理本
者何良以冥本幽絶非物象之所舉運通理
妙豈麤迹之能酬是以夫子云可使由之不

可使知之此之謂也
難曰外國之君非所應喻佛教之興亦其指
可知豈不以六夷驕強非常教所化故大設
靈奇使其畏服
荅曰夫神道設教誠難以言辨意以爲大設
靈奇示以報應此最影響之實理佛教之根
要今若謂三世爲虛誕罪福爲畏懼則釋迦
之所明殆將無寄矣常以爲周孔之化救其
甚弊故言迹盡乎一生而不開万物之塗然
遠探其旨亦往往可尋孝悌仁義明不謀而
自周四時之生殺則矜慈之心見又屢抑仲
由之問亦似有深旨但教體既殊故此處常

昧耳靜而求之殆將然乎殆將然乎

難曰君臣之敬愈敦於禮如此則沙門不敬豈得以道在爲貴哉

荅曰重尋高論以爲君道運通理同三大是以前條已粗言意以爲君人之道竊同高旨至於君臣之敬則理盡名教今沙門既不臣王侯故敬與之廢耳

難曰歷代不革非所以爲證也曩者晉人略無奉佛沙門徒衆皆是諸胡且王者與之不接故可任其方俗不爲之檢耳

荅曰前所以云歷有年代者正以容養之道要當有以故耳非謂已然之事無可改之理

也此蓋言勢之所至非儘然所據也胡人不接王者又如高唱前代之不論或在於此耶

難曰此蓋是佛法之功非沙門傲誕之所益今篤以祇敬將無弥濃其助哉

荅曰敬尋來論是不誣佛理也但傲誕之迹有虧大化誠如來誨誠如來誨意謂沙門之道可得稱異而非傲誕今若以千載之末淳風轉薄横服之徒多非其人者敢不懷愧今但謂自理而黙者可遺人而言道耳前荅云不以人爲輕重微意在此矣

難曰若以功深慧重必略其謝則釋迦之德爲是深耶爲是淺耶若淺耶不宜以小道而

亂大倫若深耶豈得彼肅其恭而此弛其敬哉
荅曰以爲釋迦之道深則深矣而瞻仰之徒
弥篤其敬者此蓋造道之倫必資行功行功
之美莫尚於此如斯乃積行之所因來世之
關鍵也且致敬師長功猶難抑況擬心宗極
而可替其禮哉故雖俯仰累劫而非謝惠之
謂也
桓重難
省示猶復未釋所疑因來告復粗有其難夫
情敬之理豈容有二皆是自内以及外耳既
入於有情之境則不可得無也若如來言王
者同之造化未有謝惠於所稟曆感於理本

是爲功玄理深莫此之大也則佛之爲化復何以過茲而來論云津塗旣殊則義無降屈宗致旣同則長幼成序資通有係則事與心應若理在已本德深居極豈得云津塗之異而云降屈耶宗致爲是何耶若以學業爲宗致者則學之所學故是發其自然之性耳茍自然有在所由而稟則自然之本居可知矣資通之悟更是發瑩其末耳事與心應何得在此而不在彼又云周孔之化救其甚弊故盡於一生而不開萬劫之塗夫以神奇爲化則其教易行異於督以仁義盡於人事也是以黃巾妖惑之徒皆赴者如雲若此爲實理

行之又易聖人何縁捨所易之實道而爲難
行之末事哉其不然也亦以明矣將以化教
殊俗理在權濟恢誕之談其趣可知又云君
臣之敬理盡名教今沙門既不臣王侯故敬
與之廢何爲其然夫敬之爲理上紙言之詳
矣君臣之敬皆是自然之所生理篤於情本
豈是名教之事耶前論已云天地之大德曰
生通生理物存乎王者苟所通在斯何得非
自然之所重哉又云造道之倫必資功行積
行之所因來世之關鍵也擬心宗極不可替
其敬雖俯仰累劫而非謝惠之謂請復就來
旨而借以爲難如來告是敬爲行首是敎敬之

重也功行者當計其爲功之勞耳何得直以珍仰釋迦而云莫尚於此耶惠無所謝達者所不惑但理根深極情敬不可得無耳臣之敬君豈謝惠者耶

公重荅

奉告弁垂重難具承高旨此理微緬至難厝言又一代大事應時詳盡下官才非拔幽特之研析且妙難精詣益增茫惑但高旨既臻不敢默巳輒復率其短見妄酬來誨無以啓發容致祇用反側願復詢諸道人通才蠲其不逮公云宗致爲是何耶若以學業爲宗致者則學之所學故是發其自然之性耳苟自

然有在所由而禀則自然之本居可知矣今以爲宗致者是所趣之至道學業者日用之筌蹄今將欲趣彼至極不得不假筌蹄以自運耳故知所假之功未是其絶處也夫積學以之極者必階麤以及妙魚獲而筌廢理斯見矣公以爲神奇之化易仁義之功難聖人何緣捨所易之實道而爲難行之末事哉其不然也亦以明矣意以爲佛之爲教與内聖永殊既云其殊理則無並今論佛理故當依其宗而立言也然後通塞之塗可得而詳矣前荅所以云仁善之行不殺之旨其若似可同者故引以就此耳至於發言抗論津徑所

歸固難得而一矣然愚意所見乃更以佛教爲難也何以言之今內聖所明以爲出其言善應若影響如其不善千里違之如此則善惡應於俄頃禍福交於目前且爲仁由己弘之則是而猶有棄正而即邪背道而從欲者矣況佛教喻一生於彈指期要終于永劫語靈異之無位設報應於未兆取之能信不亦難乎是以化曁中國悟之者尠故本起經云正言似反此之謂矣

公云行功者當計其爲功之勞何得直以珍仰釋迦而云莫尚於此耶請試言曰以爲佛道弘曠事數弥繁可以練神成道非唯一事

也至於在心無倦於事能勞珍仰宗極便是
行功之一耳前答所以云莫尚於此者自謂
擬心宗轍其理難尚非謂禮拜之事便爲無
取也但既在未盡之域不得不有心於希通
雖一分之輕微必終期之所須也
公云君臣之敬皆是自然之所生理篤於情
本豈是名教之事耶敬戢高論不容間然是
以前答云君人之道竊同高旨者意在此也
至於君臣之敬事盡揖拜故以此爲名教耳
非謂相與之際盡於形迹也請復重伸以盡
微意夫太上之世君臣已位自然情愛則義
著化本于斯時也則形敬蔑聞君道虛運故

相妄之理泰臣遇冥陶故事盡於知之因此而推形敬不與心爲影響殆將明矣及親譽旣生兹禮乃興豈非後聖之制作事與時應者乎此理虚邈良難爲辨如其未允請俟高尚

桓重書

來難手筆甚佳殊爲斐然可以爲釋疑處殊是未至也遂相攻難未見其已今復料要明在三之理以辨對輕重則敬否之理可知想研微之功必在苦愈析耳八日已及今與右僕射書便令施行敬事尊主之道使天下莫不敬雖復佛道無以加其尊豈不盡善耶事雖已行無預所論宜究也想諸人或更有精

折耳可以示仲文

重難

比獲來示并諸人所論並未有以釋其所疑就而爲難殆以流遷今復重伸前意而委曲之想足有以頓白馬之纏知辨制之有耳夫佛教之所重全以神爲貴是故師徒相宗莫二其倫凡神之明闇各有本分分之所資禀之有本師之爲功在於發悟譬猶荆璞而瑩拂之耳若質非美玉琢磨何益是爲美惡存乎自然深德在於資始拂瑩之功實已不焉既懷玉自中又匠以成器非君道則無以伸遂此生而通其爲道者也是爲在三之重而

師爲之末何以言之君道兼師而師不兼君教以弘之法以齊之君之道也豈不然乎豈可以在理之輕而奪宜尊之敬三復其理愈所疑駭制作之旨將在彼而不在此錯而用之其弊弥甚想復領其趣而貴其事得之濠上耳

公重答

重虧嘉誨云佛之爲教以神爲貴神之明闇各有本分師之爲理在於發悟至於君道則可以伸遂此生通其爲道者也示爲師無該通之美君有兼師之德弘崇主之大禮折在三之深淺實如高論實如高論下官近所以

脫言鄙見至於往反者緣顧問既萃不容有隱乃更成別辯一理非但習常之惑也既重研妙旨理實悏邈曠若發曚於是乎在承已命庾恒施行其事至敬時定公私幸甚下官瞻仰所悟義在擊節至於濠上之誨不敢當命也

廬山慧遠法師答桓玄書沙門不應敬王者書并桓玄書二首

桓玄書與遠法師

沙門不敬王者既是情所不了於理又是所未諭一代大事不可令其體不允近與八座書今示君君可述所以不敬意也此便當行

之於事一二令詳遣想君必有以釋其所疑
耳王領軍大有任此意近亦同遊謝中面共
諮之所據理殊未釋所疑也令郭江州取君
答可旨付之
遠法師答
詳省別告及八座書問沙門所以不敬王者
意義在尊主崇上遠存名體徵引老氏同王
侯於三大以資生運通之道故宜重其神器
若推其本以尋其源咸稟氣於兩儀受形於
父母則以生生通運之道爲弘資存日用之
理爲大故不宜受其德而遺其禮沾其惠而
廢其敬此檀越立意之所據貧道亦不異於

高懷求之於佛教以尋沙門之道理則不然何者佛經所明凡有二科一者處俗弘教二者出家修道處俗則奉上之禮尊親之敬忠孝之義表於經文在三之訓彰于聖典斯與王制同命有若符契此一條全是禮越所明理不容異也出家則是方外之賓迹絕於物其爲教也達患累緣於有身不存身以息患知生生由於稟化不順化以求宗求宗不由於順化故不重運通之資息患不由於存身故不貴厚生之益此理之與世乖道之與俗反者也是故凡在出家皆隱居以求其志變俗以達其道變俗服章不得與世典同禮隱

居則宜高尚其跡夫然故能拯溺族於沉
流拔幽根於重劫遠通三乘之津廣開人天
之路是故内乖天屬之重而不違其孝外闕
奉主之恭而不失其敬若斯人者自誓始於
落簪立志成於暮歲如令一夫全德則道洽
六親澤流天下雖不處王侯之位固已協契
皇極大庇生民矣如此豈坐受其德虚沾其
惠與夫尸禄之賢同其素飡者哉檀越頃者
以有其服而無其人故澄清簡練容而不雜
此命既宣皆人百其誠遂之弥深非言所喻
若復開出處之迹以弘方外之道則虚襟者
挹其遺風漱流者味其餘津矣若澄簡之後

猶不允情其中或眞僞相冒涇渭未分則可以道廢人固不應以人廢道以道廢人則宜去其服以人廢道則宜存其禮禮存則制教之旨可尋跡廢則遂志之歡莫由何以明其然夫沙門服章法用雖非六代之典自是道家之殊制俗表之名器名器相涉則事乖其本事乖其本則禮失其用是故愛夫禮者必不虧其名器得之不可虧亦有自來矣夫遠遵古典者猶存告朔之餼羊餼羊猶可以存禮豈況如來之法服耶推此而言雖無其道必宜存其禮禮存則法可弘法可弘則道可尋此古今所同不易之大法也又袈裟非朝

宗之服鉢盂非廊廟之器軍國異容戎華不
雜剃髮毁形之人忽廁諸夏之禮則是異類
相涉之象亦竊所未安檀越奇韻挺於弱年
風流邁於季俗猶參究時賢以求其中此而
推之必不以人廢言貧道西垂之年假日月
以待盡情之所惜豈存一已苟慷所執蓋欲
令三寶中興於命世之運明德流芳於百代
之下耳若一旦行此佛教長淪如來大法於
兹泯滅天人感歎道俗華心矣貧道幽誠所
期復將安寄緣眷遇之隆故坦其所懷執筆
悲懣不覺涕泗橫流

桓太尉答　并詔停沙門敬事

知以方外遺形故不貴爲生之益求宗不由
順化故不重運通之資又云内乖天屬之重
而不違其孝外闕奉主之恭而不失其敬若
如來言理本無重則無緣有致孝之情事非
資通不應復有致恭之義君親之情許其未
盡則情之所寄何爲絶之夫累著在於心滯
不由形敬形敬蓋是心之所用耳若乃在其
本而縱以形敬此復所未之諭又云佛教兩
弘亦有處俗之教或澤流天下道洽六親固
以協贊皇極而不虛沾其德矣夫佛敬存行
各以事應因緣有本必至無差者也如此則
爲道者亦何能違之哉是故釋迦之道不能

超白淨於律梁雖未獲須陁故是同國人所
蒙耳就如來言此自有道深德之功固非今
之所謂宜敎者所可擬議也來示未能共求
其理便大致慨然故是未之喻也想不惑留
常之滯而謬情理之用耳
桓楚許道人不致禮詔并答往返五首
門下佛法宏誕所不能了推其篤至之情故
寧與其敬耳今事既在己苟所不了且當寧
從其略諸人勿復使禮也便皆使聞知
十二月三日
侍中臣嗣之給事黃門侍中臣泰恪之言詔
書如右神道冥昧聖詔幽遠陛下所卯者大

爰逮道人奉佛者耳率土之民莫非王臣而

以向化法服便抗禮万乘之主愚情所未安

拜起之禮豈虧其道尊卑大倫不宜都廢若

許其名教之外闕其拜敬之儀者請一斷引

見啓可紀識謹啓

何緣介便宜奉詔

太亨二年十二月四日門下通事令史

臣馬範

侍中臣嗣之言啓事重被明詔崇沖挹之至

履謙光之道愚情眷眷竊有未安治道雖殊理

至同歸尊親尊親法教不乖老子稱四大者

其尊一也沙門所乘雖異跡不超世豈得不同

乎天民陛下誠欲弘之於上然卑高之禮經
治之典愚謂宜俯順群心永爲來式請如前
所啓謹啓
置之使自已亦是兼愛九流各遂其道也侍
中祭酒臣嗣之言重被明詔如右陛下至德
圓虛使吹萬自已九流各徇其美顯昧並極
其致靈澤幽流無思不懷群方所以資通天
人所以交暢臣聞佛教以神慧爲本導達爲
功自斯已還蓋是斂麁之用耳神理緬邈求
之於自形而上者虔肅拜起無虧於戒若行
道不失其爲恭王法齊敬於率土道憲兼隆
內外咸得矣臣前受外任聽承疏短乃不知

去春已有明論近在直被詔便率其愚情不
懼允合還此方見斯事屢經神筆宗致悠邈
理析微遠非臣駑鈍所能擊讚沙門抗禮已
行之前代今大明既升道化無外經國大綸
不可有闕請如先所啓攝外施行謹啓
自有内外兼弘者何其於用前代理卿區區
惜此更非讚其道也
侍中祭酒臣嗣之言重奉詔自有内外兼弘
者聖旨淵通道冠百王伏讚仰歎非愚淺所
逮尊主祗法臣下之節是以拳拳頻執所守
明詔超邈遠略常均臣闇短不達追用愧悚
輒奉詔付外宣攝遵承謹啓

元始元年十二月二十四日上

廬山慧遠法師與桓玄論料簡沙門書 并桓玄書

桓玄輔政欲沙汰衆與僚屬教

夫神道茫昧聖人之所不言然惟其制作所弘如將可見佛所貴無爲慇懃在於絶欲而比者陵遲遂失斯道京師競其奢淫榮觀紛於朝市天府以之傾匱名器爲之穢黷避役鍾於百里逋逃盈於寺廟乃至一縣數千猥成屯落邑聚遊食之群境積不覊之衆其所以傷治害政塵滓佛教固已彼此俱弊實汙風軌矣便可嚴下在此諸沙門有能伸述經誥暢説義理者或禁行修整奉戒無虧恒爲阿練若者或

山居養志不營流俗者皆足以宣寄大化亦所以示物以道弘訓作範幸兼内外其有違於此者皆悉罷道所在領其戶籍嚴爲之制速申下之并列上也唯廬山道德所居不在搜簡之例

遠法師與桓太尉論料簡沙門書

佛教陵遲穢雜日久每一尋思憤慨盈懷常恐運出非意混然淪湑此所以夙宵歎懼忘寢與食者也見檀越澄清諸道人教實應其本心夫涇以渭分則清濁殊流枉以正直則不仁自遠推此而言符命既行必二理斯得然令飾僞取容者自絶於假通之路信道懷

眞者無復眞俗之嫌如此則道世交興三寶
復隆於茲矣貧道所以寄命江南欲託有道
以存至業之隆替寔由乎人值檀越當年則
是貧道中興之運幽情所託已冥之在昔是
以前後書疏輒以憑寄爲先每尋告慰眷懷
不忘但恐年與時乖不盡檀越盛隆之化耳
今故諮白數條如別疏
經教所開凡有三科一者禪思入微二者諷
味遺典三者興建福業三科誠異皆以律行
爲本檀越近制似大同於此是所不疑或有
興福之人内不毀禁而迹非阿練若者或多
誦經諷詠不絶而不能暢說義理者或年已

宿長雖無三科可記而體性貞正不犯大非
者凡如此輩皆是所疑今尋檀越所遣之例
不應問此而外物惶惑莫敢自寧故以別白
夫形跡易察而眞僞難辨自非遠鑒得之信
難若是都邑沙門經檀越視聽者固無所
若邊局遠司識不及遠則未達教旨或因符
命濫及善人此最其深憂若所在執法之官
意所未詳又時無宿望沙門可以求中得令
送至大府以經高鑒者則於理爲弘想檀越
神慮已得之於心直是貧道常近之情故不
能不及耳
若有族姓子弟本非役門或世奉大法或弱

而天悟欲棄俗入道求作沙門推例尋意似
不塞其清塗然要須諮定使洗心向味者無
復自疑之情昔外國諸王多叅懷聖典亦有
因時助弘大化扶危救弊信有自來矣檀越
每期情古人故復略敘所聞

支道林法師與桓玄論州符求沙門名籍書

隆安三年四月五日京邑沙門等頓首白夫
標極有宗則仰之者至理契神冥則沐浴弥
深故尼父素室顏氏流連豈不以道隆德盛
直往忘反者哉貧道等雖人凡行薄奉修三
寶愛自天至信不待習但日損功德撫心增
慨賴聖主哲王復躬弘其道得使山居者騁

業城傍者開通緣皇澤曠灑朽榦蒙榮然沙門之於世也猶虛舟之寄大壑耳其來不以事退亦乘閑四海之内竟自無宅邦亂則振錫孤遊道洽則欣然俱萃所以自遠而至良有以也將振宏綱於季世展誠心於百代而頃頻被州符求沙門名籍煎切甚急未悟高旨野人易懼抱憂實深遂使禪人失靜勤士廢行喪精絶氣達旦不寐索然不知何以自安伏願明公扇唐風於上位待白足於其下使懷道獲濟有志俱全則身亡體盡畢命此矣天聽殊邈或未具簡謹以上聞伏追悚息

天保寺釋道盛啓齊武皇帝論檢試僧事·

天保寺釋道盛啓昔者仲尼養徒三千學天
文者則戴圓冠學地理者則履方屨楚莊周
詣哀公曰蓋聞此國有知天文地理者不少
請試之哀公即宣令國內知天文者著圓冠
知地理者著方屨來詣門唯有孔丘一人到
問無不對故知餘者皆爲竊服矣釋迦興世
説四諦六度制戒威儀舍利弗等皆得羅漢
故知大法非爲無宗但自尒已來人根轉鈍
去道懸遠習惑纏心若能隅意則合律科不
尒皆是竊服者伏願陛下聖明深恕此理弗
就凡夫求聖人之道昔鄭子產稱曰大賢尚
不能收失爲申徒嘉所譏況今末法比丘寍

能收失若不收失每起惡心寺之三官何以堪命國有典刑願勑在所依罪治戮幸可不亂聖聽盛雖老病遠慕楞本敢以陳聞伏紙流汗謹啓

弘明集卷第十二　　墳

踞食上音據　譙王上自搖反　料簡上郎彫反　弗縻下蜜碑反繫也費也　蠱爻上音卦名下戶交反　三檄下胡的反書丨也　閬風上音浪
萬竅下苦弔反　耳遲下去聲待也　箴音鍼誠也　東徂下自胡反往也　躡尼輒反履丨也　江湄下音眉水涯也　陷溺上咸字去聲下奴的反　援接上音院救丨也　津逕下古定反丨路也　弋不上音翼係箭射也
肥腯上房非反下徒骨反丨亦肥也　揚攉下音角丨舉也　劃

上兄麥反作事也汎對上芳犯反撞鍾上直江反悱憤上芳尾反口欲
言也下房粉反怒氣也頫仰上他弔反低頭窅均上煙曉反深遠貟孚
芳無反信也輟軌上知劣反止也下俱水反法則也車迹也指斥下音尺
蒐苗上所愁反春獵日丨也漸漬下子賜反浸丨韡熒上許願反正作
韓丨丨刑法也放華上方圂反放勛堯字也下惠瓜反重華舜字也旭許玉反旦日也
旨睽下苦圭反乖也異也躓音致礙也韙羽鬼反是也企踞上立智反

舉足也絺紘上丑知反下上逆反丨丨葛布也投錫下先擊反咳嚏
上苦愛反丨嗽也下音帝噴丨也累脛下胡定反丨丨疊脚也匙筋上是
支反下直慮反子然上居烈反單獨也矛盾上莫浮反下時尹反同前意
猥下烏每反鄙也辭訥下奴骨反丨言澁也丨、膠柱上音交課無機變也
如品箏琶以膠粘其柱也斧柯上音甬下音哥斧柄白柯卓犖下呂角反才觧
也不羈下居宜反咲嗄上笑空下音授裨諶上音畢益也乜市林反信

也晃旒免流二音天子之冠也屏營上音并丨丨彷徨之皃猖狂
上音昌孟軻下苦何反貶之悲檢反駮必角反褚翌上丑呂反下音
翼恢苦回反遘古候反盤辟下毗亦反軌憲下音獻丨丨法也
宏模上惠萌反大也下莫胡反法也濳橾下七到反誼音義
理也嵩岱上息弓反下音代並岳名壅滯上紆拱反較略上音角曩
乃黨反昔也僂僂力朱反謹敬皃也一音樓張敞下初兩反巫謚下音
蜜悢悢力向反眷眄下音麵顧視也爰曁下其器反及也
⿰忄畫然上兄麥反關鍵下音件厝感上七故反作厝誤發
瑩下紆定反督音篤措言上七故反折詢息旬反問也蠲俱玄
反除也敬戢下阻澁反荷也斐然上芳尾反敬否下皮美反荆璞
上音京山名也下疋角反玉也琢磨上音卓濠上上戶高反萃
才遂反集也落簪下側參反冠丨也庇卑二反廕也漱流上音瘦洗

丨也涇渭經譌二音水名告朔上音谷餼羊上許既反祭牲也剿
鬄上他厲反丨削挺於上他頂反出也泯滅上眉忍反殫音丹盡也悲
懣下音悶涕泗上音體隶恪下苦各反沙汰下音太穢黷
下音讀逋逃上必蒲反不羈下居宜反塵滓下側史反淪湑下息
徐反沒也流漣下音連增慨下苦愛反騁丑領反朽幹下古旦反
枝丨大壑呼各反川丨方屨下音句履丨也榜木上牓字同用謂標題[illegible]

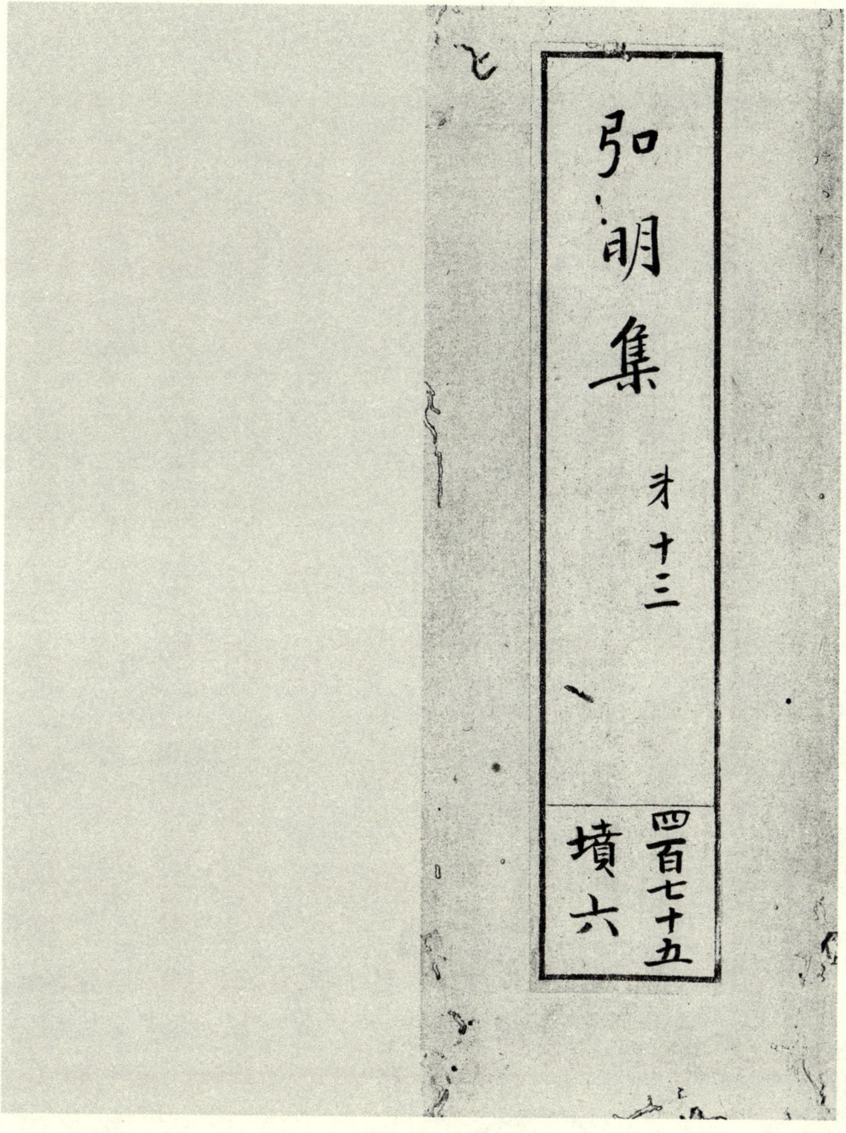
弘明集
才十三
四百七十五
墳六

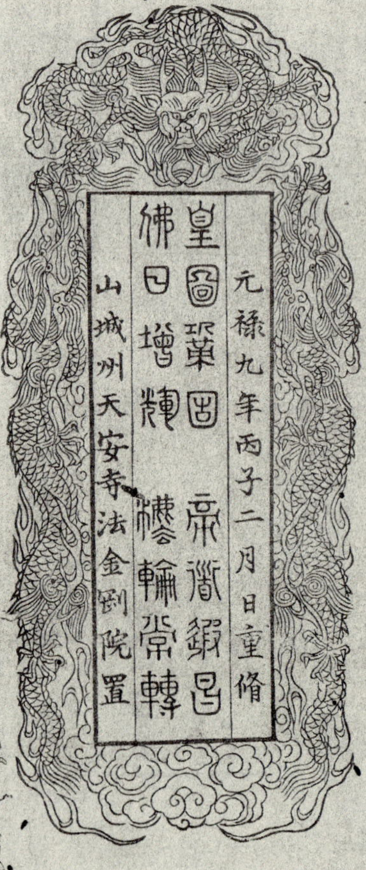
元祿九年丙子二月日重脩
皇圖鞏固 帝道遐昌
佛日增輝 法輪常轉
山城州天安寺法金剛院置

弘明集卷第十三　　墳

梁釋僧祐撰

郄嘉賓奉法要

顏延之庭誥二章

王該日燭

奉法要　　郄中書

三自歸者歸佛歸十二部經歸比丘僧過去現在當來三世十方佛三世十方經法三世十方僧每禮拜懺悔皆當至心歸命并慈念一切衆生願令悉得度脫外國音稱南無漢曰歸命佛者漢音曰覺僧者漢音曰衆五戒一者不殺不得教人殺常當堅持盡形壽二

者不盜不得教人盜常當堅持盡形壽三者不婬不得教人婬常當堅持盡形壽四者不欺不得教人欺常當堅持盡形壽五者不飲酒不得以酒爲惠施常當堅持盡形壽若以酒爲藥當推其輕重要於不可致醉醉有三十六失經教以爲深戒不殺則長壽不盜則常泰不婬則清淨不欺則人常敬信不醉則神理明治已行五戒便修歲三月六齋歲三齋者正月一日至十五日五月一日至十五日九月一日至十五日月六齋者月八日十四日十五日二十三日二十九日三十日凡齋日皆當魚肉不御迎中而食既中之後甘香美

味一不得嘗洗心念道歸命三尊悔過自責
行四等心遠離房室不著六欲不得鞭撾罵
詈乘駕牛馬帶持兵仗婦人則兼去香花脂
粉之飾端心正意務存柔順齋者普為先亡
見在知識親屬并及一切衆生皆當因此至
誠玄想感發心既感發則終免罪苦是以忠
孝之士務加勉勵良以兼拯之功非徒在己
故也齋日唯得專惟玄觀講誦法言若不能
行空當習六思念六思念者念佛念經念僧
念施念戒念天何謂念天十善四等為應天
行又要當稱力所及勉濟衆生
十善者身不犯殺盜婬意不嫉恚癡口不妄

言綺語兩舌惡口何謂不殺常當矜愍一切蠕動之類雖在困急終不害彼利己凡衆生危難皆當盡心營救隨其水陸各令得所疑有爲已殺者皆不當受何謂爲盜凡取非已有不問小大及莅官不清皆謂之盜何謂爲婬一切諸著普謂之婬施之色欲非正匹偶皆不得犯又私竊不公亦兼盜罪所謂嫉者謂妬忌也見人之善見人有德皆當代之懽喜不得有爭競憎嫉之心所謂恚者心懷忿恨藏結於內所謂癡者不信大法疑昧經道何謂妄言以無爲有虛造無端何謂綺語文飾巧言華而不實何謂兩舌背向異辭對此

說彼何謂惡口謂罵詈也或云口說不善之
事令人承以爲罪亦爲惡口凡此十事皆不
得暫起心念是爲十善亦謂十戒五戒檢形
十善防心事有踈密故報有輕重凡在有方
之境揔謂三界三界之内凡有五道一曰天
二曰人三曰畜生四曰餓鬼五曰地獄全五
戒則人相備具十善則生天堂全一戒者則
亦得爲人人有高卑或壽夭不同皆由戒有
多少反十善者謂之十惡十惡畢犯則入地
獄抵揬强梁不受忠諫及毒心内盛徇私欺
殆則或墮畜生或生虵虺慳貪專利常苦不
足則墮餓鬼其罪差輕少而多陰私情不公

亮皆墮鬼神雖受微福不免苦痛此謂三塗
亦謂三惡道
色痛痒思想生死識謂之五陰凡一切外物
有形可見者爲色失之則憂惱爲痛得之則懽
喜爲痒未至逆念爲思過去追憶爲想心念
始起爲生想過意識滅爲死曽関於心戢而
不忘爲識識者經歷累劫猶萌之於懷雖昧
其所由而滯於根潛結始自毫釐終成淵岳
是以學者務慎所習五蓋一曰貪婬二曰瞋
恚三曰愚癡四曰邪見五曰調戲別而言之
求欲爲貪耽著爲婬外發爲瞋内結爲恚繫
於縛著觸理倒惑爲愚癡生死因緣癡爲本

一切諸著皆始於癡地獄苦酷多由於恚經
云卒鬪殺人其罪尚輕懷毒陰謀則累劫弥
結無解脱之期
六情一名六衰亦曰六欲謂目受色耳受聲
鼻受香舌受味身受細滑心受識識者即上
所謂識陰者也五陰六欲蓋生死之原本罪
苦之所由消禦之方皆具載衆經
經云心作天心作人心作地獄心作畜生乃
至得道者也亦心也凡慮發乎心皆念念受
報雖事未及形而幽對冥搆夫情念圓速倏
忽無間機動毫端遂充宇宙罪福形道靡不
由之吉凶悔吝定於俄頃是以行道之人每

愼獨於心防微慮始以至理爲城池常領本
以御末不以事形未著而輕起心念豈唯言
出乎室千里應之莫見乎隱所愼在形哉
異出十二門經云人有善恒當掩之有惡宜
令彰露夫君子之心無適無莫過而無悔當
不自得宜其任行藏於所遇豈有心於隱顯
然則教之所施其在常近乎原夫天理之於
罪福外泄則愈輕內結則弥重既跡著於人
事必有損於冥應且伐善施勞有生之大情
匿非文過品物之所同善著則跡彰跡彰則
譽集茍情係沮勸而譽集於外藏者之心必
盈乎內且人之君子猶天之小人況乎仁德

未至而名浮於實獲戾幽冥固必然矣夫茍
非備德安有不周坦而公之則與事而散若
乃負理之心銘之懷抱而外修情貌以免人
尤收集俗譽大誣天理自然之釁得不愈重
乎是以莊生亦云爲不善於幽昧之中鬼神
得而誅之且人之情也不愧於理而愧乎物
愆著則毀至毀至而恥生情存近復則弊不
至積恃其不彰則終莫悛革加以天釁内充
而懼其外顯則幽慮万端巧防弥密窮年所
存唯此之務天殃物累終必頓集蓋由不防
萌謀始而匿非揚善故也正齋經云但得説
人百善不得説人一惡説人之善善心便生

說人之惡便起忿意意始雖微漸相資積是
以一善生巨億万善一惡生巨億万惡
古人云兵家之興不過三世陳平亦云我多
陰謀子孫不昌引以為教誠足以有弭然齊
楚享遺嗣於累葉顏冉靡顯報於後昆既已
著之於事驗不俟推理而後明也且鯀殛禹
興鮒鮒異形四罪不及百代通典哲王御世
猶無婬濫況乎自然玄應不以情者而令罪
福錯受善惡無章其誣理也固亦深矣且秦
制收帑之刑猶以犯者為主主嬰其罰然後
責及其餘若疊不當身而殃延親屬以茲制
法豈唯聖典之所不容固亦申韓之所必去

矣是以泥洹經云父作不善子不代受子作
不善父亦不受善自獲福惡自受殃至矣哉
斯言允心應理然原夫世教之興豈不以情
受所存不止乎己所及弥廣則誡懼愈深是
以韜理實於韞櫝每申近以斂麁進無虧於
懲勸而有適於物宜有懷之流宜略其事而
喻深領幽旨若乃守文而不通其變徇教而
不達教情以之處心循理不亦外乎
夫罪福之於逆順固必應而無差者也苟昧
斯道則邪正無位寄心無准矣至於考之當
年信漫而少徵理無愆違而事不恒著豈得
不歸諸宿緣推之來世耶是以有心於理者

審影響之難誣廢事證而冥寄達天綱之宏
跡故期之於靡漏悟運往之無間混萬劫於
一朝括三世而玄同要終歸於必至豈以顯
昧改心淹遠革慮哉此最始信之根主而業
心所深期也
十二門經云有時自計我端正好便當自念
身中無所有但有肝膓胃肺骨血屎溺有何
等好復觀他人身中惡露皆如是若慳貪意
起當念財物珍寶生不持來死不俱去而流
遷變化朝夕難保身不久存物無常主宜及
當年施恩行惠贍之以財救疾以藥終日欣
欣務存營濟若瞋恚意起當深生平等兼護十

戒羞摩竭云菩薩所行忍辱爲大若罵詈者嘿而不報若撾捶者受而不交若瞋怒者慈心向之若謗毁者不念其惡法句又云受辱心如地行忍如門閫地及門閫蓋取其藏垢納洿終日受踐也成具經曰彼以四過加已則覺知口之失也報以善言和語至誠不飾四過者上之所謂兩舌惡口妄言綺語也夫彼以惡來我以善應苟心非木石理無不感但患處之不恒弘之不積耳苟能每事思忍則悔吝消於現世福報顯於將來

賢者德經云心所不安未常加物卽近而言則忠恕之道推而極之四等之義四等者何

慈悲喜護也何謂爲慈愍傷衆生等一物我推己恕彼願令普安愛及昆蟲情無同異何謂爲悲博愛兼拯雨淚惻心要令實功潛著不直有心而已何謂爲喜歡悅柔軟施而無悔何謂爲愛護隨其方便觸類善救津梁會通務存弘濟能行四等三界極尊但未能冥心無兆則有數必終是以本起經云諸天雖樂福盡亦喪貴極而天道與地獄對門成具又云福者有苦有盡有煩勞有往還泥洹經曰五道無安唯無爲快經稱行道者先當捨世八事利衰毀譽稱譏苦樂聞善不喜聞惡不懼信心天固沮勸無以動其志理根於中

外物不能干其慮且當年所遇必由宿緣宿緣玄運信同四時其來不可禦其去不能止固當順而安之悅而畢之精勤增道習期諸妄心形報既廢乃獲大安耳夫理本於心而報彰於事猶形正則影直聲和而響順此自然玄應孰有爲之者哉然則契心神道固宜期之通理務存遠大虛中正已而無希外助不可接以卑瀆要以情求此乃胥懷之關鍵學者所宜思也或謂心念必報理同影響但當求已而已固無事於幽冥原經教之設蓋所以悟夫求已然求已之方非教莫悟悟因乎教則功由神道欣感發中必形於事亦由詠

歌不足係以手舞然則奉而尊之蓋理所不
安須而情所不能廢宜縱已深體教旨忘懷
欣想將以已引物自周乎衆所以固新涉之
志而今寄懷有擬

經云生苦老苦病苦死苦怨憎會苦恩愛别
離苦所求不得苦遇此諸苦則宜深惟緣對
兼覺麁僞開以達觀弘以等心且區區一生
有同過隙所遇雖殊終歸枯朽得失少多固
不足計該以數塗則此心自息又苟未入道
則休慼迭用聚散去來賢愚同致是以經云
安則有危得則有喪合會有離生則有死蓋
自然之常勢必至之定期推而安之則無往

不夷

維摩詰云一切諸法從意生形然則兆動於始事應乎末念起而有慮息則無意之所安則觸遇而夷情之所閡則無往不滯因此而言通滯之所由在我而不在物也若乃懼生於心則疊乘於外外疊既乘內懼愈結苟患失之無所不至矣是以經稱丈夫畏時非人得其便誠能住心以理天關內固則人鬼罔間緣對自息丏有無以纓衆邪不能襲四非常一曰無常二曰苦三曰空四曰非身少長殊形陵谷易處謂之無常盛衰想襲欣極必悲謂之爲苦一切萬有終歸於無謂之爲

空神無常宅遷化靡停謂之非身經稱處惑樂之地覺必苦之對蓋推代謝於往復審樂往則哀來故居安慮危夕惕榮觀若夫深於苦者謂之見諦達有心則有滯有滯則苦存雖貴極人天地兼崇高所乘愈重矜著弥深情之所樂於理愈苦故經云三界皆苦無可樂者又云五道衆生共在一大獄中苟心係乎有則罪福同貫故揔謂三界爲一大獄佛問諸弟子何謂無常一人曰一日不可保是爲無常佛言非佛弟子一人曰食頃不可保是爲無常佛言非佛弟子一人曰出息不報便就後世是爲無常佛言眞佛弟子夫無常

顯證曰陳於前而万代同歸終莫之悟無瞬息之安保永世之計懼不在交則每事殆懈以之進德則功無覆簣以之治心則憻其所習是以有道之士指寸陰而惜逝恒自強於鞭後業與時競惟日不足則亂念無因而生緣對靡由而起

六度一曰施二曰戒三曰忍辱四曰精進五曰一心六曰智慧積而能散潤濟衆生施也謹守十善閑邪以誠戒也犯而不校常善下己忍辱也勤行所習夙夜匪懈精進也專心守意以約斂衆一心也凡此五事行以有心謂之俗度領以兼忘謂之道慧

本起經云九十六種道術各信所事皆樂生安孰知其惑夫欣得惡失樂存哀亡蓋弱喪之常滯有生所感同然冥力潛謝非矜戀所留對至而應豈智用所制是以學者必歸心化本領觀玄宗玩之珍之則衆念自廢廢則有忘有忘則緣絕緣報既絕然後入於無生既不受生故能不死是以普耀經云無所從生靡所不生於諸所生而無所生泥洹經云心識靜休則不死不生

心爲種本行爲其地報爲結實猶如種殖各以其類時至而生弗可遏也種十善戒善則受生之報具於上章加種禪等四空則貴極

天道四空及禪數經具載其義從第一天至二十八天隨其事行福轉倍增種非常禪諦皆有著無則得羅漢泥洹不忌有爲不係空觀遇理而冥無執無寄爲無所種既無所種故不受報廓然玄廢則佛之泥洹泥洹者漢曰無爲亦曰滅度維摩詰曰彼六師者說倚爲道從是師者爲住諸見爲墮邊際爲歸八難不得離生死道也雖玄心屢習而介然微動猶均彼六師同滯一有況貪生倚想執我捍化雖復福踰山河貴極三界倚伏旋還終墜罪苦豈獲寧神大造泊然玄夷哉夫生必有情天勢率至不宅於善必在於惡是以始

行道者要必有寄寄之所因必因乎有有之
所資必資乎煩是以經云欲於空中造立宮
室終不能成取佛國者非於空也然則五度
四等未始可廢但當即其事用而去其忮心
歸佛則解佛無歸於戒則無功於戒則禪諦
與五陰俱冥未用與本觀同盡雖復衆行兼
陳固是空中行空耳或以爲空則無行行則
非空既已有行無乃失空乎夫空者忘懷之
稱非府宅之謂也無誠無矣存無則滯封有
誠有矣兩忘則玄解然則有無由乎方寸而
無係於外物器象雖陳於事用感絶則理冥
豈滅有而後無階損以至盡哉由此言之有

固非滯滯有則背宗反流歸根任本則自暢是以開士深行統以一貫達万像之常冥乘所寓而玄領知來理之先空恒得之於同致悟四色之無朕順本際而偕廢審衆觀之自然故雖行而靡跡方等深經每泯一三世而未常謂見在爲有則空中行空旨斯見矣

庭誥二章　顔光禄延之

達見同善通辯異科一曰言道二曰論心三曰校理言道者本之於天論心者議之於人校理者取之於物從而別之由塗參陳要而會之終致可一若夫玄神之經窮明之説義兼三端至無二極但語出梵方故見猜世學

事起殊論故獲非恒情天之賦道非羌胡華
人之稟靈豈限外內一以此思可無臆裁爲
道者蓋流出於仙法故以練形爲上崇佛者
本在於神教故以治心爲先練形之家必就
深曠反飛靈糇丹石粒芝精所以還年却老
延華駐彩欲使體合纁霞軌遍天海此其所
長及僞者爲之則忌灾祟課粗願混士女亂
妖正此其巨蠹也治心之術必辭親偶閉身
性師淨覺信緣命所以反壹無生剋成聖業
智邈大明志狹恒劫此其所貴及詭者爲之
則藉鬚落狎菁華傍榮聲謀利論此其甚誣
物有不然事無弊衡石日陳猶患差忒況神

道不形固衆端之所假未能體神而不疑神
無者以為靈性密微可以積理知洪變欻悦
可以大順待照若鏡天肅若窺淵能以理順
為人者可與言有神矣若乃罔其眘具而肯其
弊是未加心照耳

日燭　　王該

尋夫至道之典暢生死之源標善惡之報啓
陵化之津訓戒明白縷羅備矣然信言不美
文繁辭宕累冥絶昧重淵隔浪是以學者未
得其門或未之留意聊抒咸池之遠音適為
里巷之近曲假小通大儻可接俗助天揚光
号曰日燭

陶先覺之宏誥啓玄管於靈門周太虛以遊
眺究漭蕩而無垠履地勢於方扃冠圓天於
覆盆絗三界之寥廓遘二氣之烟熅尋太造
之冥本測化育之幽根形假四大而泡散神
妙万物而常存彼良民之達分故哀生而怡
魂夫含氣之倫其神無方蠢介之類其質無
常寄若水勢託若火光隨行纏綣迭枯迭芳
往來出沒冥冥茫茫洪海環流大變輪迴乘
彼遠瀏濟來邑階宛轉三塗之中沉滯八難
之圜愍企竅之無期悼容作之有歸瞻崇德
之可速鑒聚凶之冝遲斯成務之易覩匪先
見之動微五福起於履是六極構於蹈非理

感自然冥對玄凝福兮誰造禍兮孰與水運
鍾卑人道惡矜豐困豐積祉緣謙升僮禱正
而鬼退丈夫邪而魅陵覽形聲之兩偶考休
咎之雙徵理投思而合契迹望目而相應若
圓輪之抱規猶直桶之附繩蒼犬出於帝父
黃能資於聖子聿徵化而弗救奚天屬之云
恃諒求福之在躬信爲人之在己咨吹吸其
靡常知忽往其何止彼非人之什岌豈無氣
之所始悲婉孌之夭徂還託生於豸豸昔鞠
育而懷抱今屠刳以爲禮神居妙而恒我形
受變而易體未一旬而相忘可長歎而流涕
夫闇愚其皆然匪伊人之獨介察寡孚於嘉

類悟緐産於蟲豸喻零森其猶希若幡囊之
倒米爲蹁蹁以日日誰識伏而達倚匪余情
之能側謬聞之以如是若夫倒置之族矇矇
徒生兵風既至忽然潛征神道雖昧鬼法尤
明徘徊中陰徂彼鐵城宵絶望舒晝無曜靈
身造笮䒷之檻足蹈炎炭之庭刀岳霜鋩以
積刃劒林翹鋒而肅精陶銅汪洋以海涌巨
鑊波沸而雷鳴閻王領閱卒傍執叙三劫一
奮百千累羅鴆鵁利觜煌煌火車鋭釘攙搶
狡狗擬牙婬徒爣於幻柱飢囚枯於塵沙資
輕妙之靈質益痛戮之易加永煩寃以弥劫
安斯酷之可過三六峻網弗可裂縷千條殊

劇万端異苦靡喘息而不經俄聿來而忘字
予略一朝以言之將終年而震楚爰有五德
無玷十淑道全夕陽苦逝慶升九天寶殿晃
昱高構虛懸瓊房兼百瑶户摩千金門煥水
精之朗玉巷耀琉璃之鮮珠樹列於路側鸞
凰鳴於條間芳華神秀而粲藻香風靈飄而
飛烟想衣斐亹以被軀念食芬芳以盈前彼
曦和之長邁永一日而萬年無事爲以干性
常從容於自然映光蘂之爍爍眇輕騰之翩
翩究妙音之至樂窮有生之遐延捨陋世而
上躋伴超倫之高遷然夫饗兹舊德日用王
食厥士不毛罔施稼穡積畜雖多焉有不竭

齡祚踑脩終焉歸滅三災起而宮宇散十證至而天禄絶會大秋以考落混椿菌之無别是以如來大聖三達洞照哀我困蒙曉了道要善權灑落或麁或妙如溟海之運流若天日之垂曜上士虚懷忘其言中才負志執其教教無定方適物所由宜陸以車應冰以舟數設云云廣衍悠悠駉未塞乎三百要指在乎一幽握累玄之綱領遺毛目於綱裘宏籠大訓展我智分治無不均質有利鈍虚往實歸各足方寸愚黠並誘龍鬼俱化万塗叢歸一由般若譬彼濟海非舩莫過驅萬動於道場畢無爲而息駕夲夫三乘之始同歸一乘

寺照冬異致用參殊應眞忘有而求空遂躭
空而恬愉緣覺亮累於知微爰遷玄而弗居
雖妙迹其冉喪猶有遺而未虛開士解拘於
都盡作無存其焉除悟之豁於鑒先體之冥
乎意初理重深而絕韻疇剋諒而業諸自古
在昔先民有遇堂堂蔭映躬受聖喻喁喁羣
黎耳目仰注或發矇於一咳或革面於人哺
並因言而陵化未有人而不度善逝迄今道
運轉衰大教雖存味之者希栴檀與蔘蘇同
芬夜光與熠燿齊暉于氏超世綜體玄指嘉
遁山澤仁感虎兕護公澄寂道德淵美微吟
穹谷枯泉漱水闕叟登霄衞度係軌咸淡泊

於無生俱脫骸而不死今則支子持秀領握
玄標大業沖粹神風清蕭一言發則蘊滯披
三幡著則重冥照見之足以洗鄙吝聞之可
以落矜驕孫濯流以逸契詠遂初於東皐何
深味以栖素輕大寶於秋毫道風之所扇蕩
深達之所逍遥寸不難則賢不貴愚不笑則
聖不高遠聲見隔於近耳孰能忘味於聞韶
哉奚適非道何之無神理有精麁物有産眞
大居細君小爲碩臣羽隸隸乎金翅甲屬屬
乎須倫兩儀宗於太極衆星繫於北辰是以
九十六種枝條繁張輕道重根躁廢靜王具
曰與聖各鎮一方或移山而往流或倏忽於

存亡命天衣之彩粲嘯靈廚之芬芳曜叔振
旅之兇恭化礫石之琳琅竭變幻之堀奇惜
有待之無長斯乃數内之甘醇弗如至道之
糟糠者也逮乎列仙之流練形之匹熊經鳥
俄呼吸太一夕餐榆陰與素月朝挹陽霞與
朱日赤斧長生於服丹消子飄飛於餌朮安
期久視於松豪豐人輕舉於栢實彼和液之
所滐足支年而佳質中不夷而外猗徒登雲
而殞卒俱括囊以堅卵固同門而共出理未
升於顏堂永封望乎孔室貴乎能飛則蛾蝶
高翬奇乎難老則龜蛇脩考伊逆旅之遊氛
唯心玄之可寶存形者不足與論神狎俗者

未可與言道道乎奚言無問無對諮者叩窮
應者負内默之斯通語焉則匱當於素珠與
講道吾成罔象無謂杌然寂泊玄酬有箴宗
鑽浮響莫悟冥音希之彌錯搜之愈沉郢人
其逝爲誰匠椹設筌蹄乎淵蒼俟魚兔乎川
林儻得意於談表共目擊而廢心無運睒倏
往矣斯復忍立賢達忽如涉宿千師誕化肇
過一六慈氏方隆仰期仁育孰云數遼瞥若
瞬目靈戀雖迅緣樞靡窮彼無本標我有始
終假步炯電之末託息石飈之中知畏塗而
驚寢迷塵欲之致戒替遠勝而婪近謂奢儉
而交豐豈不防枯於未飄既零落於勁風思示

蔕而更秀結万悔其胡充是以太誓之徒既
指穿石冥期無待志與心歡峻智塹崇慧壁
按津劒揮戒戟想將萌而夷斬情向兆而翦
剃掃六賊於胷中休五道之長役拱己内治
揔持法忍三世都寂一切豁盡寄耳無明寓
目莫准塵隨空落織與虛隕廓焉靈悟因權
作尹普濟安度大悲誰愍託邃廬以和光常
遊君乎冥泯任天行與物化如蹈水之無軫
若乃妙變神奇理不思議大千舞於指掌芥
子含於須彌四海宅於毛孔七寶永於劫移
可信而不可尋可由而不可知非談詠之所
宣惡毫素之能披善乎優陀之言也使夫

者滿於天下人有百頭頭有百舌舌解百義
辯才鋒逸合茲人以讚道猶万分而未一唯
覺覺之相嘆乃敷暢而彰悉矧愚昧之固陋
託狂簡而仰述抗螢燭之炯炯欲增暉以朏
日者歟
嗟乎方外靈藏奢遐誕宕衆妙淵玄羣輿無
量小成弗籍大言橫喪川德之厚于何不有
驚聽洪壑駭耳崇阜夏典載其掌握莱經列
其戸牖周既達而未盡信齊諧之小醜見鵬
鯤而標大不覩鳥王與龜母吁乎噫嘻奇桀
之事積籍眇漫焉可稱記伊皇覽之普綜足
探幽而體異何近願於割玉又碩誣乎火熾

況下斯而東教趣尭孔之權餌常專專而守檢懼越蹈於所伺並廢理以證言莫觸類以取意徒宏博而繁構更益猜而致忌悟飾智之愕物故收翰而輟思寄一隅於梗指俟體信於明識者乎

弘明集卷第十三　　墳

郄丘逆反　庭詰下趣一反　鞭檛下忻瓜反擊也　蠕動上音軟同

前蒞官上音利臨丨也　抵揬上音底下徒骨反　徇私上詞閏反　蛇

虺下許鬼反一名蝮蛇最毒也　痛癢下音養　戢阻澁反丨也荷也

毫釐下力之反　調戲上徒弔反　苦酷下苦篤反

悔悋 上呼每反下良刃反
無適 下音的無適無莫謂無厚薄之義也
洫 音薛漏也
係 音計
沮勸 上才呂反
戾 音麗惡也
誣 音無謗也
舋 許近反禍也
愆著 上去乹反罪也
悛革 上七全反改也
亨遺 上許庚反通也
顏冉 下音染顏淵也冉伯牛也
鯀殛 上古本反煙禹父也下紀力反死也
魣鮒 上疋諫反下音附
收帑 下音奴
韜理 上七力反藏也
韞櫝 上紆粉反包藏也下音讀匣也
懲勸 上音澄誡也
⿰月胃肺 上音謂下芳吠反
撾捶 上作瓜反下之委反
門閫 下苦本反門橜也
納洿 下烏故反
關鍵 下音件
休慼 下倉歷反休喜也慼憂也
迭用 上徒結反丨手
舋 許近反禍也
夕惕 下他的反驚丨
瞬息 上詩閏反丨丨動目間也
覆簣 上芳伏反傾丨也下求位反土籠也
遏 於割反
捍化 上胡且反
汨然 上于筆反又作泊疋陌反
忮心 上支義反不媚也
無朕 下直

忍反丨兆也見猜下七才反疑也糇音侯食也纁霞上兒云反深紅色也

災祟下私遂反巨蠹下音妬害也邈眉角反遠也志狹下侯夾反

菁華上音精甚誣下音無差忒下他得反欻怳上許勿反下兒

往反丨丨卒然不定負也而眚下所井反辭宕下徒浪反聊抒下直吕反

宏誥上惠萌反大也下音告典丨也眺他弔反觀望也漭蕩上母朗反闊遠

之負垠魚斤反丨涯烟熅上音因下紆云反丨丨天地之氣繾綣上音

遣下丘遠反丨丨不離散負遠漂下廷妙反丨流企竅上丘智反下苦弔反

企望也竅穴也謂悲盲龜不值浮木孔也悼容上音盜傷丨也玄凝下魚陵反

祉緣上音恥福也僮孺下而注反幼稚也直桶下音角黃能

下奴來反蟞之屬也禹父化爲丨丨也什岌下魚及反婉孌上紆阮反下力

遠反丨丨美好負夭殂上於小反下自姑反丨丨少亡也作屠剗下音枯割也

夫閘上音扶下烏甲反才能變奇謂愚智皆然蟲豸下直爾反囂囂許嬌反喧丨也徂彼

上自姑反往也。笮蓴上音責壓也下吾各反花丨也。霜鋩下音亡鋒利也。領閱
下音悅視也數也。卒傍上祖沒反下蒲謗反獄卒也阿傍也。執釵下楚加反
三扐下音勒拗丨也。一奮下音糞振舉也。鴪鴪余出反鳥飛疾皃或作鷸
啄蚌者是。銳釘上羊歲反利也。攙搶上助銜反斷也下七羊反剌也。狡
狗上古巧反。無玷下音點痕丨也。十淑下音孰善也。晃
昱上胡廣反下余六反丨丨明也。煥音喚明也。粲藻上七案反下咨老反

丨丨文彩鮮明也。斐亹匪尾二音美好皃。曦和上興宜反丨丨日也。光
蘂下汝水反花含也。爍爍詩若反明也。眇美小反。翩翩音篇。上
躋上子兮反登也。稼穡嫁色二音種曰稼收曰穡。齡祚上音靈年丨也下才
故反福丨也。槁落上音考枯丨也。椿菌上丑倫反大椿有八千歲繁茂也下
具殞反蕈也有朝生暮凋者。駧音洞馬疾也。利鈍下徒
困反不快也。愚黠下閑八反智也。恬愉上徒添反下羊朱反丨安樂也

亮力向反豁呼活反|達疇直流反|計也剋諒下力向反信也喁
喁愚恭反衆口也一咳下苦愛反|嗽一哺下音步食在口曰|迄今
上許訖反|至也蓼蘇上音了|竝草名熠燿上余習反下羊照反綜
子宋反揔也嘉遁下徒困反隱也虎兕下音嗣野牛也穹谷上去弓反
高也漱水上音瘦洗|也闕叟下星斗反淡泊下疋陌反沖粹上直
弓反下私之反濯流上音濁洗也東皋下音高|澤也闇韶下市照反
舜樂也躁則到反心擾也礫石上音曆琳琅林郎二音玉名堀奇
上求勿反甘醇下音淳美酒也糟糠遭康二音熊經上音雄獸
名鳥伳下羊世反牽|也正作曳渝陰上羊朱反朝挹上知搖反
旦也下音邑酌也涓子上俱玄反餌朮上而志反食也下遲述反
藥也和液下音亦津|猗音倚高翬下音暉飛也遊
盦下扶去反杌然上吾骨反箴音斟郢人上以井反匠椹下知林反

淵薈下烏外反草盛貟睒倏上失渁反下音叔丨丨暫見貟肇音趙始也

瞥若上疋滅反暫見也瞤目上詩閏反目動貟靈轡下音秘丨丨日

也迅私閏反疾也炯電上俱茗反明也石飈下必苗反風也宜作燚音

醆殺苦倏反賊丨也戎而弓反兵丨也婪近上郎含反貪也勁風上居

政反丨健蔕音帝花草帶賓劇塹七醆反坑丨戟居逆反戈丨醔畵

上兄活反隕羽敏反墜也遽廬渠驢二音草屋也泯米忍反滅也剢

式忍反況也炯俱茗反誕宕下徒浪反洪壑下呼各反洪大也壑川也

駭胡買反崇皐下音婦丨丨高山鵬鯤上音朋大丨鳥也下音昆

丨魚吁乎上兄于反噫嘻醫熙二音吁嘆也奇桀下渠列反伺

相寺反丨瘵也宏博上惠萌反大也博廣也愕吾各反驚丨也翰胡且反書

丨也輟思上知劣反止也下相寺反

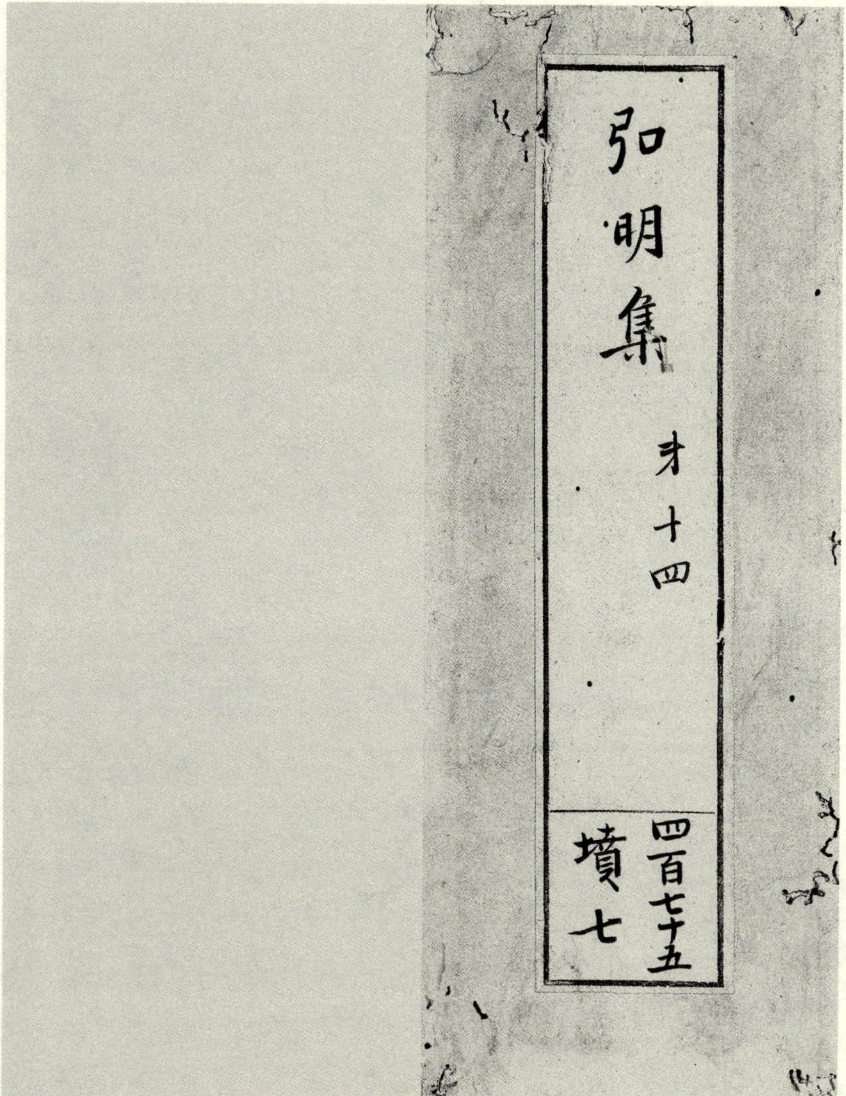
弘明集 才十四
四百七十五
墳七

51360

弘明集卷第十四　墳

梁釋僧祐撰

竺道爽撽太山文

沙門竺道爽敢告太山東岳神府及都錄使者蓋玄元創判二儀始分上置璇璣則助之以三光下設后土則鎮之以五岳陰陽布化於八方万物誕生於其中是以太山據青龍之域衡霍處諸陽之儀華陽顯零班之境恒

岱列幽武之賓嵩峙皇川之中鎮四瀆之所瓚此皆稟氣運實無邪之穢神道自然崇正不僞因天之覆順地之載敦朴方直澹然玄淨進道四運之端退履五教之精内韜通微之資外朗道德之明上達虛無下育蒼生含德潛通無遐不徹遊步九崖翱翔玄關故能形無正始呼吸陰陽握攬乾坤推步八荒夫東岳者龍春之初清陽之氣育動萌芽王父之位南箕北斗中皇九天東王西母無極先君乘氣鳳翔去此幽玄澄於太素不在人間蕩消衆穢其道自然而何妖祥之鬼魍魎之精假東岳之道託山居之靈因游魂之狂詐

惑俗人之愚情雕匠神典僞立神形式無所
記末無所經外有害生之毒氣内則百鬼之
流行晝則穀飯成其勢夜則衆邪處其庭此
皆狼蛇之群鬼梟蟒之虚聲自三皇創基傳
載于今歷代所崇未覩斯響也故零征記曰
天神正者則潛曜幽昧上騰高象下虧玄闕
逍遥雲影龍翔八極風興雨施化若雷電行
厨不設百味自然含慈秉素澤潤蒼生恩過
二養惠若朝陽應天而食不害衆命此乃靈
翔之妙節清虚之神道若神不正者則干於
万物因時託響傳惑於俗沮成散朴激動人
心傾財極殺斷截衆命枉害中年殂淇骨肉

精神離逆痛傷元氣東岳之神豈此之謂也故枕中戒曰含氣蠢蠕百蟲勿瘻無食鳥卵中有神靈天無受命地庭有形粗稟二儀焉可害生此皆逆理違道本經群民含慈順天不殺況害猪羊而飲其血以此推之非其神也又五岳眞神則精之候上法琁璣下承乾坤稟道清虛無音無響敬之不以歡慢之不以感千譽万毀神無增損而汝矯稱假託生人因虛動氣殺害在口順之則賜恩違之則有禍咎進退諂偽永無賢軌毀辱眞神非其道也故黃羅子經玄中記曰夫自稱山岳神者必是蟒虵自稱江海神者必是黿鼉魚鼈自

稱天地父母神者必是猫狸野獸自稱將軍神者必是熊羆虎豹自稱仕人神者必是猨猴猳玃自稱宅舍神者必是犬羊猪犢門戶井竈破器之屬鬼魅假形皆稱爲神驚恐万姓淫鬼之氣此皆經之所載傳之明驗也自汝妖祥漸踰六載招來四遠靡不響應送疾而往者如小水歸海獲死而還者哀呼盈路重者先亡便云筭盡輕者易降自稱其福若使重患難濟則汝無恩中容之疾非汝所救三者無效焉可奉事乃令羣民投身歸命既無良醫善藥非散髮之能降經旬歷月曾無影報以此推之有何證驗又國太元桓王及

封陽六國之懿節三台之輔光賛皇家黎元
慈悦天福謬加體嬰微疾謂汝之祇能感靈
德故宣德信命詣汝神殿獻薦三牲加贈珎
異若汝聖道通乾神致妙者何不上啓九皇
下諮后土叅集百靈顯彰妙術使國良輔消
疾獲安既無響應乃奄薨遐驗此虚妄焉足
奉哉又昔太山石立社稷神靈降象遐聲万
代此則乾坤之所感顯爲時瑞汝託稱其聖
既不能興雲致雨以表神德啚妖邪以損眞
道正使汝能因槃動箸舉杯盡酒猶爲鬼幻
非爲眞正況無其徵有何神也又太山者則
閻羅王之統其土幽昧與世異靈都録使者

降同神行定本命於皇記察都籍於天曹群
惡無細不拾纖善小而無遺捴集䰟靈非生
人應府矣而何弊鬼詐稱斯旨橫恣人間欺
殆万端蓬林之樹烏鵲之野翁動遠近列于
祠典聚會男女樹俗之心穢氣外疊梟聲遠
布毒鍾王境爲害滋甚夫雲霧蔽天群邪翳
正自汝妖異多所傷害吾雖末流備階三服
每覽經傳而覩斯蔓推古驗今邪不勝正吾
將蕩穢光揚聖道告到嚴鉤魅黨還遊冢墓
餐果飲泉足生之路既令羣民無傾財之困
馬獸無羅網之卒若復顧戀望餐不去者吾
將宣集毗沙神王恕羅子等授以金剛屯眞

師勇武秋霜陵動三千威猛難當曜戈明劍
擬則摧山降龍伏魔靡不稽顙汝是小鬼敢
觸三光鶴毛入炭魚行鑊湯傾江滅火朝露
見陽吾念仁慈愍汝所行占此危殆慮即傷
心速在吾前復汝本形長歸万里滄浪海邊
勿復稽留明順奉行

檄魔文

釋智靜

釋智靜頓首頓首明將軍輪下相與玄塗殊
津人天一統宗師雖異三界大同每規良會
申展曩積而標榜未冥所以致隔今法王御
世十方思順靈網方申紘網弥絚大通有期
高會在近不任翹想並書喻意耳

夫時塞有通否終則泰千聖相尋群師迭襲
昔我皇祖本原天王體化應符龍飛初域節
耀形以附万邦奮惠柯以覆六合威蕩四邪
掃清三六方當抗橫縱於八區組紘綱於宇
宙夷靜七荒寧一九土而冥宗不吊眞容擬位
重明寢暉靈舟覆浪故令蟻聚邪番興茲梟見
暴起曀深眞塗塵惑清衆虐鍾蒼生毒流万
劫懷道有情異心同忿我法王承運應期理
亂上承高曽下託群心秉天旗以籠三千握
聖圖以隆大業雲起四宮鸞翔天竺降神迦
維爲時城壍綏撫黎元善安卿士獎導群情
慰喻有疾嚴慧柯於胷中被神甲於身外懸

十八之無辜哀三空之路絕志匡大荒靖安平難百域千邦高伏風化承君不忌重迷自覆深攝愚懷故守僞見狼據欲天鷄鳴神闕叛換壇場抗距靈節謂大位可登卯規可改覽茲二三遠爲歎息昔大通統世羣方影附有僞癡天魔不遵改節干廷聖聽陳擾神慮領卒歸區權形万變精甲照曦霜戈拂域靈鼓競興響衡方外矯步陸梁自謂強盛王師一奮群邪殄喪衆迷革心望風影伏況君單將驍然一介士無方尋衆不成旅而欲違背陵虐華邑簒奪靈權騰邈最勝以爲氣貞可不謬乎今釋迦統世道隆先劫妙化蕩蕩神

羅遠御智士雍雍雲筭蓋世武夫龍跳控弦
万隊協略應眞奇謀超拔故命使持節前鋒
大將軍鑒閻浮都督歸義侯薩陁波崘獨禀天
奇蒙塵玄鏡神高須弥猛氣籠世善武經文忠
著皇闕領衆十万億揚鑣首路使持節威遠
大將軍四天都督忉利公導師武勝標羣文
超宏謀妙思絕塵心栖夢表憂時忘身志必
匡世領衆百万億鸞飛天衢使持節征魔大
將軍六天都督兜率王解脫月妙思虛玄高
步塵表略竝童眞功侔九地悼愍三塗忿若
縱害校却慷慨龍迴思奮領衆四百万億雲
迴天門使持節通徹大將軍七天都督四禪

王金剛藏朗質映暉金顔遐燭恩過九陽力
傾山海右眄則濛汜飛波左顧則扶桑落曜
德無不照威無不伏領衆七百万億虎眄須
弥使持節鎮域大將軍九天都督八任王士大
維摩詰奇筭不思法柯遠震體合神姿權踰
万變呼吸則九服雲從咄吒則十方風靡哀
彼下民無辜三楚領衆九百万億飲馬虛津
使持節鑒後大將軍十三天都督小千諸軍
事九任王士大文殊承冑遐元形暉三曜胤自
紫宮神高體大應適千塗玄筭万計群動感
於一身衆慮靜於一念深抱慈悲情兼四攝
領衆若塵翱翔斯在使持節匡教大將軍録

魔諸軍事群邪校尉中千王觀世音智略淵
深慧柯遠振明達四通朗鑒三固或託迹群
邪曜音鋒起或攡形二九息彼塗炭揮手則
鐵圍摧巖嘘氣則浮雲頹㟥能爲万方不請
之友領衆不思杖戈虎嘯使持節布化大將
軍三界都督補處王大慈氏妙質蹤緬天姿
標桀體踰金剛心籠塵表猛氣衝雲慧柯遠
奮無生轉於胷中權智應於事外志有所規
無往不就威恩雙行眞俗並設領衆八万四
千嚴驚待命勇出之徒充逸大千金剛之士
弥塞八極咸思助征席卷六合乘諸度之寶
軒守八正之修路跨六通之靈馬控虛宗之

神變四禪之勁弓放權見之利箭鳴驥桓桓輕步矯矯奉命聖庭曾無有闕貴邦導師勝子五百幽鑒天命來投王化聖上開襟感悉歸順皆受名爵封賞列土功侔舊臣聲蓋万域而君何心横生異計偃蹇荒邊規固常位毒害勃於蒼生天禍流於永劫可不哀哉可不謬哉君昔因時為物所惑狂迷君心投危外竄百行一愆賢達常失久謂君覺智返愚歸罪象季來身抽簪同遊群儁以道自權榮名終始如何攝愚守謬偷安邪位託癡山以自高恃見林以遊息耽六欲之穢塵翫邪迷以怡性建憍慢之高幢引無明之闇陣闘

步荒塗輕弄神器盜篡天宫抗衡日月恐不
果哉舉手而映三光把土以填巨海雖擬心
虚標事之難就將軍殖福玄律原承弥遠華
貌暐然群情屬目望冑之基易登由來之功
可借君可改往修來飄然歸順謝過朱門以
道齊好家國並存君臣同顯身名獲安曉自
迷達觀眷屬晏然可不美哉今王師剋舉十
万翹巒手提法羅齊舞群聖道柯曜於前驅
靈鼓震於後隊神鍾一叩十方傾覆海浪飛
流陸原涌沸于斯之時須弥寵於一塵天地
迴於一粟無動安於左襟妙樂曜於右手神
力若斯豈可當也我法王體道仁慈不忍便

襲權停諸軍暫壹靈鑾臨路遣書庶迴迷駕君可早定良圖面縛歸闕委命皇庭逍遥玄境隆名内暉遊形外寄上方即任非君是誰夫慧當識機明貴免禍窮而知反君子所美斯乃轉禍之高秋取功之良節昔夏桀背主殷王致伐商紂首亂周武建師此即古今著龜將軍之明誡相與雖乖於當年風流同味人天崎嶇何足致隔想便懽然通書致命所以竊痛其辞委曲往文者不欲令蘭芳夏凋脩柯擢穎深思致言善自量笇無使君身傾匡三趣莫令六天鞠生稊稗造顛眄目助懷惕然臨路遣書諸情多憤言不籍意

破魔露布文　釋寳林作

賢劫大千微塵年五濁鼎沸朔現壽百齡日使持節都督恒沙世界諸軍事征魔大將軍淨州刺史十地王臣金剛蔵使持節都督八万波羅蜜諸軍事破結將軍領魔蠻校尉大司馬梵州刺史八地公臣解脱月等稽首和南上聖朝尚書謹案夫六合同曜靈之鑒群流歸百谷之王万化均于空玄衆奇宗於一智斯蓋理有宗極之地統物無殊趣之會是以如來越重昏而孤興蔚勤功於曠劫曜三塗之高明拔洪癡於始造窮聖德之區奧究無生之虚致覽物化之樞機握宏德之紘紐

至若英姿挺特神光赫弈雖復千暉並照固
已絶矣身殊万狀而非衆體合至妙而不一
應出五道而非生示入形亡而非滅希夷怳
惚無名無像莫測其深靡知其廣應群感而
不勞周万動而常靜歷恒沙以倏忽撫八荒
於俄頃兩儀頽陷而不夷力負潛陵而不易
吸大火而不燋懷洪流而不溺乾坤不足以
語其德文玄不足以明其道巨苞六合不可
以稱其大妙入無間不可以名其小尒乃亭
毒蒼生化兼始母無欲無為而無不為翱翔
于應變之塗逍遥于有無之表挺達群聖之
端恬惔涅槃之域二乘韜思於重忘之致十

任息慮於動靜之機梵王咨嗟以歸德帝釋伏膺而厭位其為聖也亦已極矣於是應定光之遐記驗大通之圖録出五道而龍興超帝皇以命世道王三界德被十方畿甸恒沙都邑大千偃九定之閑室登七覺之雲觀濯八解之清池遊摠持之廣苑尒乃戴慈悲之殿處空同之座袞龍衆好天冠頂相左輔彌勒之流右弼文殊之疋前歌大方之雅頌後舞四攝之鑾拂衞以八住體虛之士侍以四果卓落通仙三臺唯聖六府唯賢尒乃宣教姬孔宰守虞唐揚威湯武州牧三皇其為化也坦八正之平衢開三乘之通津列無為之

妙宅濟大苦於勞塵杜三惡之姦路啓懽樂
於天人爵以果伯之位禄以甘露之餐功巨
者賞以淨土之封勳小者指以化城之安此
乃超百王之洪業太平之至治也五趣宜身
之清朝四生土位之宗極而群迷愚嶮背眞
弥曠欣濡沫之近足忘江湖於遠全故魔王
波旬植愚根於曠始積迷心於妄境沉三涂
之洪波入邪見之稠林至乃竊弄神器假僞
冒眞夸王天宮分列嶽土制命六天縱肆偏
威内以三公諸毒卿相九結外以軍將六師
戎卒四兵内行跋扈不忌皇憲自火螢光爭
暉天照故乃頃者抗行神威揚兵道樹震雷

公霹靂之聲列擔山吐火之衆又持世致惑
於靜室波崙悲號於都肆斯皆癡狂縱虧于
聖節作亂中夏爲日久矣聖皇悼昏俗之聾
瞽悲弱喪以增懷將揔群邪以齊見會九流
而同律於是命將大勢之徒簡卒金剛之類
茹金嚼鐵之夫衝氷蹈火之士勇卒塵沙驍
雄億万星流風發龍騰魔境置軍萬全之策
逼寂必死之野而魔賊不祗敢執蠻荊之蠢
介抗宗檜之逋慠建麾於自憍之地結固雲
迷之嶮傍唐重複俠疊鱗次且其形勢則癡
山嵯峨固其前愛水浩汗張於後邪林蔚薈
蒙其左癡澗淵玄帶其右塵勞之卒豺視於

交境六師之將虎步於長逵望若雲起蔽天霧塞六合其爲盛也開闢罕有臣等於是承聖朝之遐威出超啚之奇略蓋以高筭之籠弥以玄筞之圍精騎千重步卒万帀遊師翳野屯塞要害使前將軍檀那望慳麾以直進後軍毗耶遞懈卒於其後禪那略淤騎於其左尸羅防密姦於其右外軍漚和浪騎隊於平原之上走退兵於詰屈之下陳虎旅而高驤設危機於幽伏中軍般若握玄樞之妙鑒把戰勝之奇術控億兆之雄將擁塵沙之勁卒於是衆軍響應万塗競進感動六合聲震天地雄夫奮威浪奔白刃之光奪於曦曜法

鼓之音亂於雷震鞦馬趻趯以騰擲迅象飛
控以馳驅禪弓烟舉而雲興慧箭雨灑以流
虛鞭以假名之策蹴入無有之原研以師子
之吼刺以苦空之音揮干將而亂斬動戈矛
而競偃橫塵尸以被野流勞血於長川崩癡
山之嵯峨竭愛水之洪流窮僣於諸見之窟
挫高於七慢之巢於是魔賊進無抗鱗之用
退無希脫之隱處盡路窮迴遑靡據魔王亘
縛於魔庭群旅送命於軍門諸天電卷以歸
化迷徒風馳於初暉皇威掃蕩其猶太陽之
爍晨霜注洪流以滅爝火故使万世之逋殺
土崩於崇朝中華之昔難肅清於俄頃斯誠

聖皇神會之奇功曠代著世之休烈雖昔殷
湯建雲功於夏郊周武掃清氛於商野斯乃上
古之雄奇豈以得齊於聖勳臣輒奉宣皇猷
綏慰初附安以空同之宅充以八解之流防
以戒善之禮習以六度之風耆年者悟其即
眞於新唱弱喪者始聞歸與之音夫應天順
罰春秋之道興功定亂先王所美元惡以賓
祗從聖憲六合同明廓清宇內玄風遐扇率
土懷慶朝有康哉之歌野有樂哉之詠功高
道大非見所表聖慮幽深非言能宣粗條皇
威奇筭之方又列衆軍龍驤之勢電驛星馳
謹露布以聞臣等誠惶以下

余以講業之暇聊復永日寓言假事庶明大道冀好迷之流不遠而復經云涅槃無生而無不生至智無照而無不照無生無照一切皆成成無成而無不成其唯如來乎戰勝不以干戈之功略地不以兵強天下皇王非勮一之尊霸臣非桓文之貴丘姬之教於斯遠矣聃周之言似而非當故知宗極存乎俗見之表至尊王於眞鑒之裏中人躊躇於有無之間下愚驚笑於常迷之境令庶覽者捨河伯秋水之自多遠遊于海若之淵門不束情於近教而騁神于長廣之說也

弘明論後序　釋僧祐

余所集弘明爲法禦侮通人雅論勝士妙説摧邪破惑之衝弘道護法之塹亦已備矣然智者不迷迷者乖智若導以深法終於莫領故復撮舉世典指事取徵言非榮華理歸質實庶迷塗之人不遠而復揔釋衆疑故曰弘明論云夫二諦差别道俗斯分道法空寂包三界以等觀俗教封滯執一國以限心心限一國則耳目之外皆疑等觀三界則神化之理常照執疑以迷照群生所以永淪者也詳檢俗教並憲章五經所尊唯天所法唯聖然莫測天形莫窺聖心雖敬而信之猶曚曚弗了況乃佛尊於天法妙於聖化出域中理絶繫

表肩吾猶驚怖於河漢俗士安得不疑駭於覺海哉既駭覺海則驚同河漢一疑經說迂誕大而無徵二疑人死神滅無有三世三疑莫見眞佛無益國治四疑古無法教近出漢世五疑教在戎方化非華俗六疑漢魏法微言代始盛以此六疑信心不樹將溺宜拯故較而論之若疑經說迂誕太而無徵者蓋以積劫不極世界無邊也今世咸知百年之外必至万歲而不信積万之變至於曠劫是限心以量造化也咸知赤縣之表必有四極而不信積極之遠復有世界是執見以判太極也昔湯問華曰上下八方有極乎華曰無極

之外復無無極無盡之中復無無盡朕是以知其無極無盡也上古大賢據理訓聖千載符契懸與經合井識之徒何智得異夫以方寸之心謀己身而致謬圓分之眸隔墻壁而弗見而欲侮尊經背聖說誣積劫罔世界可爲愍傷者一也若疑人死神滅無有三世是自誣其性靈而蔑棄其祖禰也然則周孔制典昌言鬼神易曰游魂爲變是以知鬼神之情狀既情且狀其無形乎詩云三后在天王配于京升靈上旻豈曰滅乎禮云夏尊命事鬼敬神大禹所祇寧虛誕乎書稱周公代武云能事鬼神姬旦禱親可虛罔乎苟云而有

靈則三世如鏡變化輪迴孰知其極俗士執
禮而背叛五經非直誣佛亦侮聖也若信鬼
於五經而疑神於佛説斯固聾瞽之徒非議
所及可爲哀矜者二也若疑莫見眞佛無益
國治則禋祀望秩亦宜廢棄何者蒼蒼積空
誰見上帝之貌茫茫累塊安識后稷之形民
自躬稼社神何力人造庸暇蜡鬼奚功然猶
盛其犧牲之費繁其歳時之祀者豈不以幽
靈宜尊敎民美報耶況佛智周空界神凝域
表上帝成天緣其陶鑄之慈聖王爲人依其
亭育之戒崇法則六天咸喜廢道則萬神斯
怒今人莫見天形而稱郊祀有福不覩金容

而謂敬事無報輕本重末可爲震懼者三也若疑古無佛教近出漢世者夫神化隱顯孰測始終哉尋羲農緬邈政績猶湮彼有法教亦安得聞之昔佛圖澄知臨淄伏石有舊像露盤犍陁勒見槃鵄山中有古寺基塘衆人試掘並如其言此方代之遺徵晉世之顯驗誰判上古必無佛乎列子稱周穆王時西極有化人來入水火貫金石反山川移城邑乘虛不墜觸實不礙千變萬化不可窮極旣能變人之形又且易人之慮穆王敬之若神事之若君觀其靈跡乃開士之化大法萌兆已見周初感應之漸非起漢世而封執一時爲

嘆息者四也若疑教在戎方化非華夏者則是前望軌地以定教非設教以移俗也昔三皇無爲五帝德化三王禮形七國權勢地當諸夏而世教九變今反以至道之源鏡以大智之訓感而遂通何往不被夫禹出西羌舜生東夷孰云地賤而棄其聖丘欲居夷聃適西戎道之所在寧選於地夫以俗聖設教猶不繫於華夷況佛統大千豈限化於西域哉案禮王制云四海之内方三千里中夏所據亦已不曠伊洛本夏而鞠爲戎墟吴楚本夷而翻成華邑道有運流而地無恒化矣且夫厚載無壃寰域異統北辰西北故知天竺居

中令以區分中土稱華以距正法雖欲距塞
而神化常通可爲悲涼者五也若疑漢魏法微
晉代始盛者道運崇替未可致詰也尋沙門
之修釋教何異孔氏之述唐虞乎孔修五經
垂範百王然春秋諸侯莫肯遵用戰伐蔑之
將墜于地爰至秦皇復加燔燼豈仲尼之不
肖而詩書之淺鄙哉逮及漢武始顯儒教舉
明經之相崇孔聖之術寧可以見輕七國而
遂廢後代乎案漢元之世劉向序仙云七十
四人出在佛經故知經流中夏其來已久逮
明帝感夢而傳毅稱佛於是秦景東使而攝
騰西至乃圖像於關陽之觀藏經於蘭臺之

室不講深文故莫識奧義是以楚王修仁潔
之祠孝桓建華蓋之祭法相未融唯神之而
已至魏武英鑒書述妙化孫權雄略崇造塔
寺晉武之初機緣漸深耆域耀神通之跡竺
護集法寶之藏所以百辟搢紳洗心以進德
万邦黎憲刻意而遷善暨晉明叡悟秉壹棲
神手畫寶像表觀樂覽既而安上弘經於山
東什公宣法於關右精義既敷實相弥照英
才碩智並驗理而伏膺矣故知法雲始於觸
石慧水流于濫觴教必有漸神化之常感應
因時非緣如何故儒術非愚於秦而智於漢
用與不用耳佛法非淺於漢而深於晉明與

不明耳故知五經恒善而崇替隨運佛化當
燭而通塞在緣一以此思可無深惑而執疑
莫悟可爲痛悼者六也夫信順福基迷謗禍
門而況曚曚之徒多不量力以已所不知而
誣先覺之遍知以其所不見而罔至人之明
見鑒達三世反号邪僻專拘自前自謂明智
於是迷疑塞胷謗讟盈口輕議以市重苦顯
誹以賈幽罰言無錙銖之功慮無毫氂之益
逝川若飛藏山如電一息不還奄然後世報
隨影至悔其可追夫神化茫茫幽明代運五
道變化于何不足天宮顯驗趙簡秦穆之錫
是也鬼道交報杜伯彭生之見是也修德福

應殷代宋景之驗是也多殺禍及白起程普之證是也現世幽徵備詳典籍來生冥應佈在尊經但緣感理奧因果義微微奧難領故略而不陳前哲所辨關鍵已正聊率鄙懷繼之于末雖文非珪璋而事足聲鑑惟愷悌君子自求多福焉

弘明集卷第十四　墳

檄胡的反書丨也創判上初狀反始也璇璣上似宣反下居依反丨丨北斗也嵩崎上息弓反中岳也下直里反立也韜土高反丨藏也翱翔上吾高反下音祥丨丨飛騰也梟蟒上古堯反逆鳥也下母朗反大蛇作沮成上才呂反殂在胡反死也離迸下必孟反散也蠢蠕

上尺尹反下音軟丨丨細蟲也勿癭下一頂反黿鼉元陀
二音下從黿非魚鼈下并滅反猫狸上莫交反下力之反熊
羆雄碑二音二獸名也熊黒羆黃其形一似㹢玃上音加下俱縛反猴之屬
青黒色猪犢下音讀牛丨奄薨上邑撿反下兄弘反丨丨忽亡也動箸
下直處反亦作筯舉杯下盃字纖善上息廉反細也翕動上許
及反舋許近反翳正上一計反葽魚列反妖丨惒羅上音和矅

戈下古和反稽顙上音啓下蘇朗反鶴毛上胡篤反稽留上音鷄
曩積上乃黨反昔也標榜上必苗反下音牓牌丨也紘經上惠萌反網網
之揔名時塞下桑則反否終上皮美反迭丨迭襲上徒結反丨下
也下音習惠柯下音哥斧柄也今取斧義抗苦浪反絚古登反大索也
曀一計反虐魚却反胄直又反丨胤也綏撫上音雖安
也無辜下音姑罪也鵄鳥上尺夷反叛換上音伴

壇場臺亦二音界分也亢距抗拒二字干迕下音悟觸也照
曦下興宜反日也矯步上居小反舉也殄喪上徒典反下蘇浪反驍然
上古堯反勇也一介下音界丨甲也篡奪上初患反龍跳音條都督
下音篤揚鑣下必苗反同有標舉上必苗反功侔下音牟齊也
慷慨上苦朗反下苦愛反右眄下音麵視也濛汜上音蒙下音似水名
日落之處咄吒上丁骨反下竹嫁反飲馬上去聲胤于覲反嗣也
[illegible]上音頹崿上徒回反下吾各反中丨跨傾化反彎烏還反
嗚驥下居異反馬也桓桓惠官反丨丨武威皃開襟下音金偃蹇
下居展反竄麁筭反逃丨愆去乹反失也抽簪下側參反冠丨
儁俊字盜篡下初患反亢衡上苦浪反下戶庚反丨丨目高視也暐然
上羽鬼反著龜上音尸丨草也著曰筮龜曰卜崎嶇上丘奇反下丘俱反艱限
也稊稗上音啼下蒲賣反丨草名造潁上七到反下余領反禾穗也愓

然上他的反憤房粉反丨怒也蔚音鬱盛也紘紐上惠萌反下女九反網之
綱也挺特上他頂反赫奕上許客反下音亦明盛也恍惚
上兄往反下音忽倏忽上音叔恬惔上徒添反下徒敢反安靜也
畿甸祈毀二音袞龍上古本反鑾拂上郎端反濡沫上而朱反下音
末稠林上直流反竊弄上音切夸王上音誇下去聲跋扈上蒲
末反下音戶丨丨縱橫也茹金上而庶反食也嚼鐵上才約反宗稽苦叩
反沿逋慠上必蒲反建麾下許爲反旌丨重複上平聲呼下音福
俠疊上音叶下音牒嵯峨上昨何反下吾何反山高也漲於
上知向反蔚薈上於勿反下古外反丨丨草木茂盛皃豺音柴丨狼長遠
下具追反路也開闢下毗益反蹙懈上秋六反漚和上烏侯反
高驤下息羊反騰躍也勁卒上居政反健也下子沒反卒丨
趨䞶上七含反下徒南反丨丨馬走皃也蹴入上子六反窮

僭下子念反挫則卧反爝火上音雀又子約反炬火也逋寇
上必蒲反丨逃也下苦候反丨賊也綏懸上音雖安也聃周上土甘反老子
名躊躇上直流反下音除丨丨未決之皃壍七醆反迂誕上况于反
曲也下音但大也較而上音教比丨也一音角眸莫浮反目也侮音武
慢也誣音無謗也祖禰下乃禮反祖廟也上旻音閔天也禋祀因似
二音祭並望秩下遲一反祭也庸⿰足叕上音容正作墉墻也下知劣反口閣小路

也[illegible]鬼上音作祭也犧牲上興宜反下音生祭畜也緬邈下眉角反
丨丨遠也績子曆反功丨也湮音因沉也臨淄下側茲反槃鴟
下尺夷反墌音隻基丨戎墟下丘虛反丨聚也寰域上音還燔燼
上音煩下徐刃反丨丨火燒之餘不肖下音笑似也傅毅上音付下魚既
反百辟下必亦反百官也搢紳進申二音同前暨其器反及也觳
悟上羊歲反聰也濫觴上郎淡反下音傷丨丨泛行酒也瘠悼下音盜傷

也謗黷下音讀誹芳尾反一音非以賈下古馬反鍇銖上側茲反
下音銖六銖曰錙四錙曰兩毫氂下力之反十毫曰氂十氂曰分關鍵下音
件珪璋圭章二音玉名鞶鑑上音盤下[illegible]容愷悌上古改反下音弟和
樂貞